Donde
yo estoy

BILLY GRAHAM

Donde yo estoy

EL CIELO, LA ETERNIDAD Y NUESTRA VIDA MÁS ALLÁ DEL PRESENTE

GRUPO NELSON
Desde 1798

© 2015 - 2021 por Grupo Nelson®
Publicado en Nashville, Tennessee, Estados Unidos de América.
Grupo Nelson, Inc. es una subsidiaria que pertenece completamente a Thomas Nelson, Inc.
Grupo Nelson es una marca registrada de Thomas Nelson, Inc.
www.gruponelson.com

Título en inglés: *Where I Am*
© 2015 por William F. Graham Jr.
Publicado en Nashville, Tennessee, por W Publishing Group, un sello de Thomas Nelson.

Editora en Jefe: *Graciela Lelli*
Traducción: *Belmonte Traductores*
Adaptación del diseño al español: *Grupo Nivel Uno, Inc.*

ISBN: 978-0-71808-902-3

Impreso en Estados Unidos de América
21 22 23 24 25 LSC 9 8 7 6 5 4 3 2 1

CONTENIDO

El Nuevo Testamento

PRÓLOGO

Franklin Graham

MIENTRAS QUE SU VISIÓN TERRENAL SE APAGA, LA GLORIA DEL CIELO SE ILUMINA A MEDIDA QUE MI PADRE, EL DOCTOR BILLY GRAHAM, HABLA DE SU PASADO Y SU PRESENTE ACERCA DE LA REALIDAD DE LA ETERNIDAD EN SU NUEVO LIBRO, *Donde yo estoy*. A pesar de que ya no predica desde los estadios del mundo, su corazón aún late fuertemente con la seguridad de que pasará la eternidad con Jesucristo, el Salvador del mundo, y aún invita a otros a asegurar su esperanza eterna.

Mi padre siempre se ha mantenido al día de las noticias mundiales (aún lo hace) y ha dicho: «Se me parte el corazón al ver el mundo sumido en tanta confusión». Estamos viendo gobiernos que se derrumban; reporteros y personas de todo el mundo se preguntan: «¿Hay alguien que pueda situar al mundo en el camino correcto? ¿Hay alguna esperanza? ¿Cómo terminará todo?».

Sí, hay esperanza, y cuando llegue el final de esta vida, la eternidad se hará realidad.

El programa de noticias de la CBS *Sunday Morning* informaba la semana antes de Halloween, en 2014, que dos terceras partes de los estadounidenses creen en la vida después de la muerte, ya sea en el cielo o en el infierno, y la mayoría cree poder describir los dos lugares. A pesar de eso, sus creencias rara vez, si es que se puede decir que alguna, vienen de la Biblia. Por lo tanto, ¿de dónde obtiene la gente su información acerca de un cielo real y un infierno real? La CBS descubrió que la mayoría forja su visión de ambos lugares de las artes: de pintores, músicos, películas y poetas.[1]

Las opiniones acerca de la eternidad, por lo tanto, se dan a conocer sobre la base de una conjetura cultural en lugar de basarse en la verdad de las Escrituras que ha sido probada por el tiempo. Esto apoya una teoría popular que dice que como Dios ama a todo el mundo, cambiará su naturaleza para aceptar la esperanza universal de que toda la humanidad irá al cielo después de la muerte. Esto plantea problemas, sin embargo, para otros que no pueden imaginarse cómo un Dios amoroso permitiría que algunos de los criminales más viles de la historia alcanzaran la gloria del cielo.

La verdad es esta: Dios no cambia (Malaquías 3.6), y Él ha preparado el cielo para aquellos que creen en Él y le obedecen. También ha preparado un lugar para Satanás, sus demonios y todos aquellos que rechacen a Cristo.

En cuanto terminó su último libro, *La razón de mi esperanza: Salvación*,[2] mi padre inmediatamente comenzó a escribir otro libro sobre el tema de la eternidad. «La muerte es la entrada a la eternidad», dice él. Pero este tema tan antiguo aún se debate después de miles de años. Mientras que la cultura refleja un interés continuo en la vida después de la muerte, pocos se lo toman lo suficientemente en serio como para hacer los planes que sean necesarios para asegurar dónde pasarán el «para siempre». El asunto de la eternidad en la humanidad solo se puede determinar mediante una decisión tomada internamente.

Un amigo nuestro por muchos años, el difunto Zig Ziglar, escribió: «La buena noticia es que no hay nada que podamos hacer que sea lo suficientemente malo como para impedirnos entrar al cielo; la mala noticia es que no hay nada que podamos hacer que sea lo suficientemente bueno como para hacernos entrar al cielo».

Mi padre ha predicado sobre esta verdad durante setenta años, y es el corazón de este libro. Desde el primer bosquejo para este libro, mi padre visualizó que sería desarrollado usando sus composiciones archivadas de sus siete décadas de predicación y obras escritas. Él ahora le invita a usted a reflexionar en las preguntas y respuestas que finalmente llevan a las almas de la humanidad a la vida después de la muerte. Desde el principio de la Palabra de Dios hasta el final, él pone luz sobre las respuestas de las preguntas de la gente: ¿dónde comienza la eternidad? ¿Dónde están los destinos? ¿Cómo llegamos hasta ahí? ¿Cuánto durará?

Mientras que nuestra nación y el mundo trabajan duro en medio de incertidumbres políticas, económicas y culturales, los lectores encontrarán consuelo en la esperanza que llega de la verdad invariable de la Palabra de Dios. Este libro es una colección de las promesas de Dios hecha por un hombre que aún sigue siendo un predicador del evangelio de Jesucristo.

Podrá ver destellos de algunas de las conversaciones sobre la eternidad que mi padre ha tenido con todo tipo de personas. Ya sea al hablar con un líder mundial, los medios de comunicación o un hombre común, mi padre siempre comienza sus respuestas a las preguntas de ellos con: «La Biblia dice...». Ahora expone lo que dicen las Escrituras acerca de la eternidad en los sesenta y seis libros de la Biblia. Cada capítulo examina la realidad bíblica de que la humanidad escoge dónde pasar la vida después de la muerte.

Desde el escritor del Antiguo Testamento que dijo: «[Dios] ha puesto eternidad en el corazón de ellos» (Eclesiastés 3.11) hasta el escritor del Nuevo Testamento que apuntó estas palabras que dijo Jesús: «[...] para que todo aquel que en él cree, no se pierda, mas tenga vida eterna» (Juan 3.16), hay esperanza para cualquiera que ponga su fe y su confianza en Aquel que nos da esta promesa: «Para que *donde yo estoy*, vosotros también estéis».

Cuando le preguntaron: «¿Dónde está el cielo?», mi padre respondió sabiamente una vez: «El cielo está donde está Jesucristo, y yo iré a Él pronto». Este pensamiento dio lugar al título *Donde yo estoy*, tomado de las palabras de consuelo de Jesús: «No se turbe vuestro corazón; creéis en Dios, creed también en mí [...] voy, pues, a preparar lugar para vosotros [...] vendré otra vez, y os tomaré a mí mismo, para que *donde yo estoy*, vosotros también estéis» (Juan 14.1–4, énfasis añadido).

Mi padre ha dicho con resolución: «Cuando muera, diles a los demás que me he ido con mi Señor y Salvador Jesucristo; ahí es *donde yo estoy*».

Introducción

Según una encuesta de Fox News, la mayoría de las personas acepta el hecho de que el cielo es real.[1] Muchos, tanto religiosos como no religiosos, creen que irán allí porque Dios es un Dios de amor.

Muchas de esas mismas personas, sin embargo, rechazan que el infierno es real. Aun así, consideran el infierno un lugar muy real para personas que han cometido algunos de los crímenes más horribles de la historia, y no tienen reparo alguno en desear que algunos de los criminales más infames se «vayan al infierno».

¿Qué revela esto acerca del corazón de una persona cuando desea que alguien sea condenado al infierno? Obviamente, juzgan las acciones de esa persona en comparación con las suyas propias. Ellos creen que son lo suficientemente buenos como para juzgar a otra persona, pero acusan a Dios, que es santo, de condenar a la gente a ese horrible lugar.

«Por favor, ¡escriban sobre cualquier tema menos del infierno!». Esto viene de blogueros en el ciberespacio que afirman ser cristianos. En respuesta a aquellos que hacen sonar la voz de alarma acerca del infierno, escriben: «Esto hace que parezca que los cristianos sirven a un Dios lleno de enojo e ira».

La Biblia claramente afirma acerca de aquellos que no creen lo que ella dice: Satanás ha cegado sus ojos y tapado sus oídos (2 Corintios 4.3–5).

Mientras tanto, estos no creyentes hacen alarde y toman a la ligera el hecho de que esperan con ganas ir al infierno, donde disfrutarán de sus obras de maldad sin que la justicia de Dios se cierna sobre ellos.

La realidad es que ninguno de nosotros jamás escapará de la justicia de Dios. El salmista escribió:

> ¿A dónde me iré de tu Espíritu?
> ¿Y a dónde huiré de tu presencia?
> Si subiere a los cielos, allí estás tú;
> Y si en el Seol hiciere mi estrado, he aquí, allí tú estás.
> (Salmos 139.7–8)

A pesar de que no podemos escapar del juicio justo de Dios, también es verdad que Dios, en su misericordia y en su gracia, quiere impartir su justicia a través de la salvación a toda la gente. Sin embargo, hay algunos que rechazan tal regalo.

Entonces, ¿por qué la gente quiere cerrar sus ojos a la idea del infierno cuando el mundo está hablando, «blogueando» y escribiendo acerca de un lugar literal que intriga e inflama tal pasión? El infierno no es una idea, un producto de la imaginación, o el escenario de una película de terror. Es la terrible realidad que espera a todos aquellos que se niegan a permitir que Dios entre en sus vidas y les haga nuevas criaturas, llenándolos con su perdón y su amor.

Por favor, escuche esta verdad: usted no escapará de la justicia de Dios yendo al infierno.

Considere lo siguiente: las multitudes no dudan al condenar al infierno a personas como Osama bin Laden, de Arabia Saudita; Adolf Hitler, de Alemania; o Pol Pot, de Camboya; o a algunos estadounidenses tristemente célebres, como Jeffrey Dahmer o Ted Bundy. Sus acusadores no dudan en sugerir que ciertas personas se han «pasado de la raya» de lo que ellos consideran que es el mal, y que aterrizarán en el infierno cuando la vida en la tierra se acabe. Sin embargo, con el siguiente aliento, muchos dirán: «Yo no creo que Dios mandaría al infierno a gente buena».

Aquí está el problema; nos vemos a nosotros mismos como buenos y nos negamos a darnos cuenta de que nosotros también albergamos maldad en nuestro interior. Como dice la Biblia:

Engañoso es el corazón más que todas las cosas, y perverso; ¿quién lo conocerá? (Jeremías 17.9)

También dice: «Porque de dentro, del corazón de los hombres, salen los malos pensamientos, los adulterios, las fornicaciones, los homicidios, los hurtos, las avaricias, las maldades, el engaño, la lascivia, la envidia, la maledicencia, la soberbia, la insensatez. Todas estas maldades de dentro salen, y contaminan al hombre» (Marcos 7.21–23). Dios no tiene favoritos. El pecado de orgullo tiene la misma sentencia que el pecado de asesinato.

¿Dónde encaja usted? ¿Es como el joven rico que le dijo a Jesús que él había vivido una vida perfecta? O tal vez piense que tan solo algunos pecados merecen el infierno. Realmente no importa cuál sea nuestra forma de pensar; la verdad de la Biblia es lo que importa. Y la Palabra de Dios proclama que todas las personas son pecadoras. Dios, y no el hombre, ha fijado la norma, y ninguno de nosotros la alcanza.

Los blogueros que mencioné antes afirmaban enfáticamente que ningún asesino debería ir al cielo. La Biblia dice: «Es necesario que el Hijo del Hombre sea entregado en manos de hombres pecadores, y que sea crucificado, y resucite al tercer día» (Lucas 24.7). ¿Quiénes son estos hombres pecadores? Usted y yo. Nuestros pecados clavaron a Jesucristo en la cruz, y tenemos su sangre en nuestras manos. Pero Dios quiere que la sangre de su Hijo cubra el pecado que hay en nuestro corazón. Por eso Él vino. Jesús miró a la humanidad y dijo: «Les amo con un amor eterno; arrepiéntanse de sus pecados y síganme para que *donde yo estoy* ustedes también puedan ir».

Muchas personas hoy día enseñan que la sangre de Jesús cubre todos los pecados, independientemente de si los pecadores se arrepienten o no. Esta es una gran mentira de Satanás. Algunos creen que automáticamente entrarán al cielo cuando esta vida termine porque Dios es amor. Eso negaría el sacrificio que Jesús hizo en la cruz. Que no le engañen, pues nadie se burla de Dios. Dios es también un Dios de justicia y juicio. Él no está preparando un lugar en el cielo para pecadores que no se hayan arrepentido. A pesar de que nosotros no hemos contribuido en nada al regalo gratuito de Dios de la salvación, hay una condición para poseerlo: debemos confesar nuestros pecados, apartarnos de ellos y recibir a Cristo bajo sus condiciones.

Esta verdad es repulsiva para muchos. El orgullo del que presume nuestra autoproclamada inocencia es la evidencia misma de nuestra culpabilidad. Continuar en rebelión contra Dios, sea el pecado, orgullo o asesinato, enviará almas al infierno. Entonces no habrá vuelta atrás, ni segundas oportunidades. No hay cambios de opiniones en la vida después de la muerte. Hoy es el tiempo de decidir el lugar en el que usted vivirá eternamente: el cielo o el infierno. Muy probablemente esta será una enseñanza poco popular, pero los sondeos de popularidad no determinan el destino de nadie.

¿Cuál será su destino eterno después de que esta vida terrenal haya terminado para usted? ¿Irá al cielo... o al infierno? Esta es la pregunta más importante a la que se enfrentará jamás. Es mi oración que usted responda sinceramente y que sepa la razón tras su respuesta. Si dice que irá al cielo porque usted es bueno, la Biblia dice: «No hay quien haga lo bueno, no hay ni siquiera uno» (Romanos 3.12).

Entonces, si nadie es bueno y el cielo se llenará tan solo con los justos, ¿quién estará allí? La respuesta se encuentra en la salvación; porque Dios desea que todas las personas se salven. Aquellos que se arrepienten de sus pecados contra Dios reciben su perdón y viven en obediencia a Él, Dios los ve a través de la justicia de su Hijo, el Señor Jesucristo, que está preparando lugar en el cielo para aquellos que le pertenecen. Esta es la bondad del cielo. Pero aquellos que rechazan su amor, aquellos que no están dispuestos a dar la espalda al mal y ver a Dios como su amo, Dios en su justicia debe juzgarlos si deciden permanecer en sus pecados y placeres, escogiendo el infierno para sí mismos.

La condenación del infierno no estaba pensada para seres humanos. Dios nos creó para poder tener comunión con Él, a pesar de que muchos le han dado la espalda. El infierno fue creado para el diablo y sus demonios, y Satanás quiere llevarse al mundo con él a este lugar diabólico.

No piense ni por un minuto que el infierno será la «hora feliz» más estupenda de todas. Aquellos que se encuentren allí recordarán la hora de la decisión que determinó su destino; se enfrentarán al infierno de la ira de Dios que no durará una hora, sino las inacabables horas de la eternidad.

Esto puede parecer una táctica de infundir miedo, pero la discusión enfurece a muchos. «No estoy seguro de si creo en el infierno», escribió una persona joven. «Supongo que lo tendré que averiguar cuando la vida se acabe». Esta es una advertencia: el alma nunca llegará a tener un fin, porque la eternidad nos alcanza a cada uno de nosotros, extendiendo nuestras vidas más allá de la tumba.

¿Cómo lo sé? La Biblia lo dice, y la verdad de Dios está revelada en su Palabra. Aun así, la gente pregunta: ¿hay vida después de la muerte? Y si es así, ¿a dónde nos llevará?

Hay muchas personas que ofrecen respuestas, y esto es un gran problema. Muchas respuestas son engañosas y guiarán a la gente directamente al infierno, precisamente el lugar que se les dice que no existe. Algunos dicen que las personas en el infierno podrán hacer restitución y a continuación se les permitirá entrar al cielo. Otros dicen que tal vez los destinados al infierno con el tiempo serán aniquilados, y que el sufrimiento de tener que enfrentarse al hecho de haber escogido el camino erróneo terminará.

«El infierno», dicen algunos, «es lo que los cristianos han usado para asustar a las personas para que se conviertan a Cristo». Pero ¿es eso realmente cierto? ¿Usó Jesús tácticas de infundir miedo? No. Cada palabra que sale de la boca de Dios es verdad. Jesús declaró la verdad debido al amor tan profundo que nos tiene. Si la verdad le asusta, sepa que es su conciencia culpable reaccionando a la Verdad.

El mundo especula acerca del infierno cada día. Es uno de los temas más repetidos y abrumadores en el arte, más leídos en la literatura, más debatidos entre docentes y más oídos en la música. David Clayton-Thomas, de la banda de rock de 1970 Blood, Sweat & Tears, decía en una canción famosa que el cielo no existía, pero aun así oraba para que no hubiera un infierno.[2] Pero esa oración era inútil.

Un blog se dedicó al tema del cielo y el infierno. A medida que las personas empezaban a comentar, la discusión se convirtió en un círculo vicioso. Finalmente, alguien comentó con desesperación: «¿Podría alguien explicarme por favor cómo evitar el infierno?».

Otro preguntó: «¿Cómo describe el infierno?».

La frívola respuesta fue: «La esperanza de que el mal perdure».

Pero la Biblia lo describe de esta forma: «Eterno y sin esperanza, con total ausencia de amor».

Puede que esté pensando: *Billy, ¡seguro que usted no cree en todo este fuego infernal y azufre!* Queridos amigos, lo que cuenta no es lo que yo diga, sino lo que dice la Palabra de Dios. Jesús habló más del infierno que del cielo. ¿Por qué? Por su gran compasión por las almas. Él dio su vida para evitarle a usted el sufrimiento, el tormento y la cruda realidad de que el infierno está reservado para quienes rechazan a Cristo.

¿Por qué escoger este camino al infierno? Tenga cuidado de no culpar a Dios, quien es santo, de su propia decisión egoísta de vivir de la forma que le plazca a usted aquí en la tierra y a continuación esperar que Él le dé la bienvenida a su hermosa casa celestial que tiene preparada. Él ha provisto la vía de escape. Solo podemos ser rescatados del infierno en esta vida, no en la vida después de la muerte.

El infierno ha sido vestido de folclore y disfrazado de ficción durante tanto tiempo, que mucha gente niega la existencia de tal lugar. Se han escrito libros y artículos negando la doctrina del infierno; algunos han sido *best sellers* porque enseñan que el infierno y sus descripciones bíblicas son simbolismos. Tales enseñanzas engañosas hacen que las personas se sientan más a gusto y dejen de preocuparse de lo que sucede después de la muerte. Pero esas personas no podrán culpar a los escritores por señalarles el camino erróneo cuando lleguen al destino tan real que describe la Biblia.

Acompáñeme en estos breves capítulos y exploraremos juntos lo que la Biblia dice acerca de los dos caminos a la eternidad. Le puedo decir esto: no hay ni una sola palabra en la Biblia acerca del infierno que haría que usted deseara ir allí. Y ninguna persona que entiende la paz del cielo querría acabar en ningún otro lugar. La Escritura lo dice así: «Y el que creyere en él [Jesús], no será avergonzado» (1 Pedro 2.6).

El mundo está hablando acerca de la eternidad. Ya es hora de que la verdadera iglesia de Jesucristo declare al mundo las promesas que Dios da en su Palabra sobre cómo llegar al cielo y cómo evitar el infierno. La alternativa al infierno es el gozo glorioso que espera a aquellos que sigan a Jesucristo, el Salvador del mundo, a su hogar celestial.

Jesús oró así: «Padre, [...] quiero que *donde yo estoy*, también ellos estén conmigo» (Juan 17.24, énfasis añadido).

EL ANTIGUO TESTAMENTO

CAPÍTULO 1 —————————————————

ÁRBOL DE VIDA ETERNA

————————— *Desde el principio hasta el final* ————

GÉNESIS

He aquí el hombre es como uno de nosotros,
sabiendo el bien y el mal [...] y tome también del
árbol de la vida [...] y viva **para siempre.**

—GÉNESIS 3.22

ESTE ES EL LUGAR PERFECTO PARA EMPEZAR: EL PRINCIPIO. ¿Se imagina una sinfonía que solo toca el final de la canción? ¿O un equipo de béisbol que juega tan solo la última entrada?

¿Alguna vez ha corrido hasta usted un niño, contándole únicamente el final de la historia? Usted lo detiene y le dice: «Comienza desde el principio».

Génesis, que significa «origen», es el relato de cómo Dios comenzó su relación con la humanidad. Y el Autor del principio hace todas las cosas perfectamente. Por lo tanto, Dios nos dice que «en el principio» Él creó los cielos y la tierra, y a continuación creó al primer hombre y la primera mujer a su imagen. Les mostró a Adán y Eva su amor y quería que ellos respondieran voluntariamente a ese amor.

Conocemos la historia. Él hizo la creación preciosa y tenía la intención de que la primera pareja disfrutara de su paraíso. Construyó un hogar para Adán y Eva donde podían hablar con Dios en el frescor de la tarde. El escenario era realmente más de lo que podamos imaginar. Si pudiéramos juntar paraísos tropicales, montañas majestuosas, llanos de árboles frutales, lagos cristalinos, potentes océanos y el esplendor de la costa, todo ello en un solo sitio, ni siquiera esto podría comenzar a compararse con el majestuoso diseño del huerto del Edén: era un pequeño cielo en la tierra.

En medio de todo el esplendor del trabajo que había hecho Dios, arropado por todos los tipos de árboles imaginables, estaba el árbol de la vida. «Y Jehová Dios hizo nacer de la tierra todo árbol delicioso a la vista, y bueno para comer; también el árbol de vida en medio del huerto, y el árbol de la ciencia del bien y del mal» (Génesis 2.9). No pasemos por alto el significado de este versículo que describe dos árboles: el árbol de la vida, y el árbol de la ciencia del bien y del mal. Aquí se nos presentan dos «caminos», que seguiremos a lo largo de las Escrituras.

Génesis es el libro de los principios: la creación, el matrimonio, la familia y la comunión con Dios. También es aquí donde el hombre escuchó la primera orden de Dios y donde vemos que Dios le dio al hombre la libertad de escoger: vivir eternamente o morir espiritualmente: «Y mandó Jehová Dios al hombre, diciendo: De todo árbol del huerto podrás comer; mas del árbol de la ciencia del bien y del mal no comerás; porque el día que de él comieres, ciertamente morirás» (vv. 16–17).

Ese era un imponente mensaje de parte de Dios, quien da vida en abundancia. Él le dijo a la primera pareja: «Miren. Contemplen la abundancia que llega de mi mano. Disfruten de toda esta belleza. Disfruten de la riqueza que viene de arriba, y coman del árbol de la vida, que producirá bendiciones eternas. Disfruten de la libertad que es de ustedes para siempre».

Uno pensaría que Adán y Eva se asombrarían ante tal promesa. Pero vemos rápidamente que, en lugar de eso, sus mentes se enfocaron en la única y pequeña advertencia de Dios: no comas del árbol de la ciencia del bien y del mal o morirás. Aquí les fue presentada la idea de la muerte y la transición a la eternidad.

Recuerdo haber oído la historia de un padre que llevó a su hija pequeña al parque. Ella era libre para deslizarse por el tobogán, columpiarse y correr por el parque. Pero su padre le advirtió que no se acercara a cierto arbusto que estaba junto a la valla. Cuando se dio la vuelta, fue ahí a donde la niña se dirigió, y como resultado, se vio cubierta de hiedra venenosa.

¿Por qué será que nosotros los seres humanos simplemente tenemos que desafiar las advertencias cuando están pensadas para nuestro propio bien? La respuesta viene del «principio». Es el pecado del hombre.

Las Escrituras nos dicen que el diablo le dijo a la mujer: «No moriréis; sino que sabe Dios que el día que comáis de él, serán abiertos vuestros ojos, y seréis como Dios, sabiendo el bien y el mal. Y vio la mujer que el árbol era bueno para comer, y que era agradable a los ojos, y árbol codiciable para alcanzar la sabiduría; y tomó de su fruto, y comió; y dio también a su marido, el cual comió así como ella» (Génesis 3.4–6). Aquí es donde se produjo la caída del hombre, y la rebelión contra Dios se arraigó en el corazón humano. La totalidad de la raza humana ha estado sufriendo y muriendo desde ese amargo día hace tanto tiempo.

El pecado original era, y sigue siendo, la decisión humana de ser uno mismo su propio dios. Es el pecado del orgullo: controlar uno mismo su propia vida, ser el que manda, no ser responsable ante nadie, ni siquiera ante Aquel que sopló en nuestro cuerpo el mismísimo aliento de vida.

Los ojos de Adán y Eva fueron abiertos a la diferencia entre el bien y el mal, y el fruto que comieron dejó un sabor final muy amargo; tanto, que cuando Dios les llamó se escondieron.

El pecado debió ser juzgado completamente. Adán y Eva fueron expulsados del huerto, lo cual les apartaba de la fuente de vida eterna, el árbol de la vida, que representa a Cristo. Iban a enfrentarse a la muerte.

La Palabra de Dios es firme, así que Él los condujo fuera del huerto y puso un ángel que protegiera el camino al árbol de la vida.

Pero Dios no dio la espalda a su creación; tenía un plan para salvar a la raza humana. Desde el principio, Él había decidido enviar a su Hijo a esta tierra. Y en la cruz, hecha con la madera de un árbol, Jesús murió por el pecado del hombre y lo reconcilió con Dios que está en el cielo. La cruz se convirtió en el símbolo del sacrificio; el árbol se convirtió en el símbolo de la vida eterna.

¿Piensa usted en la muerte y en lo que viene después? La mayoría de nosotros pensamos en qué lugar queremos vivir, si tenemos seguro médico y cuál será nuestro plan de pensiones, pero pocas veces hacemos planes respecto a la muerte: la puerta a la eternidad.

Cuando estaba predicando este mensaje en Memphis, Tennessee, en 1978, meses después de que hubiera muerto Elvis Presley, se publicaron varios artículos importantes acerca de la muerte. *Newsweek* incluso publicó un artículo que salió en la portada aquel mes de mayo titulado «Living with Dying» [Vivir con la muerte]. Piénselo: desde el momento en que nacemos, comenzamos a morir.

La creencia de la inmortalidad del alma es intuitiva e instintiva. Cuando la tumba de Carlomagno fue abierta, lo único que quedaba era una mezcla de huesos mohosos; su corona y su cetro estaban enterrados entre el polvo de su tumba. ¡Sin poder!

El Taj Mahal guarda los restos de un emperador mogol y su esposa favorita. El edificio en sí es glorioso, pero ¿y sus ocupantes? ¡Ya no tienen gloria!

Los filósofos griegos perseguían la inmortalidad con fervor intelectual. Ningún no creyente en el Dios verdadero anhelaba con más fervor una eternidad placentera que Platón, que constantemente sentía el «anhelo de la inmortalidad».[1] También se ha observado que Aristóteles reflexionaba en que la «especie humana posee inmortalidad».[2] Shakespeare escribió: «Siento en mí la sed de la inmortalidad».[3] Ellos murieron y fueron sepultados. ¡Se acabó la sabiduría!

Los antiguos egipcios construían pirámides para sus muertos y las llenaban con provisiones para la vida después de la muerte. Un jefe africano fue sepultado junto con su esposa para que le hiciera compañía en la vida futura. Los escandinavos enterraban caballos y armaduras con sus guerreros para que pudieran luchar en la vida después de la muerte. Todos esos objetos colocados cuidadosamente aún siguen pudriéndose; o han sido encontrados por arqueólogos, sin utilizar.

Los musulmanes antiguamente molestaban a los misioneros cristianos, diciendo: «Nosotros tenemos la tumba de nuestro gran profeta Mahoma aquí en Medina, mientras que ustedes los cristianos no tienen nada».[4] Oh, pero nosotros tenemos una tumba vacía, porque el eterno, inmortal, Aquel que posee todo el poder, toda la gloria y toda la sabiduría, y es el mismísimo dador de vida, no está muerto; ¡Él vive!

El corazón del hombre se consume con el misterio y el terror de la continuidad de la vida después de la muerte. Es un fenómeno universal; sin embargo, pocos toman la decisión consciente de dónde pasarán la eternidad, aunque es una decisión que deben tomar ellos mismos.

Cuando Jesús murió en la cruz, conquistó la muerte a través de su resurrección. No hay motivo para temer a la eternidad si pone usted su confianza y su fe completamente en Aquel que es eterno. La Biblia nos dice que antes del principio del tiempo, Dios planeó mostrar la gracia de Jesucristo a través del evangelio que nos muestra el camino a la vida y a la inmortalidad. El Cristo resucitado fue hecho «primicias de los que durmieron» (1 Corintios 15.20). Él tiene las llaves de la muerte.

A lo largo de las Escrituras el Señor habló a través de los patriarcas, profetas y apóstoles, y respondió la antigua pregunta que había hecho Job: «Si el hombre muriere, ¿volverá a vivir?» (14.14).

Definitivamente sí.

Tanto el Antiguo como el Nuevo Testamentos enseñan acerca de la vida después de la muerte. Abraham buscaba una ciudad «que tiene fundamentos, cuyo arquitecto y constructor es Dios» (Hebreos 11.10). Pedro declaró: «Porque también Cristo padeció una sola vez por los pecados, el justo por los injustos, para llevarnos a Dios» (1 Pedro 3.18). Pero todo está escrito desde el principio, en Génesis. En este libro de comienzos vemos la vida después de la muerte, avisos y juicios, la gracia y las promesas de Dios, y el amor de Dios por su creación. Las personas a lo largo de los siglos han buscado el amor mientras se burlaban de la historia de amor más grande que se haya demostrado: que Dios envió a su Hijo para rescatar a la raza humana.

Noé avisó del juicio que llegaría en forma de diluvio. Pero la gente se negó a escuchar, y la muerte llegó a todos excepto a Noé y su familia. Incluso en medio de todo esto, Dios puso su arcoíris en las nubes para que sirviera de promesa eterna de que Él nunca volvería a destruir a la humanidad por medio del agua.

Dios le hizo una promesa a Abraham de que él sería el padre de muchas naciones, y la Biblia nos revela que Abraham creyó a Dios y le sirvió y le adoró como el Dios eterno. La historia fue la misma para muchos descendientes de Abraham: Isaac, Jacob y José, nuestros ancestros en la fe. Tuvieron problemas de vez en cuando, pero escogieron creer y seguir a Dios. Y Dios cumplió las promesas que les había hecho.

El Dios de los comienzos y la vida eterna aún nos da la libertad para escoger vivir para Él o morir en nuestros pecados. Este es el mensaje que yo he predicado durante más de setenta años, invitando a la gente a reconciliarse con el Salvador, porque si le rechazamos aquí, Él nos rechazará el día del juicio.

La invitación que Dios inició en el libro de los comienzos es la misma invitación que Cristo le extiende al final de las Escrituras: obedéceme, come del árbol de la vida, y sé salvo para siempre.

Al que venciere, le daré a comer del árbol de la vida, el cual está en medio del paraíso de Dios. (Apocalipsis 2.7)

CAPÍTULO 2

SALVACIÓN ETERNA

Salvación o resistencia

Con tu poder los guías a tu hogar sagrado [...]
el lugar, oh SEÑOR, reservado para tu morada [...]
que tus manos establecieron [...] **por siempre y para**
siempre.

—ÉXODO 15.13, 17–18, NTV

LA ZARZA ESTABA EN LLAMAS, PERO NO SE QUEMABA. Y cuando el Señor vio que se aproximaba el pastor, Él le llamó por su nombre desde la zarza ardiente: «¡Moisés! ¡Moisés! Y él respondió: Heme aquí» (Éxodo 3.4).

El Señor le dijo a Moisés que Él había escuchado el clamor de desesperación y sufrimiento de los israelitas y había descendido para «librarlos de mano de los egipcios, y sacarlos de aquella tierra a una [...] que fluye leche y miel» (v. 8). El Señor llamó la atención de Moisés y le dio la comisión de ser su portavoz.

Mientras la zarza ardía, Moisés le dijo al Señor que el pueblo querría saber quién le había enviado. Preguntarán: «¿Cuál es su nombre?» (v. 13). Dios respondió: «YO SOY EL QUE SOY [...] Así dirás a los hijos de Israel: YO SOY me envió a vosotros» (v. 14).

Esta es una conversación sorprendente que revela el nombre asombroso y definitivo de Dios en el Antiguo Testamento: «YO SOY». Jesús usó este mismo nombre cuando estaba siendo interrogado por los polémicos fariseos.

Ellos le preguntaron: «¿Dónde está tu Padre?».

Jesús respondió: «Como ustedes no saben quién soy yo, tampoco saben quién es mi Padre. Si me conocieran a mí, también conocerían a mi Padre» (Juan 8.19, NTV).

Sus mentes ya estaban perplejas porque Jesús había dicho que Él había venido para poner en libertad a los cautivos, y a continuación había dicho que se iba. Pero muchos no creyeron que necesitaban ser salvos de sus pecados. Ellos simplemente no creían que Él era el Mesías prometido, así que Él les dijo que no pertenecían a Dios: «Ustedes pertenecen a este mundo; yo no [...] a menos que crean que Yo SOY quien afirmo ser, morirán en sus pecados» (vv. 23–24, NTV).

Los fariseos dijeron: «¿Acaso eres más importante que nuestro padre Abraham? Él murió, igual que los profetas. ¿Tú quién te crees que eres?» (v. 53, NTV).

Jesús respondió: «Les digo la verdad, ¡aun antes de que Abraham naciera, Yo SOY!» (v. 58, NTV).

Los fariseos entendieron este lenguaje del libro de la ley, y les enfureció pensar que alguien se atreviera a llamarse a sí mismo con el nombre de Dios.

Pero el gran YO SOY estaba parado frente a ellos y decía la verdad. Jesús estaba dispuesto a liberar a los líderes judíos de su fariseísmo e incredulidad, pero ellos lo rechazaron como su Libertador, de la misma forma en que los hijos de Israel habían rechazado a Dios todopoderoso como su Rey, quien había mostrado su fuerza y poder.

Recuerde la historia del gran éxodo, cuando los israelitas huyeron de Egipto. «Y Moisés dijo al pueblo: No temáis; estad firmes, y ved la salvación que Jehová hará hoy con vosotros» (Éxodo 14.13). Mientras el Señor mantenía abiertas las aguas, la gran muchedumbre cruzó el mar a salvo sobre tierra seca, salvándolos de la muerte.

Este milagro señalaba lo que sucedería miles de años después, cuando el plan de salvación fuera cumplido en la Tierra Prometida. Cuando Jesús estiró sus brazos sobre la cruz manchada de sangre, convirtiéndose Él mismo en el puente entre la humanidad y Dios, aseguró la salvación eterna para todos aquellos que vinieran a Él.

Jehová, roca mía y castillo mío, y mi libertador [...]
Mi escudo, y la fuerza de mi salvación, mi alto refugio.
(Salmos 18.2)

Jesús no es solamente el Libertador eterno, sino que también es el Proveedor eterno. Él provee para aquellos que le reciben. De la misma forma que Dios proveyó maná diario del cielo a los hijos de Israel en su viaje por el desierto, Jesús también provee para suplir el hambre del alma de las personas hoy día. Él nació en Belén, que literalmente significa «casa de pan», y proclamó: «Yo soy el pan vivo que descendió del cielo; si alguno comiere de este pan, vivirá para siempre» (Juan 6.51).

Jesús también es el Guía eterno. El Señor guió a los israelitas a través del desierto de Sinaí durante el día con una columna de nube, y proveía para ellos luz por la noche con una columna de fuego. Jesús dijo: «Yo soy la luz del mundo; el que me sigue, no andará en tinieblas, sino que tendrá la luz de la vida» (Juan 8.12).

Los científicos realmente no saben qué es la luz, pero todos conocemos sus muchos efectos. Sabemos que no podría haber plantas, animales o vida humana sobre la tierra sin la luz.

Dios puso el sol en un balance y a una distancia precisa de la tierra. Si estuviera unos cuantos kilómetros más cerca, nos quemaríamos.

Si estuviera más lejos de la tierra, nos congelaríamos. Jesucristo es para el mundo espiritual lo que es el sol para la tierra. El efecto que tiene el sol sobre la naturaleza es el efecto que tiene Jesús sobre nuestra naturaleza fría, muerta y pecaminosa. Cristo quiere encender su luz en nuestros corazones. Quiere que seamos reflectores de su Luz divina.

He viajado a todos los continentes del mundo y he sido testigo de la diferencia que marca la luz de Dios en las personas que le tienen a Él. Nosotros somos su luz en un mundo oscuro.

El mundo actualmente está sumido en inmoralidad y amenazado por el terrorismo; pero también tenemos puertas extraordinarias abiertas para el evangelio. «He aquí, he puesto delante de ti una puerta abierta, la cual nadie puede cerrar; porque [...] has guardado mi palabra, y no has negado mi nombre» (Apocalipsis 3.8).

Todas las naciones tienen puntos de entrada, como los tuvieron los hijos de Israel cuando cruzaron el río Jordán para entrar a la Tierra Prometida. Dios los había liberado de la esclavitud y la persecución y los había llevado a un país mejor. Mientras Jesús andaba sobre las tierras de la Biblia, proclamó: «Yo soy la puerta; el que por mí entrare, será salvo» (Juan 10.9).

Todas las casas y edificios tienen al menos una entrada. El reino de Dios también tiene una entrada (solo una) y es Jesucristo, la Puerta. El corazón humano tiene una entrada también, pero muchos la han blindado, rechazando con desafío que Cristo entre. La Biblia dice: «He aquí, yo estoy a la puerta y llamo; si alguno oye mi voz y abre la puerta, entraré a él» (Apocalipsis 3.20).

Piense en la cantidad de puertas que Jesús probablemente construyó mientras trabajaba en la carpintería de José. Él formó también nuestros corazones y quiere habitar en ellos, pero muchos han cerrado los suyos y han tirado la llave.

En 1971, cuando la tripulación del *Apolo 15* regresó a la atmósfera de la tierra después de un viaje de casi trescientas horas y cerca de medio millón de millas (ochocientos mil kilómetros), debía entrar de nuevo a la atmósfera de la tierra a través de un pasillo de menos de cuarenta millas (sesenta kilómetros) de anchura. Esa es una entrada estrecha. Esto ilustra lo que dijo Jesús: «Entrad por la puerta estrecha; porque ancha es la puerta, y espacioso el camino que lleva a la perdición [...] estrecha es la puerta, y angosto el camino que lleva a la vida, y pocos son los que la hallan» (Mateo 7.13–14).

Esta «vida» se encuentra tan solo en Jesús, quien dijo: «Yo soy la vid verdadera [...] Todo pámpano que en mí no lleva fruto, lo quitará; y todo aquel que lleva fruto, lo limpiará, para que lleve más fruto» (Juan 15.1–2). La rama del olivo se ha convertido en un símbolo para el pueblo judío, y fue una hoja de olivo lo que la paloma llevaba de regreso a Noé después del diluvio como símbolo de vida. En el Evangelio de Juan, Jesús habla acerca de las ramas o pámpanos, haciendo referencia a la eternidad y haciendo distinciones entre aquellos que le siguen genuinamente al cielo eterno y aquellos que siguen a su padre el diablo al infierno eterno.

Pero Jesús continúa llamando a la gente a Él, de la misma forma que los pastores llaman a sus ovejas y sus ovejas les conocen. Jesús dijo: «Yo soy el buen pastor» (Juan 10.11). «Mi presencia irá contigo, y te daré descanso» (Éxodo 33.14).

Las ovejas raras veces duran mucho sin un pastor. Fácilmente se convierten en presas de los lobos. Deambulan y se extravían, y no pueden ver más allá de veinte pies (seis metros). ¿No es esto una calcomanía de la humanidad: un rebaño extraviado que posee características similares? Las ovejas necesitan un libertador. Jesús es nuestro Libertador eterno. La Biblia dice que nuestra vista espiritual falla. El profeta Isaías escribió:

Todos nosotros nos descarriamos como ovejas, cada cual se apartó por su camino; mas Jehová cargó en él el pecado de todos nosotros. (Isaías 53.6)

Los pastores del Medio Oriente proveen para sus ovejas y las protegen, pero Jesús dio su propia vida por sus ovejas. Sin Él, estamos indefensos. Y es a través de la vida que Él nos da que tenemos esperanza y la seguridad de la vida eterna. Jesús dijo: «Yo soy la resurrección y la vida; el que cree en mí, aunque esté muerto, vivirá» (Juan 11.25).

Deberíamos vivir cada día con la eternidad en nuestra mente. Si hiciéramos eso, viviríamos de forma diferente, con propósito y resueltos a agradar al Eterno que es Pan, y Luz, y Rama, y Pastor. El eterno Libertador, el YO SOY siempre presente, hace esta pregunta: «¿Crees esto?» (Juan 11.26).

Este era el mensaje que predicaba el apóstol Pablo: «Y el Señor me librará de toda obra mala, y me preservará para su reino celestial. A él sea gloria por los siglos de los siglos» (2 Timoteo 4.18). En la eternidad conoceremos la liberación eterna de nuestro Dios.

Vendrá de Sion el Libertador [...]
[y quitará] sus pecados. (Romanos 11.26–27)

CAPÍTULO 3

Un solo sacrificio eterno

El regalo de la sangre

Levítico, Números

Ni el natural ni el extranjero que mora entre vosotros [...] esto tendréis como estatuto **perpetuo**, *para hacer expiación [...] por todos los pecados.*

—Levítico 16.29, 34

Y tendrá él, y su descendencia después de él, el pacto del sacerdocio **perpetuo**, *por cuanto tuvo celo por su Dios e hizo expiación por los hijos de Israel.*

—Números 25.13

La ciencia está aprendiendo a controlar prácticamente todo, excepto al hombre. Los asuntos del corazón son más importantes que la electricidad, la tecnología y la medicina. Si resolviéramos los problemas de odio, lujuria, avaricia y prejuicio, los cuales producen conflictos sociales y finalmente la guerra, el mundo sería un lugar diferente. Nuestro

15

futuro se ve amenazado por muchos peligros, pero todos salen del corazón.

Más grande que el enemigo exterior es el enemigo interior: el pecado. Todas las grandes civilizaciones que nos han precedido se desintegraron y colapsaron por culpa de fuerzas interiores, y no por conquistas militares. El antiguo Imperio Romano es un asombroso ejemplo de la caída de una civilización poderosa. Mientras que su desintegración fue acelerada por invasiones extranjeras, en la opinión de un arqueólogo conocido, se colapsó «por el simple hecho de que el robo y la corrupción se habían extendido durante generaciones».

Sin importar cuán avanzado sea su progreso, cualquier civilización que deja a un lado su vida espiritual y moral se desintegra. Esta es la historia de la humanidad, y sigue siendo nuestro problema en la actualidad.

El presidente Theodore Roosevelt dijo: «Cuando educas la mente de un hombre y no su moral, educas a una amenaza para la sociedad». Necesitamos absolutos morales, pero las personas se niegan a vivir guiándose por ellos.

Este era el problema con la antigua Israel; y con todas las personas del mundo, en el pasado, en el presente y en el futuro. La Biblia dice que el corazón humano está corrompido. Por eso Cristo vino: para dar nuevos corazones a la raza humana. Las Escrituras revelan el precio a pagar por los pecados del hombre. A los israelitas se les enseñaba que el pecado debía ser expiado por medio del derramamiento de sangre pura e inocente, como está escrito en los libros de Levítico y Números.

Algunos piensan que estos libros son difíciles de leer, pero sus pasajes son ricos en historia y pertinentes hoy día porque apuntan al futuro. Casi todos los capítulos comienzan con: «Y el Señor habló...». Nunca hay falta de aviso del Dios todopoderoso. Nadie podía declararse inocente con respecto a los mandatos de Dios. Él escribió la ley y declaró que habría un juicio si la ley no era obedecida. El pueblo había dicho: «Muéstranos la ley y la seguiremos» pero no podían hacerlo, y nosotros tampoco podemos. Por lo tanto, Dios mandó a su Hijo para mostrarnos el camino.

Cuando los hijos de Israel viajaban por el desierto, tenían delante de ellos el tabernáculo de Dios. Cuando acampaban para descansar, el tabernáculo era ensamblado y se hacía expiación por sus pecados derramando la sangre inocente de un animal sin mancha. El proceso era tedioso, demandante y frecuente, debido al pecado continuo del pueblo. Pecaban, se arrepentían y volvían a pecar. ¿No nos recuerda esto nuestro mundo actual?

Para hacer expiación por los pecados, el sacerdote ofrecía los animales sacrificados sobre el altar en el Lugar Santísimo. El derramamiento de sangre era un recordatorio constante de su liberación del cautiverio en Egipto, cuando se pintaron los marcos de cada casa con sangre inocente, lo cual significaba que Dios no ejecutaría el juicio de muerte. «Porque la vida de la carne en la sangre está, y yo os la he dado para hacer expiación sobre el altar por vuestras almas» (Levítico 17.11). La sangre mostraba obediencia y honor al nombre de Dios, invitando su protección. El derramamiento de sangre también hace referencia al sacrificio eterno que vendría.

Israel había sido llamado por el Señor a ser una nación santa. Habían salido de la sociedad pagana egipcia en la que reinaban la adoración a los ídolos y la vida inmoral. Dios les prohibió continuar con estas prácticas mediante avisos y juicios: «Mas si así no lo hacéis [de acuerdo a las ordenanzas de Dios], he aquí habréis pecado ante Jehová; y sabed que vuestro pecado os alcanzará» (Números 32.23). Cuando los israelitas se alejaban de la impiedad, las bendiciones de Dios eran derramadas sobre ellos. Él deseaba que su pueblo especial viviera vidas que reflejaran su carácter santo.

Dios no solo protegía a su pueblo; también les enseñó a invitar a otros a que entraran en la protección de Él reconociendo sus pecados y también haciendo expiación. Vemos esta frase asombrosa: «el extranjero que mora entre vosotros» (Levítico 16.29), y nos maravillamos de que Dios, en su gran amor por toda la gente, está constantemente haciendo provisión para ellos a través del regalo de la sangre que limpia; no solo hasta la próxima vez que pequemos, sino para siempre. Vemos la maravillosa extensión de la ley de Dios a los extranjeros: Dios dijo: «Como vosotros, así será el extranjero delante de Jehová. Una misma ley y un mismo decreto tendréis, vosotros y el extranjero que con vosotros mora [...] Cuando hayáis entrado en la tierra *a la cual yo* os llevo» (Números 15.15–16, 18, énfasis añadido).

Cuando Cristo derramó su sangre, fue el sacrificio final que tenía implicaciones eternas. Nadie más tendría que hacer expiación mediante el sacrificio de animales. Cristo puso fin a eso de una vez por todas con su vida. Él se convirtió en el sacrificio eterno: «Pero Cristo, habiendo ofrecido una vez para siempre un solo sacrificio por los pecados [...] hizo perfectos para siempre a los santificados» (Hebreos 10.12, 14).

Las personas a menudo dicen: «¡El cristianismo y el judaísmo son religiones sangrientas! ¿Por qué siempre tienen que estar hablando acerca de la sangre?». La Biblia nos dice: «Porque la vida de la carne en la sangre está» (Levítico 17.11).

Recuerdo ver una placa durante una visita a la Clínica Mayo: «Da el regalo de la sangre». Si usted o un ser querido necesitara sangre para seguir vivo, ¿acaso no sentiría un alivio tremendo al saber que se había donado suficiente sangre como para realizar una transfusión que le salvaría la vida? La vida física se ha preservado a través de este procedimiento: gente dando de su propia sangre para salvar a otros.

La sangre de Cristo provee vida y todo lo que sostiene la vida: redención, perdón, purificación, justificación, reconciliación, paz, acceso, comunión y protección del mal y del maligno.

La sangre redime. La sangre, y no el oro, es el producto más valioso del mundo. Nosotros somos «rescatados [...] con la sangre preciosa de Cristo» (1 Pedro 1.18–19).

La sangre limpia. Si usted toma azúcar no refinada y la moja en sangre animal, la sangre blanqueará el azúcar, y esta se volverá blanca. Cuando usted invita a Cristo a entrar en su vida, su sangre le limpia; su sangre bombea vida eterna a través de sus venas espirituales. «La sangre de Jesucristo [...] nos limpia de todo pecado» (1 Juan 1.7).

La sangre justifica. Pablo escribió que «siendo aún pecadores, Cristo murió por nosotros» y «[somos] justificados en su sangre» (Romanos 5.8–9). Somos justificados, como si nunca hubiéramos pecado.

La sangre reconcilia. Las Escrituras nos hablan acerca del Padre en el cielo recreándose en reconciliar al hombre con sí mismo y traer «la paz mediante la sangre» de la cruz de su Hijo (Colosenses 1.20).

La sangre nos da acceso. El escritor de Hebreos explicó claramente cómo el sacrificio de Cristo reemplazó al sacrificio animal, que ya no es suficiente, dándonos «plena certidumbre de fe» en la sangre que Jesús derramó por nosotros (Hebreos 10.19–22); por lo tanto, ahora tenemos pleno acceso al trono de la gracia del Padre.

La sangre trae comunión. La salvación no solo se trata de salvarnos del pecado, sino también de restablecer la relación entre Dios y el hombre. La sangre de Cristo nos ha devuelto la comunión con Él (Efesios 2.13).

La sangre trae protección. Nadie puede venir contra nosotros sin venir primero en contra de Cristo. «Si Dios es por nosotros, ¿quién contra nosotros? [...] [nada] nos podrá separar del amor de Dios» (Romanos 8.31, 39).

Este es el corazón del evangelio, y con razón. El corazón es la bomba que mantiene el flujo de la sangre por las venas y las arterias para limpiar las células y también para infundir vida en ellas. Jesús nos dijo que quien acepta su sangre tiene vida eterna y tendrá una infusión de vida para siempre (Juan 6.54).

Dios está listo para perdonar. No necesita prepararse para perdonar. Nosotros, por el contrario, debemos prepararnos para arrepentirnos. Nosotros estamos listos para pecar. Somos personas testarudas que queremos hacer las cosas a nuestra manera. Pero el camino hacia Dios es a través de su único sacrificio; y si queremos vivir para Dios es necesaria la santificación, día a día.

¿Necesita usted una transfusión de sangre? No tiene que pasar por el proceso de encontrar un donante compatible. La sangre de Jesús es el tipo correcto de sangre. Él es totalmente compatible y le ofrece a usted su sangre.

Una tomografía axial computarizada o TAC puede revelar una malignidad en el cuerpo, pero solamente la sangre de Cristo puede lavar el mal que aflige nuestras almas. Los antibióticos pueden matar las enfermedades, pero solo la sangre de Cristo puede borrar las transgresiones. La cirugía con láser se puede usar para quitar un tumor del cerebro, pero solo la sangre de Cristo puede limpiar su conciencia de la culpabilidad. Una aspirina puede quitar un dolor de cabeza, pero solo la sangre de Cristo puede sanar su dolor de corazón.

Un gran predicador que se llamaba César Malan fue expulsado de su iglesia, en Suiza, a principios del siglo diecinueve por su celo evangelístico. Viajó a las islas británicas y llevó a varias personas famosas a Dios. Una vez mientras estaba en Inglaterra, conoció a una mujer joven que se llamaba Charlotte Elliott. Él le dijo que las mejores noticias que habían llegado a su vida eran que la sangre de Jesucristo le había lavado de su pecado.

Charlotte Elliott, a pesar de ser talentosa y atractiva, estaba amargada por culpa de su pésima salud. Ella dijo: «No puedo creer en la bondad de Dios, ¡y no necesito que la sangre de Jesucristo me perdone nada!».

Malan dijo: «No quería ser ofensivo; tan solo pretendía decirle que Dios le ama y que Él le ha perdonado pagando un gran precio».

Esa noche, Charlotte Elliott no podía dormir por las palabras que el predicador le había dicho. Finalmente, pidió de rodillas a Cristo que entrara a su corazón. Años después, escribió estas palabras:

Tal como soy de pecador,
Sin otra fianza que tu amor...[1]

Los creyentes en Cristo tienen un futuro fabuloso por delante. Dele gracias a Jesucristo ahora por el regalo de su sangre, y sepa que al morir Él nos dio la promesa eterna de lo que un sacrificio eterno podría significar: vida eterna. A pesar de que la estructura actual de la sociedad desaparecerá algún día y todo su progreso será borrado como resultado del fracaso y la locura del hombre, aquellos que creen en Jesucristo verán el significado eterno del precioso regalo de su sangre derramada.

Por su propia sangre, entró una vez para siempre en el
Lugar Santísimo, habiendo obtenido eterna redención.

(Hebreos 9.12)

CAPÍTULO 4

JUICIO ETERNO

Escoge la vida

DEUTERONOMIO

Las cosas [...] reveladas son para nosotros y para
nuestros hijos **para siempre** *[...]*
   Os he puesto delante la vida y la muerte [...]
escoge, pues, la vida.

—DEUTERONOMIO 29.29, 30.19

ESCOGE LA VIDA. Es una frase popular hoy día y se asocia con las campañas del derecho a vivir. Este eslogan se sacó de la Palabra de Dios y se encuentra en el libro de Deuteronomio, en los días en que Moisés gobernaba al pueblo de Israel.

La Biblia le da el máximo valor a la vida humana. Es sagrada e inestimablemente valiosa para Dios, que creó la vida «a su imagen» (Génesis 1.27). Su plan de creación estaba diseñado teniendo a la vista la vida eterna, por lo que Él plantó el árbol de la vida en medio del huerto. A continuación llegó el pecado. Y después la muerte.

Desde ese momento, cada latido del corazón acerca al hombre un paso más a la muerte. Pero en el proceso de la vida, Dios nos da una elección: escoger la vida eterna o escoger el horror de la oscuridad de afuera para siempre.

Sorprendentemente, muchos no escogen la vida.

Esa decisión se basa en el primer mandamiento de Dios, el cual es clave para definir lo que es el pecado: «No tendrás dioses ajenos delante de mí» (Éxodo 20.3). Quebrantar este mandamiento trae consigo la sentencia de muerte. Esto es lo que sucedió con Adán y Eva. Ellos tomaron una decisión: la decisión incorrecta.

Solo hay dos tipos de personas: las que son salvas y las que no lo son. La Biblia es la historia de dos caminos; dos decisiones. El sacrificio o el egoísmo, la salvación o la maldición, creer en Jesús o rechazarlo, la vida abundante o el castigo eterno, el cielo o el infierno. Independientemente de cuál sea la decisión, tendrá un costo. Tomar la decisión correcta de vivir para Jesús implica que muchos creyentes serán excluidos, ridiculizados o incluso perseguidos. Algunos serán rechazados por sus familias y amigos. Otros tendrán que dirigir su negocio en un plano más elevado porque Cristo en nosotros nos cambiará.

Recuerdo a un hombre que fue salvo durante la primera parte de nuestra cruzada en el Madison Square Garden en 1957. Unas semanas después, me dijo: «Billy, la semana pasada perdí veintidós mil dólares en un negocio porque era un poco turbio. Antes de mi conversión habría cerrado el trato sin pensarlo».

La salvación es gratuita para nosotros, pero a Jesús le costó su vida. A usted también le costará sus pecados si decide recibir su regalo. Eso no significa que deba limpiar su vida antes de poder ser salvo. El Señor sabe que usted no tiene el poder para hacer eso; debe ir a Él en arrepentimiento y *entonces* su Espíritu Santo entrará, residirá en usted y le dará poder para alejarse del pecado. Por esa razón Jesús pagó por nuestros pecados con su sangre: para ponernos en un nuevo camino en el que nuestro guía diario es el Espíritu Santo.

Muchas personas rápidamente dicen: «Bueno, yo amo a Dios y le sigo». Eso es maravilloso, pero asegúrese poniéndolo a prueba. ¿Demuestra su amor a Dios cuando difama a alguien? ¿Demuestra su amor a Él cuando hace trampa o miente, o va en contra de sus mandamientos? La Biblia dice: «Y en esto sabemos que nosotros le conocemos, si guardamos sus mandamientos. El que dice: Yo le conozco, y no guarda sus mandamientos, el tal es mentiroso, y la verdad no está en él» (1 Juan 2.3–4).

¿Puede imaginar vivir en desobediencia a la vez que afirma que el Espíritu Santo le guía? Si lo hace sin convicción y sin arrepentimiento, no ama a Jesús, porque Jesús dijo que su Espíritu convencería de pecado.

Una de las frases más tristes en la Biblia es cuando Jesús dijo: «No todo el que me dice: Señor, Señor, entrará en el reino de los cielos [...] Muchos me dirán en aquel día: Señor, Señor, ¿no [...] hicimos muchos milagros [en tu nombre]? Y entonces les declararé: Nunca os conocí; apartaos de mí, hacedores de maldad» (Mateo 7.21–23).

No habrá ocultación, ni gimoteos, ni lloriqueo, ni llanto que haga que Él cambie de opinión. El Señor no tendrá en cuenta lo que el hombre afirma creer, sino lo que realmente cree y pone en acción.

Escoja en el día de hoy el camino para llegar a la eternidad. No piense que hay tres opciones: sí, no, o esperar; porque puede que nunca tenga otra oportunidad. La Biblia es el libro de los dos caminos. Pero solo uno conduce a la vida eterna.

Puede que usted piense que está en el camino correcto, pero puede que vaya en la dirección incorrecta. Recuerdo una historia famosa del Rose Bowl de 1929, en la que un jugador de fútbol americano increíblemente talentoso llamado Roy Riegels agarró el balón cuando el equipo contrario lo perdió y corrió sesenta y cuatro yardas (cincuenta y ocho metros) mientras setenta mil personas le animaban. Estaba decidido a ganar el partido para su equipo. En lugar de eso, corrió en la dirección equivocada y consiguió una derrota miserable.

Debe usted saber en lo que cree y por qué lo cree antes de poder saber hacia dónde va.

Usted se pregunta: «¿Qué debo hacer?». Diga sí a Cristo. Esto demanda una decisión de su intelecto; también es una decisión de sus emociones; es una decisión de su voluntad. Debe ser una decisión de toda su personalidad, rendida a Cristo por medio de la fe en Él.

Puede que usted piense que porque ha estado en la iglesia toda su vida está en el camino correcto. Pero ese podría ser el camino más ancho de todos si está en él por la razón equivocada. La membresía de una iglesia no salva. Recuerdo predicar en una ciudad grande del sur hace años durante una campaña política. Un hombre famoso se había presentado como candidato a gobernador, y se unió a una iglesia porque dijo que eso le ayudaría a ganar votos. Tal vez lo hiciera, pero no le ayudará a ganarse a Dios.

Otros podrán decir: «Bueno, Billy, he hecho cosas grandes. Soy una persona moral. He vivido una vida buena y he tratado bien a los demás. ¿No es suficiente?». No. No piense que solo porque dé de comer a la gente y dé dinero a los pobres se ganará la vida eterna. Ese engaño es un truco de Satanás, y producirá el juicio eterno de Dios.

Demasiado a menudo somos culpables de construir una fe cristiana de acuerdo a nuestras ideas en lugar de hacerlo según lo que nos es revelado en la Palabra de Dios. Queremos imaginarnos a Cristo como alguien blando y flexible, amigo de todos, y alguien con quien poder pasar el rato.

Permítame comentarle lo que dice la Biblia, porque un día veremos a Jesús en toda su gloria. «Sus ojos [eran] como llama de fuego; y sus pies semejantes al bronce bruñido [...] de su boca salía una espada aguda de dos filos; y su rostro era como el sol cuando resplandece en su fuerza» (Apocalipsis 1.14–16). Es un cuadro algo diferente, ¿no es así?

Por muy extraño que parezca, el juicio de Dios está basado en su amor, y su ira y justicia son puras y santas. Cuando el Señor «descendió en la nube» para proclamarse a sí mismo a Moisés, Él dijo de sí mismo: «¡Jehová! fuerte, misericordioso y piadoso [...] grande en misericordia y verdad [...] perdona la iniquidad [...] y que de ningún modo tendrá por inocente al malvado» (Éxodo 34.5–7). La única forma de ser libre de la culpa del pecado y de la ira de Dios es ser reconciliado con Él a través de Jesucristo.

Una de las doctrinas bíblicas más descuidadas de nuestro tiempo es el juicio de Dios. Algunos dicen que hay una diferencia entre la ira de Dios en el Antiguo Testamento y la ira de Dios en el Nuevo Testamento. Yo no he encontrado tal cosa en mis estudios de las Escrituras.

Pablo escribió específicamente sobre esto:

Porque la ira de Dios se revela desde el cielo contra toda impiedad e injusticia de los hombres que detienen con injusticia la verdad; porque lo que de Dios se conoce les es manifiesto [...] su eterno poder y deidad [...] de modo que [los no creyentes] no tienen excusa. (Romanos 1.18–20)

Pero todos los que han recibido el perdón total de Dios tienen asegurado el perdón eterno. Abraham le dijo a Dios: «Lejos de ti [...] que hagas morir al justo con el impío, y que sea el justo tratado como el impío [...] ¿no ha de hacer lo que es justo?» (Génesis 18.25). Sí. El Señor hace todas las cosas perfectamente bien.

Dios nunca ha pronunciado juicio sin haber dado una justa advertencia; y aun así leemos acerca de que el pueblo de Israel se quejaba de Dios al profeta Ezequiel, diciendo que su forma de actuar no era justa. Dios respondió: «[...] el camino de ellos es el que no es recto. Cuando el justo se apartare de su justicia, e hiciere iniquidad, morirá por ello. Y cuando el impío se apartare de su impiedad, e hiciere según el derecho y la justicia, vivirá [...] Yo os juzgaré, oh casa de Israel, a cada uno conforme a sus caminos» (Ezequiel 33.17–20). No hay nada más justo que esto. Él es el juez justo.

Incluso cuando se le lanzan acusaciones, Dios nunca cambia. A pesar del pecado continuado del hombre, la gracia y paciencia del Señor son sobrecogedoras. Es imposible perderse las innumerables advertencias y ruegos que vienen de parte de Dios: «Vivo yo, dice Jehová el Señor, que no quiero la muerte del impío, sino que se vuelva el impío de su camino, y que viva. Volveos, volveos de vuestros malos caminos; ¿por qué moriréis, oh casa de Israel?» (Ezequiel 33.11).

A menos que permitamos que Cristo destruya el mal que hay en nuestro interior, el mal en nuestro interior aún querrá destruirlo a Él. Este es el conflicto que ha perdurado durante los siglos.

Muchas personas se niegan a apartarse del pecado porque tienen más miedo a hacer el ridículo ante los hombres que al juicio de Dios. Otros piensan que creer en Cristo es ridículo. Bueno, veamos quién es ridículo. Todo el mundo se rio de Noé cuando se subió a un arca sobre tierra firme. Los vecinos de Lot en Sodoma y Gomorra se rieron cuando él salió huyendo de las ciudades, diciendo que serían destruidas debido a la incontrolada inmoralidad. Pero estos juicios eternos se cumplieron cuando los que se burlaban se ahogaron en el diluvio y se quemaron con el azufre. «El Señor juzgará [...] ¡Horrenda cosa es caer en manos del Dios vivo!» (Hebreos 10.30–31).

Un juicio mayor que este se llevó a cabo hace más de dos mil años en el monte Calvario, cuando los pecados del mundo fueron puestos sobre Jesús. Él derramó su sangre en la cruz para pagar el precio del pecado. ¿Quiénes somos nosotros para decir que Dios no tiene derecho a juzgarnos? Él ya lo ha hecho. Pero la sentencia no ha sido llevada a cabo.

«Conoce el Señor a los que son suyos», nos recuerda la Biblia. «Apártese de iniquidad todo aquel que invoca el nombre de Cristo» (2 Timoteo 2.19). ¿Y por qué? Porque la Biblia nos dice que Jesús «juzgará a los vivos y a los muertos en su manifestación y en su reino» (4.1).

Platón, el antiguo filósofo griego, dijo que el alma siempre es atraída hacia su juez. Él razonó que los seres humanos saben instintivamente que un día serán resucitados y estarán ante Dios. A la gente no le gusta pensar en Dios en términos de juicio, pero tal actitud es idolatría, y es un intento de hacer a Dios a nuestra propia imagen, como si nosotros fuéramos los que tenemos razón. El Señor conoce el corazón del hombre, y nada está oculto a Él (Lucas 12.2).

Las personas se enfurecen con la idea de la ira de Dios, como si Él no tuviera derecho a juzgar. Si usted fuera a presentarse ante un juez para solucionar una disputa con alguien que le hizo mal y el juez tomara una decisión a su favor, usted alabaría al juez y estaría seguro de que se había hecho justicia, incluso para el que estaba equivocado. Dios es el Santo y Justo, y sus juicios serán perfectamente ejecutados.

Estas verdades son duras, pero resultan necesarias. Nos encanta hablar acerca del cielo, pero somos reacios a mencionar el trono de juicio de Dios. No se ha llegado a proclamar el evangelio completo hasta que se ha proclamado la advertencia de Dios. El apóstol Pablo dijo que no había omitido nada al declarar «todo el consejo de Dios» (Hechos 20.27). Después de predicar a los corintios acerca de que todos comparecerán ante el trono de justicia de Cristo, él dijo: «Conociendo, pues, el temor del Señor, persuadimos a los hombres» (2 Corintios 5.11).

Este es un cuadro dramático del juicio eterno de Dios. «Eterno» significa que sucederá, será pronunciado y durará para siempre. Dios ha fijado la fecha, y no podrá cambiarse. La totalidad de la raza humana estará delante de Él. Él es Dios, y Él cumplirá su palabra.

Nosotros estamos acostumbrados a cambiar o cancelar compromisos y citas, pero esta es una que todos cumpliremos. El Señor abrirá el libro de la vida. Para aquellos cuyos nombres no se encuentren ahí, será debido a su incredulidad.

Yo no quiero ser juzgado por un ángel que nunca ha derramado una lágrima. No quiero ser juzgado por un serafín que nunca sintió dolor. No quiero ser juzgado por un querubín que nunca conoció el dolor humano o la decepción. Yo seré juzgado por el Cordero de Dios, que se hizo carne y vivió entre nosotros para identificarse con nuestro sufrimiento. Él es el único digno de juzgar nuestra relación con Él.

Nadie merece el amor de Dios, pero aun así Él lo ofrece. Su gracia nos salva y cambia nuestro rumbo del juicio eterno a la vida eterna. Escoja la vida.

El que cree en el Hijo tiene vida eterna; pero el que
rehúsa creer en el Hijo no verá la vida, sino que la ira
de Dios está sobre él. (Juan 3.36)

CAPÍTULO 5

PODER ETERNO

JOSUÉ

La mano del SEÑOR es poderosa [...] **para siempre.**

—JOSUÉ 4.24, NTV

«CHIANG KAI-SHEK HA MUERTO». Cuando escuché esa noticia el 5 abril de 1975, fui a mi oficina y cerré la puerta para orar y meditar. La muerte del presidente de la República de China trajo consigo tristeza. Parecía como si la extraordinaria vida de este líder legendario pasara ante los ojos como un repaso.

Bajo su poderoso liderazgo, China se había unido por primera vez en un siglo. Fue el líder de la nación durante veintiún años.

Hay calidez en mi corazón hacia China porque es donde mi esposa, Ruth, nació y se crio. Su padre, el doctor L. Nelson Bell, fue a China en 1916 como misionero médico. Durante sus años allí, conoció y llegó a admirar al generalísimo Chiang Kai-shek y más tarde a Madame Chiang, una de las mujeres más inteligentes y hermosas del mundo. El matrimonio del general con Soong Mei-ling fue como un romance de cuento de hadas, y ella cautivó al pueblo estadounidense cuando, durante la Segunda Guerra Mundial, habló en una reunión conjunta del Congreso de Estados Unidos.

Tras años de guerras, disensiones y dificultades que inundaban a todos los países participantes en una larga guerra, él fue forzado a abandonar su querida tierra natal, que ahora se encontraba bajo el gobierno comunista. Él estableció un gobierno en el exilio, en la preciosa pero pobre isla de Taiwán, y la convirtió en una fortaleza económica y política.

Mi primera reunión con el generalísimo Chiang Kai-shek fue en 1952. La Guerra de Corea había comenzado, y yo había ido a pasar la Navidad con las tropas estadounidenses. Después de dejar Corea, fui a Taipéi para visitar a unos misioneros, predicar a los cristianos y visitar los hospitales. Mientras estaba allí, inesperadamente recibí una invitación a cenar de parte del Presidente y Madame Chiang Kai-shek. Estaba asombrado de que durante esa visita, casi toda la conversación se centró en el cristianismo.

Tuve el honor, años después, de hablar en la ceremonia en memoria del presidente Chiang Kai-shek, que se llevó a cabo en la Catedral de Washington, y dar algo de perspectiva sobre su fe cristiana personal. Amigos cercanos en los que tengo mucha confianza habían comentado conmigo sus muchas experiencias con el presidente Chiang.

Me enteré de que Soong Mei-ling no había deseado casarse con Chiang Kai-shek hasta que él se hizo cristiano. Mientras él la cortejaba, la madre de ella, que era temerosa de Dios, estaba profundamente preocupada. Pidió a su pastor que le ayudara a orar por ella, y ella le dio al general una Biblia para que la leyera. En ese tiempo, él estaba luchando contra los señores de la guerra en el norte de China. En las semanas siguientes, se vio envuelto en una situación militar difícil. En desesperación, pidió ayuda al «Dios cristiano» del cual había estado leyendo y le dijo que si le rescataba y preservaba su vida, él confesaría públicamente a Cristo. Cumpliendo su promesa, tomó su decisión, confesó públicamente su fe en Cristo, y fue bautizado en 1933. La vida que vivió a continuación, en devoción al Señor Jesús, fue una demostración de la autenticidad de su fe por el poder de Cristo.

Cuando el general llegó a Taiwán, erigió una pequeña capilla de ladrillo cerca de su casa. Allí se celebraba alabanza cristiana cada domingo, y él invitaba a miembros de su personal gubernamental y algunos invitados a que alabaran con él. Pero esto nunca fue publicado en la prensa. La capilla era un lugar para la alabanza sincera del Presidente y Madame Chiang y sus amigos.

Chiang no se avergonzaba de su fe. Durante años fue su costumbre hablar en una radio nacional cada Nochebuena para dar un mensaje sobre el significado del nacimiento de Jesucristo. En Viernes Santo, él tenía por costumbre predicar un sermón en su capilla privada para aquellos que se reunían allí. Un buen amigo mío asistió en varias ocasiones y siempre salía asombrado por los excelentes mensajes del generalísimo sobre el significado de la cruz de Cristo.

Cuando misioneros cristianos huyeron de China a Taiwán, el presidente abrió las puertas de la nación para ellos. Como resultado, las iglesias cristianas florecieron por todo Taiwán. Dios usa a hombres y mujeres para hacer su obra.

Pero una de las decisiones más importantes que tomó el generalísimo en lo que respecta al cristianismo fue en 1951. Líderes del Pocket Testament League, una organización estadounidense, visitaron al presidente Chiang en su oficina y le pidieron permiso para distribuir Biblias a su ejército. Él voluntariamente publicó una declaración que se difundió en todo el ejército y por todo Taiwán. En ella, él decía:

[Siempre me da] placer que la gente lea y estudie la Biblia, ya que la Biblia es la voz del Espíritu Santo. La Biblia revela la justicia de Dios y su amor. Jesucristo nuestro Redentor dio su vida y derramó su sangre para salvar a aquellos que creen en Él. Su justicia exalta a la nación. Cristo es la piedra angular de todas las libertades. Su amor cubre todos los pecados; todo aquel que crea en Él tendrá vida eterna.[1]

Este hombre era poderoso en su testimonio de Cristo y se convirtió en un hombre de la Biblia. Después de su conversión, durante el resto de su vida tuvo el hábito de leer la Biblia arrodillado cada mañana. El generalísimo Chiang también era un hombre de oración. Y se sabe públicamente que tan solo unas horas antes de morir, reunió a su esposa, su hijo y cinco o seis de los líderes oficiales del gobierno, incluido el nuevo presidente. Les habló acerca de sus últimas voluntades; fue su testamento verbal a sus sucesores. Las primeras palabras que salieron de sus labios, que pronto serían silenciados, fueron: «Jesucristo». Él les dijo: «Nunca me he apartado de mi fe cristiana».

Si el generalísimo hablara por sí mismo hoy, creo que sé lo que tal vez diría. Recordaría al apóstol Pablo durante los últimos días de su vida, ya que había similitudes entre las vidas de los dos antes de llegar a Cristo.

Antes de tener un encuentro con el Señor en el camino a Damasco, Pablo era un hombre de terror. Pero su encuentro con Jesucristo le cambió dramáticamente. Un día, Pablo estaba en una misión para arrestar a gente por su fe en Jesús, y al siguiente, fue encarcelado por predicar a Cristo.

Cuando Pablo fue encadenado en la mazmorra de la cárcel de Mamertina en Roma, esperando el golpe final del verdugo, escribió una carta al joven Timoteo; eran sus últimas voluntades y su testamento. Yo creo que el generalísimo se habría unido a Pablo en una parte de la carta que habla acerca del testimonio imperecedero de su propia vida. Él habría dicho, como dijo Pablo: «He peleado la buena batalla, he acabado la carrera, he guardado la fe» (2 Timoteo 4.7).

De la misma forma que el poder de la Palabra de Dios crea todo partiendo de nada, de la misma forma que el poder de su aliento da vida al alma, así el poder de su Palabra transforma los corazones. «Él señorea con su poder para siempre» (Salmos 66.7).

Tenemos la demostración de esto en la vida de Josué, un poderoso joven que sirvió a Moisés en el viaje hacia la Tierra Prometida. Él se convirtió en uno de los grandes capitanes militares, y más adelante en general, en el ejército de Israel. Era obediente, valiente y fiel; sobre todo, era un hombre de decisión y acción. Después de la muerte de Moisés, Dios mismo le dio al general Josué estas órdenes:

> Mi siervo Moisés ha muerto. Por lo tanto, ha llegado el momento de que guíes a este pueblo [...] Sé fuerte y muy valiente. Ten cuidado de obedecer todas las instrucciones que Moisés te dio. No te desvíes de ellas [...] Estudia constantemente este libro de instrucción. Medita en él de día y de noche para asegurarte de obedecer todo lo que allí está escrito [...] Mi mandato es. (Josué 1.2, 7–9, NTV)

Josué dirigió a la multitud de personas a la tierra que Dios les había prometido. Cuando llegaron cerca de Jericó, él levantó la mirada y vio a un Hombre parado frente a él, con una espada en la mano, que le dijo: «Como Príncipe del ejército de Jehová he venido ahora» (Josué 5.14). Josué estaba delante del Señor mismo.

Josué llevó a cabo el ataque contra la ciudad de Jericó, y por el poder de Dios la ciudad fue destruida. Tan solo unos cuantos que habían creído en Él y habían ayudado a Israel fueron salvados.

En todas las victorias que tuvo Josué, nunca dejó de alabar al Comandante y Capitán de la salvación, diciendo: «[Dios] lo hizo para que todas las naciones de la tierra supieran que la mano del SEÑOR es poderosa [...] para siempre» (Josué 4.24, NTV).

Pero los israelitas no tardaron en olvidarse de lo que Dios había hecho por ellos. Josué se encontró a sí mismo delante del pueblo, rogándoles que se arrepintieran y volvieran a Dios. Su grito de guerra antes de morir fue este: «Escogeos hoy a quién sirváis» (Josué 24.15). Josué les dijo que independientemente de su decisión, él serviría al Señor para siempre.

Para siempre. Esa es otra palabra para decir eternidad: el estado interminable. El generalísimo Chiang habló acerca de la eternidad, y aquí podemos ver al general Josué recordando a aquellos bajo su mando que el poder de Dios salvará para siempre. Igual que lo recordó a los israelitas, nosotros también debemos recordar que nuestra reverencia al Dios todopoderoso vivirá para siempre ante sus ojos, en la tierra y en el cielo.

El Señor testificó acerca de sus propias promesas a aquellos que confían en Él. ¿Cuál es su última voluntad y testamento para aquellos a los que usted influencia? ¿Por qué se le recordará cuando sus días sobre la tierra terminen? Si su corazón ha sido capturado por Cristo y sus labios declaran que usted cree en la poderosa salvación del Señor, vivirá en presencia de Él eternamente.

Dios no tiene límites. Pablo escribió: «Porque las cosas invisibles de él, su eterno poder y deidad, se hacen claramente visibles» (Romanos 1.20).

La sabiduría de Dios no tiene límite. Judas proclamó:

Al único y sabio Dios, nuestro Salvador, sea gloria y majestad, imperio y potencia, ahora y por todos los siglos. (Judas 1.25)

El poder de Dios no tiene límite. El salmista declaró:

Una vez habló Dios [...] Que de Dios es el poder. (Salmos 62.11)

La gloria y el amor de Dios por la humanidad no tienen límite: «Pero vemos [...] a Jesús, coronado de gloria y de honra [...] Porque convenía [...] habiendo de llevar muchos hijos a la gloria, perfeccionase por aflicciones al autor de la salvación de ellos» (Hebreos 2.9–10).

Él salva a aquellos que acuden a Él en su debilidad. No tenemos por qué perder en esta vida; podemos escoger ganar y obtener la eternidad en el cielo. Él nos dará poder para vivir para Él. «Porque aunque fue crucificado en debilidad, vive por el poder de Dios. Pues también nosotros somos débiles en él, pero viviremos con él por el poder de Dios para con vosotros» (2 Corintios 13.4). Él hace que sea posible que un corazón débil y pecador se derrita por la verdad de su Palabra y encuentre la redención.

El Dios eterno [...] da esfuerzo al cansado, y multiplica las fuerzas al que no tiene ningunas. (Isaías 40.28–29)

CAPÍTULO 6

JUICIO ETERNO— REDENTOR ETERNO

Fuerte y rebelde—Sumiso y seguro

JUECES, RUT

Jehová, que es el juez, juzgue hoy.

—JUECES 11.27

Redime tú, usando de mi derecho, porque yo no podré redimir.

—RUT 4.6

DOS HISTORIAS QUE CONTRASTAN: EL ICÓNICO HOMBRE FUERTE, SANSÓN, Y LA HERMOSA EXTRANJERA LLAMADA RUT. (Quizá usted esperaba el nombre *Dalila*, pero su historia no sería un contraste con Sansón en manera alguna, porque ambos eran egoístas e interesados). Estas historias están entre las de Josué, el líder que entró en la Tierra Prometida con los israelitas, y su primer rey, Saúl, que gobernó el reino.

El libro de Jueces es oscuro y da que pensar. Cubre quizá el periodo más degradante de la historia del pueblo de Dios. Dios, el Juez eterno, levantó a doce jueces para reinar sobre el pueblo, que se había apartado. Se les dijo que expulsaran a los malvados ocupantes de la Tierra Prometida, pero el pueblo había hecho justamente lo contrario y se mezclaron con una sociedad pagana, adoptando los caminos de su enemigo.

Cualquier cosa contraria a la Palabra de Dios es el enemigo. El pueblo de Israel había sido llamado a un plano más elevado. Le pertenecía a Dios y debía ser el ejemplo vivo de la libertad y protección que Él proporcionaba.

El comienzo y final de la historia es el mismo: «Cada uno hacía lo que bien le parecía» (Jueces 21.25), y lo que ellos consideraban correcto a menudo era malo y equivocado (Jueces 2.11). El pueblo no respetaba los mandamientos de Dios. Se alejaron del camino de Dios y fueron por su propio camino. Decidieron olvidarse del Dios que les libró de la esclavitud, de estar sin hogar, del hambre, de la sed y del desánimo. En vez de expulsar al enemigo de su tierra como Dios les había ordenado, se mudaron con ellos, aunque Dios les había advertido que no lo hicieran.

Nuestra sociedad actual no es muy distinta. Demasiadas personas hoy día sienten que las antiguas normas morales son inútiles y están desfasadas. Creen que debieran ser libres para decidir en su mente lo que es bueno y lo que es malo, haciendo así lo que a cada uno bien le parece.

El pensamiento mundano es este: «Si espera adelantarse en la vida, tendrá que adaptarse a la manera mundana de vivir y aprender a encajar». Ahí es donde entran las concesiones, esa vocecita que le anima a ceder, a aligerar, susurrándole que está bien participar de hechos insignificantes. Pero esta es la voz de la tentación que viene del diablo. El ADN de Satanás es el mal, y es ahí donde él desea llevarle: a la maldad.

Usted ha oído el dicho: «El diablo está en los detalles». Bueno, Salomón escribió que son «las zorras pequeñas, que echan a perder las viñas» (Cantares 2.15). Si no prestamos atención a las pequeñas cosas que nos distraen, nos veremos en medio de algo grande que nos destruirá. No somos distintos a ese pueblo de antaño. Nos convencemos a nosotros mismos de que no existe tal cosa como lo que está bien y lo que está mal, que deberíamos ser libres para decidir cómo queremos comportarnos. Pero la Biblia es muy clara respecto a lo que está bien y lo que está mal.

Cuando estamos satisfechos con el statu quo, estamos satisfechos con la derrota cuando Dios nos ha llamado a la victoria. Excusamos nuestros malos hábitos tratando de convencernos a nosotros y de convencer a otros de que lo malo no es tan malo. Los hábitos se vuelven inquebrantables, inflexibles, y por eso nuestra voluntad rehúsa doblarse ante Dios. Cuando eso ocurre, Él no tiene otra opción que quebrantarnos: juzgarnos. Este fue el caso de Sansón.

La Biblia nunca encubre el pecado, sino que lo expone. A pocos hombres se les ha dado una oportunidad mayor que la de Sansón. Dios le creó para ser fuerte, pero él literalmente se derrumbó porque fue rebelde. Tomó malas decisiones e hizo lo que no estaba bien. Intercambió su potencial y poder por egoísmo y debilidad.

Sansón había crecido en un hogar piadoso con padres que temían a Dios y que le enseñaron a hacer lo mismo. Pero él abusó de las bendiciones de Dios y se volvió arrogante e irrespetuoso; vivió una vida vergonzosa. En su juventud decidió que sus padres estaban desconectados de la sociedad. Había nacido para aguantar solo y ser usado por Dios, pero él quería encajar. No se tomó en serio al Dios eterno. Él reflejaba lo que muchos reiteran hoy: que el evangelio está pasado de moda y que no es relevante. ¡Basura!

La vida de Sansón reflejaba la vida de su nación. Se fue de casa en busca de emoción, y los caminos mundanos lo sedujeron. Recuerdo que de niño decidí irme de casa. Me alegro de no haberme alejado nunca más de dos manzanas de donde yo vivía. La casa es un lugar muy seguro donde estar.

Sansón era fuerte físicamente pero débil en muchas otras cosas. Quebrantó el primer mandamiento, el de poner a Dios primero en cada cosa. En cambio, se puso a sí mismo primero e ignoró las reglas de Dios. Sansón quebrantó el segundo y quinto mandamientos, y adoró el santuario de la lujuria tomando a una esposa filistea en contra del deseo de sus padres. Quebrantó el sexto mandamiento y asesinó. Quebrantó el noveno y décimo mandamientos porque mintió y codició (Jueces 13—16).

Miramos la vida de Sansón y podemos vernos a nosotros mismos en el espejo. Tomamos decisiones importantes y transformadoras para bien o para mal. Cuando decidimos lo malo, es porque la semilla del pecado está en nosotros. Solo se puede arrancar mediante la salvación en Jesucristo.

«Porque a todo aquel a quien se haya dado mucho», dice la Biblia, «mucho se le demandará» (Lucas 12.48). Este era el perfil de Sansón; se le había dado todo lo que la vida puede ofrecer, pero en vez de valorarlo y ser responsable con ello, decidió «disfrutar de la vida». Sansón estaba aburrido, y el aburrimiento a menudo lleva al desánimo o, como en el caso del joven Sansón, a la travesura. Iba en pos de todo lo que le agradaba y se dirigía hacia una caída catastrófica. Cuando bajó la guardia, el enemigo le ató.

Seducido por Dalila, le contó el secreto de su fuerza. El enemigo entró y le tomó prisionero. Sus ojos, que habían codiciado a la hermosa Dalila, le fueron arrancados, y fue obligado a moler en la rueda de los molinos. El Sansón que antes hacía alarde de su fuerza y estilo de vida fácil, ahora estaba lamentablemente ciego, atado con cadenas de bronce y obligado a la monótona labor de moler en un molino como esclavo. La misma gente a la que había perseguido ahora se burlaba de él para entretenerse al verle dando vueltas en los molinos durante horas al día.

Es cierto que Dios confirió fuerza a Sansón una última vez para traer juicio sobre sus enemigos, pero Sansón cayó con ellos, muriendo de una forma horrible y violenta. Esta es una historia desgarradora, y cualquier victoria que pudiera sacarse de la vida de Sansón llegó solamente por la mano de Dios.

El mundo ofrecerá locura, emociones y diversiones. Pero tenga cuidado; ¡tal seducción solamente le destruirá! No sea testarudo y débil como Sansón. La Biblia nos dice que seamos fuertes en el Señor y en el poder de su fuerza. Quizá tenga que quedarse solo en la escuela. Quizá tenga que permanecer solo en la universidad. Quizá tenga que quedarse solo en el trabajo. Quizá tenga que quedarse solo en la vida; pero quédese solo, y viva de forma limpia y decente. La energía contenida que viene con la juventud puede ser un destello de luz para el Señor Jesucristo, o puede convertir su mundo en un lugar oscuro y sucio, como en los días de los jueces. Dedique sus energías al Señor.

Esto es sin duda lo que hizo la joven Rut. Su historia de amor y devoción destaca como un claro contraste con la historia oscura de Sansón. La suegra de Rut, Noemí, se quedó viuda en la tierra extranjera de Moab. Sus hijos se habían casado con mujeres moabitas pero ambos habían muerto jóvenes, dejando a Noemí con dos nueras: Orfa y Rut.

Noemí decidió regresar a su tierra en Israel e intentó persuadir a las jóvenes viudas para que se quedaran en su tierra natal y se volvieran a casar. Orfa lo hizo, pero Rut rogó ir con Noemí, diciendo:

A dondequiera que tú fueres, iré yo, y dondequiera que vivieres, viviré. Tu pueblo será mi pueblo, y tu Dios mi Dios. Donde tú murieres, moriré yo, y allí seré sepultada. (Rut 1.16–17)

Rut estuvo dispuesta a alejarse de su tierra natal, su adoración de ídolos y su forma de vivir, y unirse a su suegra, aceptando su fe firme. Ninguna historia de suegras podría ser tan preciosa como esta. Lo que Rut vio en Noemí le atrajo al Señor, y se sometió y encontró seguridad en Dios.

Supongo que siempre me ha atraído esta historia de amor porque el nombre de mi difunta esposa era Ruth. Pero la historia también me atrae porque es una imagen del gran deseo de Dios de que su pueblo le ame. El Señor hizo algo maravilloso en la vida de Rut y en la vida de Booz, el pariente de Noemí, quien se casó con Rut y redimió su herencia; él se convirtió en una imagen gloriosa del Redentor eterno que había de venir.

Dios bendijo a Rut y Booz dándoles un hijo llamado Obed, el cual tuvo un hijo llamado Isaí, que fue el padre del rey David. No podemos perdernos la importancia eterna, sabiendo que Jesús nació del linaje de David.

Porque para siempre es su misericordia.
Díganlo los redimidos de Jehová,
Los que ha redimido del poder del enemigo.
(Salmos 107.1–2)

CAPÍTULO 7

REY ETERNO, TRONO ETERNO, REINO ETERNO

Poder humano o poder de Dios

1 Y 2 SAMUEL, 1 Y 2 REYES, 1 Y 2 CRÓNICAS

El salva gloriosamente a su rey [...] **para siempre.**

—2 SAMUEL 22.51

Y el trono de David será firme **perpetuamente**
*delante de Jehová [...] para que sepan todos los reinos
de la tierra que sólo tú, Jehová, eres Dios.*

—1 REYES 2.45, 2 REYES 19.19

Y afirmaré el trono de su reino [...] **para siempre.**

—1 CRÓNICAS 22.10

«A MÍ ME HAN DESECHADO, PARA QUE NO REINE SOBRE ELLOS»
(1 Samuel 8.7). Esta es la sórdida historia de una nación que no podía
estar satisfecha con el Señor como su Rey.

Dios sacó a Israel de una hambruna y le dio abundancia. Lo sacó de la esclavitud y le dio libertad. Lo sacó del desierto y le dio la Tierra Prometida. Él era su Rey eterno, pero ellos querían un rey humano: «No, sino que habrá rey sobre nosotros», clamaron, «y nosotros seremos también como todas las naciones» (1 Samuel 8.19–20).

Dios finalmente le dijo al profeta Samuel que oyera su petición y les diera lo que deseaban. «Mas protesta solemnemente contra ellos», le dijo Dios a Samuel, «y muéstrales cómo les tratará el rey que reinará sobre ellos» (1 Samuel 8.9).

El profeta declaró que un rey de la carne les decepcionaría, pero Israel no escuchaba, sino que clamaba aún más por un rey que «nos gobernará, y saldrá delante de nosotros, y hará nuestras guerras» (1 Samuel 8.20). Eran cortos de vista. ¿Cómo pudieron olvidar tan rápidamente los milagros que Dios hizo delante de sus ojos? La victoria sobre el faraón. La protección de sus primogénitos de la espada real. La liberación del ejército egipcio en el mar Rojo. El maná del cielo y el agua de la roca en el desierto. Las batallas ganadas y naciones conquistadas al llegar a la Tierra Prometida. Dios le había dado a Israel su poder, sabiduría, protección y amor. Pero no, Israel quería un rey ordinario, como las otras naciones.

Cuando la mente está en la carne, piensa cosas pequeñas. Podemos ver esto hoy día. Nuestro país ha sido muy bendecido por Dios, pero muchos no están satisfechos y claman pidiendo ser como otras naciones. Inimaginable, pero ocurre con frecuencia. La raza humana simplemente no puede contentarse. ¿Por qué? Es porque el corazón va en pos de las cosas del mundo, que no satisfacen; así que la búsqueda continuará hasta el final de los tiempos. «Porque todo lo que hay en el mundo, los deseos de la carne, los deseos de los ojos, y la vanagloria de la vida, no proviene del Padre, sino del mundo [...] pero el que hace la voluntad de Dios permanece para siempre» (1 Juan 2.16–17).

En estos seis libros del Antiguo Testamento brilla una luz sobre la agónica historia de los reyes y reinos de Israel. No obstante, Dios en su soberanía se mantuvo paciente y no dio la espalda a su pueblo, a pesar de sus pecaminosos y egoístas corazones. Sin embargo, no fue sin un gran precio que cambiaron al Señor del cielo por un mero hombre para que gobernara sobre ellos. Israel era un desorden, estaban corrompidos por el pecado. Habían vuelto a adorar ídolos: otros dioses. Querían poder humano, ¡no poder de Dios!

El Nuevo Testamento señala al Antiguo, y las escrituras del Antiguo Testamento miran al futuro, al nuevo pacto que fue anunciado. En cada esquina, la mano de Dios se movía a favor de su pueblo. Pero de este débil ciclo de pecado, arrepentimiento, perdón y vuelta a pecar emerge la fidelidad de las promesas eternas de Dios. Él cambió el dolor más profundo de Israel en la mayor esperanza de la nación: del trono de David llegaría el Mesías prometido, el cual establecería el trono y el reino de Israel para siempre.

Dios mostró misericordia hacia Israel repetidas veces, solo para recibir rechazo. Esta misma misericordia se extendió a toda la raza humana desde la cruz. Él no pudo haber abierto sus brazos más para abrazar al agónico mundo, aunque la naturaleza del hombre lo menospreció y rechazó.

Antes de volvernos muy críticos con los israelitas, deberíamos preguntarnos si nosotros no hacemos lo mismo. El Señor ha bendecido a muchas naciones del mundo, pero a ninguna como a Estados Unidos; sin embargo, nuestro país le ha dado la espalda. Es urgentemente necesario hoy día hacer un llamado a arrepentirnos nacionalmente y de manera individual, mientras el gran amor de Él aún convence calladamente. La Biblia dice: «¡Oh profundidad de las riquezas de la sabiduría y de la ciencia de Dios! ¡Cuán insondables son sus juicios, e inescrutables sus caminos!» (Romanos 11.33).

Un pasaje conocido del tiempo de los reyes revela el corazón del Señor al responder a una oración del rey Salomón: «Si se humillare mi pueblo, sobre el cual mi nombre es invocado, y oraren, y buscaren mi rostro, y se convirtieren de sus malos caminos; entonces yo oiré desde los cielos, y perdonaré sus pecados, y sanaré su tierra» (2 Crónicas 7.14).

Aunque este pasaje es muy específico para la nación de Israel en cuanto a su tierra, hay muchas cosas que podemos aprender de la petición de Dios. El mensaje de Dios siempre es el mismo: arrepiéntanse del pecado y vuelvan a mí.

Está claro que la sanidad de Dios depende de la obediencia del pueblo en seguir sus mandamientos. Él les bendecía, y después ellos se volvían complacientes o rebeldes, y caían de nuevo en la idolatría, algo que habían aprendido de sus vecinos paganos. Podemos mirar este patrón y decir: «¿Por qué no veían eso?». Porque es el patrón de pecado en el corazón humano: el hombre busca su propio camino. Este patrón está narrado, ocurría una vez tras otra. Cuando el pueblo obedecía a Dios, Él les bendecía. Cuando desobedecían, les enviaba juicio. Por favor, no pase por alto la importancia de los efectos secundarios del pecado. Dios perdonará, pero el pecado deja un caos terrible.

He oído este pasaje de las palabras de Dios a Salomón recitado tanto en eventos religiosos como seculares, y me preguntaba si la gente realmente lo entendía. Enseguida acordaban «dejar sus malos caminos», pero luego no lo hacían. Como personas, queremos lo que queremos, y lo queremos ahora.

Los Angeles Times tenía un anuncio que decía: «Gaste ahora; ¡pague después!». Siempre vamos tras lo que el mundo dice que es mejor. Sin darnos cuenta, hemos intercambiado la fe en Dios por seguir a los dioses de este mundo. Esta es la repetitiva historia de la raza humana.

Una cita que nos hace pensar apareció en el periódico cerca del doscientos cumpleaños de Estados Unidos y se ha vuelto a imprimir varias veces desde entonces:

Las civilizaciones más grandes del mundo promedian un ciclo de 200 años. Esas sociedades progresaron mediante esta secuencia:

De esclavitud a fe espiritual.
De fe espiritual a un gran valor.
De un gran valor a libertad.
De libertad a abundancia.
De abundancia a egoísmo.
De egoísmo a complacencia.
De complacencia a apatía.
De apatía a dependencia.
De dependencia otra vez a la esclavitud.[1]

El 11 de septiembre de 2001, el mundo vio con horror cómo Estados Unidos era asaltado; dos aviones secuestrados se estrellaron contra el World Trade Center en la ciudad de Nueva York, y los edificios se derrumbaron ante nuestros ojos. El terrible acontecimiento hizo que los estadounidenses se arrodillaran: durante unas semanas. Amenazó nuestro orgullo nacional y centro neurálgico financiero: durante unas semanas. Las iglesias se llenaron de gente asustada y humillada: durante unas semanas. Pero rápidamente nos volvimos otra vez complacientes.

Vino a mi mente un sermón que prediqué en la ciudad de Nueva York en 1957 en el Madison Square Garden. Mi pasaje era 2 Crónicas 7.14, y expuse las similitudes entre nuestra desobediencia y la del pueblo antiguo. Hablé de los apuntalamientos de una nación que afirmaba estar «bajo Dios» y expresé mi miedo a que si América no se volvía a Dios, nos aguardaba el juicio.

Mi mensaje también miraba hacia atrás en la historia. El 11 de septiembre de 1777 (exactamente ciento ochenta años antes del 11 de septiembre), el Congreso Continental votó para gastar trescientos mil dólares para comprar ejemplares de la Biblia para distribuir en las colonias. Esto se aceptó ampliamente, por supuesto. Incluso las raíces de nuestras instituciones educativas fueron basadas en la fe en Dios.

La Universidad de Harvard se fundó en 1636. En la herencia de John Harvard a la escuela, dejó varias reglas y preceptos que el colegio que llevaba su nombre debía cumplir. La segunda regla dice:

Que a cada estudiante se le instruya claramente, y se le presione firmemente a considerar bien, que el principal fin de su vida y sus estudios es: conocer a Dios y a Jesucristo, que es vida eterna [...] y por lo tanto, poner a Cristo en la base como el único cimiento de todo buen conocimiento y aprendizaje.

Y viendo que el Señor solo da sabiduría, que todos y cada uno procuren seriamente buscarla de Él mediante la oración en la intimidad.

45

El señor Harvard quería que la educación superior fuera un lugar donde la gente fuera a estudiar la Biblia y a reconocer a Cristo como Señor y Salvador. Y no estaba solo. Dartmouth College fue fundado por un clérigo ordenado con el deseo de establecer una escuela donde los indios de Nueva Inglaterra pudieran ser formados en la verdad del evangelio de Cristo. Las universidades de Yale y Columbia (King's College) tenían fundamentos similares. ¿Qué ocurrió? Las personas se volvieron complacientes y pensaron que ya no necesitaban más a Dios.

Esta es la historia de la raza humana. Queremos que Dios nos bendiga, y cuando Él lo hace aceptamos con alegría sus bendiciones. Sin embargo, cuando ocurren cosas malas, nos olvidamos de sus bendiciones y le culpamos de las cosas malas que nos pasan. Por eso el Señor le dijo a Salomón que su pueblo debía apartarse de sus malos caminos y humillarse si querían que Él trajera sanidad.

Hay algunos que están volviendo a escribir nuestra rica herencia, argumentando que nuestros fundadores nunca quisieron que nuestra nación estuviera «bajo Dios». Pero nuestros valiosos documentos dicen lo contrario.

Durante esa cruzada de dieciséis semanas, recuerdo mirar desde la ventana de mi habitación del hotel a la gran ciudad de Nueva York y maravillarme de la mano de Dios en la protección de nuestra nación. Meditaba en la vista de Berlín, asentada entre sus escombros tras la Segunda Guerra Mundial hacía unos años. Recordaba a Londres, justo después de que las llamas y las bombas hubieran cesado. Y oraba: «Oh Dios, oro que eso nunca ocurra en Estados Unidos». Y después miré por la ventana a las masas de personas que se apresuraban por todas partes, ocupadas con su vida, despreocupadas de lo que realmente importa: el alma de las personas y dónde pasarán la eternidad. Me preguntaba durante cuánto tiempo Dios seguiría siendo paciente.

Eso fue en 1957.

Antes de que América fuera atacada por fuerzas exteriores en 2001, nuestra nación y nuestras iglesias ya estaban siendo atacadas desde dentro. No es de extrañar; Dios ha sido expulsado de nuestras escuelas. Durante muchos años, las iglesias habían centrado gran parte de su predicación y sus programas prácticamente en todo menos en Dios. Aunque tenemos grandes edificios y congregaciones, muchos miembros de esas iglesias nunca han tenido un encuentro con Jesucristo. Están siendo engañados para creer que se merecen el favor de Dios por su ocupación y sus buenas obras. Muchos sirven a Dios con sus labios, pero su corazón está lejos de Él (Mateo 15.8).

Nuestra nación se hizo fuerte en una era en la que las normas morales se enfatizaban, pero se ha debilitado por permitir lo que antes condenábamos. Siempre que se lee 2 Crónicas, le pido a Dios que la gente piense en lo que el Señor está pidiendo. Debemos apartar nuestro orgullo y humillarnos ante la voluntad de Dios. Debemos orar con corazones arrepentidos en su presencia. Debemos buscar su rostro para encontrar dirección en todo lo que hacemos. Debemos apartarnos de la maldad del pecado que nos destruirá. Después, por fe, debemos aceptar su respuesta con alegría.

El Señor tenía más que decir a Israel, y nosotros debemos prestar atención también a estos avisos.

Mas si vosotros os volviereis, y dejareis mis estatutos y mandamientos que he puesto delante de vosotros, y fuereis y sirviereis a dioses ajenos, y los adorareis, yo os arrancaré de mi tierra [...] y esta casa que he santificado a mi nombre, yo la arrojaré de mi presencia, [...] todo el que pasare [...] dirá: ¿Por qué ha hecho así Jehová [...] Y se responderá: Por cuanto dejaron a Jehová Dios de sus padres [...] por eso él ha traído todo este mal sobre ellos. (2 Crónicas 7.19–22)

Esta fue la palabra del Señor a la antigua Israel, y es su palabra para nosotros hoy.

Podemos ver con una mirada suspicaz a la antigua Israel queriendo un rey a su propia imagen, pero nosotros no somos distintos; vivimos bajo un reino de tres reyes: yo, mi y conmigo.

Así como Estados Unidos ha crecido y prosperado dentro del marco de nuestra constitución, así el cristianismo ha florecido desde los

principios establecidos en la Biblia. La fuerza secreta de una nación piadosa está fundada en la fe que habita en los corazones y hogares de sus
ciudadanos. ¿Nos humillaremos y admitiremos que nos hemos alejado
demasiado?

No sabemos qué futuro le aguarda a Estados Unidos, pero sabemos
cuál es el futuro para el pueblo de Dios. En el caso de Israel, Dios hará lo
que dijo que haría: proteger al remanente de Israel y restaurar el trono de
David. ¿Quién es el remanente de Israel? Los creyentes verdaderos y fieles.
El Señor prometió a Israel que si le obedecían, siempre habría un rey en el
trono de Israel (1 Reyes 9.5–7).

Sabemos que siguió un patrón de pecado y que en la actualidad no
hay rey en Israel. Gracias a Dios que Israel se está reuniendo en las som-
bras de la eternidad. Sabemos que el Señor va a restaurar el trono y que
Jesucristo será entronado y coronado Rey para siempre en su reino.

He aquí que vienen días, dice Jehová, en que levantaré a David
renuevo justo, y reinará como Rey, el cual será dichoso, y hará
juicio y justicia en la tierra. (Jeremías 23.5)

La vida de David es un destello del Rey venidero. David no fue solo
un pastorcito; fue también profeta y rey. Sabía que un día su descendiente,
y Salvador, Jesús, nacido en la ciudad de David, ascendería al trono en la
ciudad de su Dios: Jerusalén. Esta es una visión tremenda de gloria. No es
un sueño o fantasía, sino la realidad misma de esperanza (Hechos 2.25–31).

Jesús vino como profeta (Lucas 4.24). Jesús es nuestro buen Pastor
(Juan 10.1). Y Jesús regresará como Rey (Apocalipsis 17.14). El Rey de gloria y el reino de Dios gobernarán las naciones del mundo. Su reino ya está
siendo edificado en los corazones de quienes se someten, se rinden y sirven
al Rey de reyes en el reino de los siglos, y le adoraremos en su trono eterno.

Bendito sea Jehová, el Dios de Israel,
Por los siglos de los siglos. (Salmos 41.13)

CAPÍTULO 8

Su misericordia es para siempre

Tomar represalias o reconstruir

Esdras, Nehemías, Ester

*Porque **para siempre** es su misericordia.*

—Esdras 3.11

*Levantaos, bendecid a Jehová vuestro Dios **desde la
eternidad hasta la eternidad** [...]*
Porque eres Dios clemente y misericordioso.

—Nehemías 9.5, 31

*[Ester se presentó] ante el rey para suplicarle
compasión e interceder a favor de su pueblo.*

—Ester 4.8, ntv

Las noticias llegaron como una terrible conmoción. «El muro de Jerusalén derribado, y sus puertas quemadas a fuego» (Nehemías 1.3). Ese fue el informe que le llegó a Nehemías en la tierra de Persia. Estaba devastado.

Pero ¿quién es este Nehemías? Probablemente el cautivo más famoso de su tiempo, que se había convertido en un siervo leal en el palacio real persa. Su historia se cuenta en uno de los libros más dramáticos del Antiguo Testamento. Nehemías había sido capturado en Jerusalén y exiliado a un país extranjero, después había ascendido hasta una posición muy elevada para servir al rey de Persia como su copero. Eso significaba que el rey mismo ponía toda su confianza en él.

Nehemías era leal, honesto y fiable. Pero a pesar de su gran éxito, nunca se sintió en casa en ese palacio extranjero. Su corazón estaba en Jerusalén; le pertenecía a Dios. Así que cuando recibió este desosegado informe de que la ciudad judía estaba en gran aflicción y sufriente reproche, Nehemías supo que tenía que encontrar una forma de regresar a casa.

Así pues, ¿qué hizo? Oró.

«Te ruego, oh Jehová, Dios de los cielos, fuerte, grande y temible», comenzó, «que guarda el pacto y la misericordia a los que le aman y guardan sus mandamientos [...] sí, yo y la casa de mi padre hemos pecado. En extremo nos hemos corrompido contra ti» (Nehemías 1.5–7).

Es humillante leer las oraciones bíblicas ofrecidas por los siervos de Dios, porque cuando oraban, asumían la responsabilidad de los pecados del pueblo, situándose ellos como uno con la gente. Así que Nehemías repasó el ciclo de pecado de Israel y recordó la fiel misericordia de Dios hacia ellos.

«Si vosotros pecareis», le había dicho Dios a su pueblo, «yo os dispersaré por los pueblos, pero si os volviereis a mí, y guardareis mis mandamientos, y los pusiereis por obra [...] os recogeré, y os traeré al lugar que escogí para hacer habitar allí mi nombre» (Nehemías 1.8–9).

Eso era exactamente lo que había ocurrido. El pueblo de Israel había desobedecido a Dios repetidamente y ahora estaban esparcidos. Pero un remanente permanecía en Jerusalén.

Antes de que Nehemías pidiera el favor del rey para conceder su petición de ir a casa, puso el deseo de su corazón delante del Dios misericordioso que responde oraciones. Nehemías alabó al Dios del cielo y le dio gracias por su fidelidad. Se arrepintió de pecado: de los suyos y de los de su nación. Se acordó del juicio del Señor por la infidelidad. También se acordó de la misericordia de Dios cuando los pecadores se arrepienten.

El rey persa, debido a su admiración por Nehemías, concedió su valiente petición de regresar a Jerusalén y reconstruir el muro de la ciudad. Nehemías se preparó y se dirigió a casa.

Esta es una lección importante cuando nos encontramos entre no creyentes, ya sea en la escuela, el trabajo o incluso en la casa: debemos ser una luz para la verdad de Dios. Debemos orar para que Dios nos dé favor con los que observan nuestra vida; que defendamos las cosas de Dios sin transigir, y quizá el Señor nos dará oportunidades de demostrar su poder, amor y misericordia. Esto es lo que ocurrió con Nehemías, y por su fidelidad, fue llamado para hablar por el Señor.

A su llegada a Jerusalén, Nehemías encontró un gran desánimo entre el pueblo por la oposición de Sanbalat, el gobernador de Samaria, y Tobías, el amonita. Estos dos hombres habían dado la impresión de estar a favor de los judíos cuando en verdad eran sus enemigos. Se enojaron cuando se enteraron de que Nehemías había llegado para ayudar a los hijos de Israel. Pero nada desanimó a Nehemías, ni siquiera que se burlasen de la ridícula idea de que él podía movilizar al pueblo para realizar una tarea tan monumental como era reconstruir los muros de Jerusalén.

Al comenzar a levantar los muros, la oposición enemiga también aumentó. Sanbalat y Tobías intentaron desanimar, distraer y engañar al pueblo. Nehemías fue ridiculizado, se rieron de él y le menospreciaron. Él sabía que Sanbalat estaba intentando destruir la moral de los trabajadores. Él no solo tuvo que reconstruir los muros físicos de la ciudad, sino también había que levantar un muro de valor en las almas de la gente. Así que Nehemías volvió a orar, y el Señor dio a su pueblo «ánimo para trabajar» (Nehemías 4.6).

Cuando el ridículo no consiguió desanimar a los israelitas, los conspiradores cambiaron sus tácticas y reunieron una fuerza armada fuera de Jerusalén, burlándose y amenazando a los trabajadores. Pero Nehemías reconoció sus malos caminos y puso una guardia contra ellos de día y de noche. Cuando su intimidación no tuvo éxito, intentaron seducir a Nehemías para que descendiese a la llanura bajo la pretensión de una conferencia, diciendo básicamente: «Desciende para ponernos de acuerdo». Pero de nuevo, Nehemías estaba vigilante. Rehusó la invitación, conociendo la malvada intención de distraerlo. Dijo: «Yo hago una gran obra, y no puedo ir; porque cesaría la obra, dejándola yo para ir a vosotros» (Nehemías 6.3).

Qué tremenda imagen es esta. El profeta puso la prioridad en la obra de Dios, rehusando caer en el engaño de la distracción. Su obra era la obra de Dios, así que rehusó «descender».

Sanbalat estaba enojado hasta el punto de enviar una carta difamatoria a Nehemías y revelando el mensaje a todos, acusando a Nehemías de planear rebelarse contra el rey y hacerse rey él mismo. Se burló de Nehemías con una amenaza, diciendo que el rey oiría el malvado plan de Nehemías y tomaría represalias.

De nuevo, Nehemías rehusó ser provocado. No había tiempo para represalias; estaba ocupado edificando. Así que volvió a enviar una firme negativa de los cargos y siguió con la obra, orando para que Dios fortaleciese sus manos.

La siguiente táctica de Sanbalat fue sobornar a otros profetas en Jerusalén para engañar a Nehemías y separarle del templo para así poder atacarle. Nehemías respondió: «¿Un hombre como yo ha de huir?» (Nehemías 6.11). El Señor le había dado a Nehemías sabiduría para ver el malvado complot, y él dio gracias al Señor por no haber sido provocado a pecar.

Por la fidelidad de Nehemías, el Señor bendijo la obra del pueblo, y el muro se terminó en el tiempo increíblemente corto de cincuenta y dos días. Cuando los enemigos de Nehemías oyeron las noticias de este éxito, «se sintieron humillados, y conocieron que por nuestro Dios había sido hecha esta obra» (Nehemías 6.16).

Hay mucho más en la historia de Nehemías, pero existen tres cosas que a menudo pasamos por alto en este relato. Una es la misericordia de Dios: «porque se deleita en misericordia» (Miqueas 7.18). Nehemías reconoció que fue por la gracia y misericordia del Señor como Dios logró grandes victorias. Nehemías estaba abrumado por la gracia del Señor, por haber sido usado para lograr el gran plan de Dios. Alabó al Dios todopoderoso por su gran misericordia.

Segundo, Nehemías advirtió al pueblo: «No temáis delante de ellos; acordaos del Señor» (Nehemías 4.14). Él posicionó guardias armados en el muro, y los obreros trabajaban con una mano mientras tenían un arma en la otra. Los hombres estaban «siempre de guardia» (v. 21, NTV).

Esto es importante de destacar porque el Nuevo Testamento nos dice: «Sed sobrios, y velad; porque vuestro adversario el diablo, como león rugiente, anda alrededor buscando a quien devorar; al cual resistid firmes en la fe» (1 Pedro 5.8–9). El Antiguo Testamento dice: «El pecado está a la puerta, al acecho y ansioso por controlarte; pero tú debes dominarlo» (Génesis 4.7, NTV).

Usted podría decir: «Bueno, nunca he visto al diablo en mi puerta». ¿Está seguro de ello? Quizá no sepa que está ahí porque no quiere reconocer sus inteligentes estrategias. En vez de estar alerta a las tácticas del diablo, está considerando sus tentaciones. ¿Quién está entre las páginas de sus revistas? ¿Quién está dentro de su computadora? ¿Quién está dentro de las esquinas más secretas de su corazón?

Los enemigos de Nehemías estaban fuera de los muros de Jerusalén, y él sabía que estaban ahí. ¿Cómo? Se mantenía alerta; estaba vigilando desde los muros de la ciudad mientras la obra continuaba. Él y el pueblo se habían preparado. Se habían dispuesto para la batalla y no cayeron en las trampas del enemigo.

Tercero, Nehemías no sucumbió ante las amenazas del enemigo. Rehusó distraerse con sus propuestas poco sinceras de tener «una reunión para dialogar». Sabía que la motivación del enemigo no era honrar a Dios; quería impedir que el muro y la ciudad fueran reconstruidos. También sabía que la carta que le envió al rey era una mentira. «Todo lo que dices es puro cuento», le dijo. «Tú mismo inventaste todo». Según su propio relato: «Solo trataban de intimidarnos, creían que podrían desalentarnos y detener la obra. De modo que seguí con el trabajo más decidido que nunca» (Nehemías 6.8–9, NTV).

Nehemías tenía confianza en lo que el Señor le había pedido hacer, y no permitiría que el enemigo le apartase. Esto fortaleció al pueblo de Jerusalén, y se logró una victoria maravillosa. Cuando se terminó el muro, se reunieron «con un mismo propósito» y «le pidieron al escriba Esdras que sacara el libro de la ley de Moisés» que Israel debía obedecer (Nehemías 8.1, NTV). Esdras montó una plataforma alta que había sido construida para la ocasión, y cuando abrió la Palabra de Dios, todos los hombres, mujeres y niños adoraron al Señor mientras Esdras leía del libro, y lloraron.

Muchas horas después, los líderes le dijeron al pueblo:

Levantaos, bendecid a Jehová vuestro Dios desde la eternidad hasta la eternidad. (Nehemías 9.5)

Y después oraron, recordando todo lo que Dios había hecho por Israel:

Pero tú eres Dios de perdón, bondadoso y misericordioso, lento para enojarte y rico en amor inagotable [...]
En tu gran misericordia, les enviaste libertadores que los rescataron de sus enemigos [...]
En tu maravillosa misericordia, los rescataste muchas veces [...]
pero en tu gran misericordia no los destruiste por completo ni los abandonaste para siempre. ¡Qué Dios tan bondadoso y misericordioso eres tú! (Nehemías 9.17–31, NTV)

Qué trío tan maravilloso: misericordia, misericordia y misericordia.

Vemos las misericordias de Dios siempre presentes, demostradas incluso en tiempos de la reina Ester. Su tío, Mardoqueo, se había negado a postrarse ante la maldad de un hombre en autoridad sobre él (Ester 3.2). Él y Ester estuvieron dispuestos a poner sus vidas en peligro para proteger a su pueblo. El Señor elevó a Mardoqueo hasta un lugar de honor en el reino (9.4), tal y como había hecho con Nehemías y, siglos antes, con José, con el propósito de cumplir su promesa eterna a Israel.

Dios pone a su gente estratégicamente, incluso en sociedades paganas, dándoles oportunidades de ser obedientes y levantarse para la gloria de su nombre. La Palabra de Dios demuestra ser fiel, veraz y misericordiosa para siempre.

Y su misericordia es de generación en generación a los que le temen. (Lucas 1.50)

CAPÍTULO 9

REDENCIÓN ETERNA

Cilicio, ceniza y gozo

JOB

¡Quién diese ahora que mis palabras fuesen escritas!
[...]
   que se escribiesen en un libro [...] **¡para siempre!**
Yo sé que mi Redentor vive.

—JOB 19.23–25

ME GUSTARÍA HABER PREDICADO MÁS SOBRE LA RESURRECCIÓN DE CRISTO PORQUE, SIN ELLA, NO HABRÍA EVANGELIO. Es la resurrección lo que completa la obra que Jesús vino a hacer para que podamos vivir una vida resucitada ahora. Cristo no se quedó en la cruz. Resucitó de la muerte. ¡Él está vivo!

En su último año como canciller de Alemania, Konrad Adenauer me invitó a visitarlo. Me sorprendió que supiera que yo existía. Cuando nos reunimos, me miró con sus ojos centelleantes y me dijo: «Joven, le he invitado por una cosa. Quiero saber si usted cree en la resurrección de Jesucristo».

Yo dije: «¡Sí creo, señor!».

Él respondió: «¡Yo también!». Después hizo una poderosa declaración: «¡La vida no tiene sentido si Cristo sigue aún en la tumba!».

El Salvador resucitado ha prometido dar inmortalidad a todo aquel que crea en su nombre. La gente ya no tiene que tropezar en la niebla de la desesperación. Hay una luz que brilla más que el sol del mediodía, y la resurrección de Cristo es lo que nos da esperanza; esta es la primera etapa de la vida eterna en Él. El primer paso glorioso en el viaje es escoger a Cristo. «Porque si fuimos plantados juntamente con él en la semejanza de su muerte, así también lo seremos en la de su resurrección» (Romanos 6.5).

Esta es una antigua pregunta que se encuentra en el libro de Job del Antiguo Testamento: «Si el hombre muriere, ¿volverá a vivir?» (14.14). Esperamos la muerte, pero por lo general tenemos un destello de esperanza de que la ciencia médica descubrirá algo que nos mantendrá vivos un poco más de tiempo. La muerte lleva consigo cierto temor. Desde el día en que Caín mató a Abel, la gente ha temido la muerte. La muerte produce un gran temor a muchos. Puede ser un monstruo misterioso que persigue a los vivos.

Muchos pasajes bíblicos traen consuelo en el momento de la muerte, pero la Biblia también vincula el pecado con la muerte. Pablo escribió: «ya que el aguijón de la muerte es el pecado» (1 Corintios 15.56) y «Por tanto, como el pecado entró en el mundo por un hombre [...] así la muerte pasó a todos los hombres, por cuanto todos pecaron» (Romanos 5.12).

La muerte acecha a los ricos y a los pobres, a los educados y a los que carecen de educación. No hace acepción de raza, color o creencia. Su sombra acecha de día y de noche. Nunca sabemos cuándo nos llegará el momento de la muerte.

¿Cómo sabemos si hay algo más allá de la muerte? Mire la tumba del huerto, fuera de esa gran ciudad amurallada. Jesús había sido enterrado allí, y unas pocas mujeres acudieron esa primera Semana Santa para ungir el cuerpo del Señor. Se quedaron perplejas al encontrar la tumba vacía. Un ángel se sentó en la piedra que había sido retirada de la entrada de la tumba y dijo: «Yo sé que buscáis a Jesús, el que fue crucificado. No está aquí, pues ha resucitado, como dijo» (Mateo 28.5–6).

La mejor noticia que los mortales han podido oír jamás es que Jesucristo ha resucitado de la muerte. Solo en esta verdad podemos comprender que de la muerte viene la vida, de la nada viene la eternidad.

Si la tumba no hubiera estado vacía, la promesa habría sido rota, incumplida, dejando a todos sin esperanza. El cumplimiento de la promesa de que Cristo resucitaría es el fundamento del evangelio. Las doctrinas de la fe cristiana son vitales, pero la resurrección es esencial. Sin una creencia acorazada en la victoria de Cristo sobre la tumba, no puede haber una salvación personal. Los corazones se llenan de un gozo inexplicable debido a la tumba vacía.

Aquí es donde encontramos la respuesta a la pregunta de Job: que como Cristo vive, nosotros también viviremos. Job testificó en fe de esta futura realidad:

> ¡Quién diese ahora que mis palabras fuesen escritas!
> ¡Quién diese que se escribiesen en un libro;
> Que con cincel de hierro y con plomo
> Fuesen esculpidas en piedra para siempre!
> Yo sé que mi Redentor vive,
> Y al fin se levantará sobre el polvo [...]
> En mi carne he de ver a Dios [...]
> Y mis ojos lo verán [...]
> Aunque mi corazón desfallece dentro de mí. (Job 19.23–27)

¿Puede sentir la vibrante emoción en la expresión de Job? Siglos antes de que Jesús muriese y volviera a vivir, dando a la humanidad novedad de vida, Job creyó la promesa. Job quería que su testimonio de la resurrección, mediante la fe en las promesas de Dios, viviera para siempre. Y ahora, miles de años después, seguimos leyendo las palabras de Job grabadas en la Roca: Cristo Jesús.

Aunque Job había experimentado todas las catástrofes que la vida podría causar: muerte de toda su familia; pérdida de su hogar, empresa y riquezas; enfermedad; acusaciones de sus amigos; y ataques sobre su fe en Dios, aun así dijo:

> He aquí, aunque él me matare, en él esperaré [...]
> Y él mismo será mi salvación. (Job 13.15–16)

Job se podía haber vestido de cilicio y sentado entre cenizas, pero su mente estaba en el gozo de la eternidad.

No podemos evitar el sufrimiento, pero podemos decidir cómo responderemos ante él. Podemos reaccionar con amargura y odio hacia Dios, como algunos hacen, o podemos aceptar el sufrimiento como una parte natural de la vida y saber que Dios puede usarlo para bien. Podemos experimentar el gozo de esta verdad cuando nos damos cuenta de que Él nos da el poder para confiar en Él.

A pesar de cuál pueda ser el caos de nuestra vida, la redención de Cristo deja tiradas en la tierra y el polvo nuestras transgresiones contra Él, y surge la eternidad. Nuestros rostros se convierten en los rostros en los cuales el Cristo resucitado muestra su belleza y gloria.

En mis años de viajes globales, he visto un mundo con dolor. Sin la guía de Dios, nuestra respuesta al sufrimiento es un intento inútil de encontrar soluciones a condiciones que no se pueden resolver. Cuando el sufrimiento nos llega, necesitamos confiar cada día en Dios con oración y alabanza en nuestros labios.

Job sufrió más que la mayoría. No había ni un solo destello de esperanza para él de parte de aquellos que le rodeaban. Pero aunque sufrió depresión y dolor físico, él recordó: «¡Mi Redentor vive!». Dios escuchó sus ruegos y respondió sus preguntas, y sus oraciones.

¿Por qué? Primero, los ojos de Job estaban puestos en el Señor.

> Hice pacto con mis ojos [...]
> ¿Y qué heredad el Omnipotente desde las alturas? (Job 31.1–2)

Nuestros ojos se convierten en los ojos del Cristo resucitado, para exhibir su compasión y ternura. Usted nunca debería prestar sus ojos al diablo; le pertenecen a Dios. Tenga cuidado de cómo usa sus ojos.

Segundo, Job dedicó las palabras de sus labios al Señor. «¿Recibiremos de Dios el bien, y el mal no lo recibiremos? En todo esto no pecó Job con sus labios» (Job 2.10). Nuestros labios se convierten en los labios del Cristo resucitado, para declarar sus mensajes; palabras duras y desagradables no deberían salir de nuestra boca. Nuestro lenguaje debería reflejar a Cristo, dando testimonio que haga que otros se maravillen de las palabras de gracia que salen de nuestra boca.

Cuando Jesús estaba en la tierra, la gente decía: «¡Jamás hombre alguno ha hablado como este hombre!» (Juan 7.46). Este es Aquel que vive en los creyentes. Sus palabras son espíritu y son vida. Sus labios, también son del Señor; nunca debería prestárselos al diablo.

Tercero, Job sintonizó sus oídos con el Señor viviente:

De oídas te había oído;
Mas ahora mis ojos te ven. (Job 42.5)

Nuestros oídos se convierten en los oídos del Cristo resucitado. Serán sensibles a cada clamor de necesidad espiritual. Preste atención a lo que oye. Rehúse oír la voz del tentador. Sus oídos también son del Señor; nunca se los preste al diablo.

Cuarto, Job enfocó su mente en la Fuente de toda sabiduría:

¿Quién puso la sabiduría en el corazón?
¿O quién dio al espíritu inteligencia? (Job 38.36)

Nuestra mente se convierte en la mente del Cristo resucitado. La Biblia dice: «Tengan la misma manera de pensar que tuvo Jesucristo» (Filipenses 2.5, TLA).

Cultive el pensamiento espiritual. Su intelecto se convierte en el de Dios para que pueda usted ser un instrumento en los propósitos de Dios.

Cédale la mente para que pueda usted conocer sus secretos y permanecer en su voluntad. Nunca le preste su mente al diablo; la mente es la vía favorita de ataque del diablo. Mantener su mente enfocada en Dios es esencial para proteger su espíritu.

> Vida y misericordia me concediste,
> Y tu cuidado guardó mi espíritu. (Job 10.12)

Finalmente, Job reconoció la importancia de poner sus manos en los propósitos de Dios:

> No obstante, proseguirá el justo su camino,
> Y el limpio de manos aumentará la fuerza. (Job 17.9)

Nuestras manos se convierten en las manos del Cristo resucitado, para actuar según su impulso. Él trabajará a través de nosotros. El apóstol Pablo dijo que el mismo poder que levantó a Cristo de los muertos es nuestro, capacitándonos para vivir para Él.

Debemos permitir que Cristo reparta nuestro tiempo como quiera; que controle nuestro dinero como quiera; que vigorice nuestros talentos, nuestro celo y nuestra capacidad con su vida resucitada; que tenga un total derecho a actuar a través de nuestro ser. Él no quiere un apartamento en nuestra casa; Él reclama todo nuestro hogar desde el ático hasta el sótano. El Dios todopoderoso se reserva el derecho a dar y quitar íntegramente.

Job fue un hombre que había experimentado de primera mano al Dios de esperanza, su Redentor resucitado, lo cual le llevó a proclamar: «He aquí, bienaventurado es el hombre a quien Dios castiga» (Job 5.17).

Antes de que la eternidad nos abrace por completo en el otro lado de esta vida, podemos experimentar una vida resucitada porque Cristo vive en todos los creyentes que le siguen. Pida los recursos de Dios. Su gracia es más que suficiente. A través de decepciones y pruebas, a través de todas las circunstancias de la vida, Cristo irá con usted si pone su confianza en

Él por fe. Él hará que usted siempre venza al mundo, la carne y el diablo. Permita que Dios transforme su vida para que su rostro resplandezca, para que camine con brío en su paso, y haya gozo en su alma.

Dios restauró a Job y le dio más posesiones de las que tenía al principio. Pero incluso antes de que eso ocurriera, Job le había dicho ya al Señor:

Yo conozco que todo lo puedes,
Y que no hay pensamiento que se esconda de ti. (Job 42.2)

El sufrimiento en la vida puede descubrir incontables profundidades de carácter y una fortaleza desconocida para el servicio. Las personas que pasan por la vida sin que el dolor y el sufrimiento les toquen tienden a ser huecas en su perspectiva de la vida. El sufrimiento, por el contrario, tiende a arar las superficies de la vida de la gente y descubrir las profundidades que proporcionan una mayor fortaleza de propósito y logro. Solo la tierra que se ha arado en profundidad puede dar una cosecha abundante.

Nadie, ni siquiera Job, ha sufrido tanto como Jesús. Nadie le ha amado a usted tan profundamente como Cristo. Nadie puede redimir almas atadas al infierno, excepto el Salvador. Él resucita almas inmersas en el pecado, y su obra de resurrección nos capacita hoy y nunca terminará.

Tú, oh Jehová, eres nuestro padre; nuestro Redentor
perpetuo es tu nombre. (Isaías 63.16)

CAPÍTULO 10

GOZO ETERNO

Preparación para el hogar

En tu presencia hay plenitud de gozo;
Delicias a tu diestra **para siempre**.

—SALMOS 16.11

LOS QUE MANTIENEN SU VISTA EN EL CIELO EXPERIMENTAN GOZO, INCLUSO EN MEDIO DE LOS PROBLEMAS. La felicidad puede ser fugaz, pero el gozo es más profundo; es uno de los frutos del Espíritu. La capacidad de regocijarse en cualquier situación es una señal de madurez espiritual.

Esto nunca fue tan evidente como en mi amiga Billie Barrows, especialmente en los meses antes de su muerte. Cliff y Billie Barrows se unieron a mí al ministrar mientras estaban en su luna de miel en 1945. Fue el comienzo de una larga y gozosa amistad. Cliff dirigía nuestra música, y Billie tocaba el piano en esos primeros tiempos. Su ministerio entre el equipo estaba marcado por el gozo; muy apropiado, ya que el gozo a menudo acompaña a la música. El Antiguo Testamento está lleno de música, y el rey David fue, quizá, el primer director de música, que nombró cantores que «alzasen la voz con alegría» (1 Crónicas 15.16).

Por cierto, ¡qué maravillosa descripción de Cliff Barrows! Él sin duda ha sabido cómo movilizar enormes coros y motivarlos para levantar sus voces en un gozo atronador. Extraño esa música maravillosa y celestial.

Después de cuarenta y nueve años de matrimonio y servicio junto a nuestro equipo, Billie Barrows pasó de esta vida a la eternidad. Siguiendo la gloriosa música en el servicio del funeral, en 1994, que celebraba su vida, me pidieron que dijera algunas frases.

Ella ha dejado la tierra de los muertos. Esto es cierto para los cristianos. No puedo sino pensar en las poderosas palabras generalmente atribuidas a John Newton mientras estaba en su lecho de muerte. Alguien le preguntó: «¿Sigue aún con nosotros?». Owen susurró: «Sigo en la tierra de los muertos, ¡pero pronto estaré en la tierra de los vivientes!».

Como puede ver, la muerte para el cristiano es tan solo la entrada a la eternidad, donde el Dios eterno en los cielos nos da la bienvenida. La Biblia dice: «El que oye mi palabra, y cree al que me envió, tiene vida eterna; y no vendrá a condenación, mas ha pasado de muerte a vida» (Juan 5.24).

Ruth y yo visitamos el hogar de los Barrows poco antes de la muerte de Billie. Esperaban que sus hijos llegaran a casa para tener unos días de reunión. Billie sabía que no le quedaba mucho tiempo en esta tierra.

Yo me quedé en el piso de abajo con Cliff mientras él preparaba la comida; por su parte, Ruth fue arriba con Billie, que había estado preparando algunas de las habitaciones de los hijos. Estaba muy feliz y llena de gozo anticipando la visita de sus hijos.

¿Cuánto más anticipa nuestro Padre celestial la llegada a casa de sus hijos? Qué gozo debe de sentir al preparar nuestro lugar en el cielo. Por eso nuestro lamento se convierte en consuelo. Los que nos quedamos atrás llamamos a la muerte «ida a casa», pero el Señor ha preparado una maravillosa «vuelta a casa». Nuestra imaginación sencillamente no puede estirarse lo suficiente para comprender la grandeza de esta maravillosa vuelta a casa, pero en nuestro limitado lenguaje significa que continuaremos para siempre, en un lugar eterno de gozo, contentamiento y paz.

Se nos da esta esperanza y seguridad en 1 Corintios 2.9:

Cosas que ojo no vio, ni oído oyó,
Ni han subido en corazón de hombre,
Son las que Dios ha preparado para los que le aman.

El apóstol Pablo podía hablar claramente de esto porque había sido «arrebatado hasta el tercer cielo». Dijo que el cielo era tan glorioso que no podía describirlo (2 Corintios 12.2–4). Pablo era reticente a hablar de su experiencia, pero bajo la instrucción del Espíritu Santo escribió:

Oí cosas tan increíbles que no pueden expresarse con palabras, cosas que a ningún humano se le permite contar. De esa experiencia vale la pena jactarse, pero no voy a hacerlo [...] porque no quiero que nadie me atribuya méritos más allá de lo que pueda verse en mi vida u oírse en mi mensaje, aun cuando he recibido de Dios revelaciones tan maravillosas. (2 Corintios 12.4–7, NTV)

Esta debería ser una lección para nosotros cuando seamos tentados a aplaudir relatos de aquellos que afirman haber ido al cielo y regresado para contarlo todo en detalle. La Palabra de Dios ha corrido la cortina lo suficiente como para mostrarnos un destello de esa tierra celestial.

No más maldiciones, no más pecado, no más muerte, no más dolor, no más tristeza y no más soledad. Las puertas quedarán eternamente abiertas; no se cerrarán de día, porque no habrá noche allí (Apocalipsis 21.25); en otras palabras, ni noche de pecado, ni noche de dolor, ni noche de muerte. Es el cielo eterno.

Veremos la gloria de la mañana que nunca cesa porque el Hijo brillará con su luz eterna sobre nosotros para siempre, y todo el cielo se llenará de un gozo resonante. Estar en su presencia será nuestro tesoro. Yo anhelo eso.

Pero mientras estemos atados a la tierra, los creyentes somos los más privilegiados por difundir su mensaje de misericordia y perdón, esperanza y gozo, sabiendo que cuando un pecador se arrepiente, hay gozo en el cielo (Lucas 15.7). ¿Cómo podremos alguna vez comenzar a conocer el gozo que se producirá cuando el Señor nos lleve a todos a casa en cuerpos inmortales? Las estrellas de la mañana cantarán juntas y los ángeles gritarán de gloria. La Biblia dice:

> En tu presencia hay plenitud de gozo;
> Delicias a tu diestra para siempre. (Salmos 16.11)

Piense en tener una satisfacción completa, ¡sabiendo que nuestra vuelta a casa produce un gozo inexplicable a nuestro maravilloso Salvador! Solo cuando permanezcamos en la gozosa presencia de Jesucristo nos daremos cuenta de esto. Entonces ¿por qué preferimos prolongar nuestro tiempo aquí? Porque no solo estamos atados a la tierra en cuerpo, sino también en nuestro pensamiento. Nuestra imaginación está limitada a las cosas de esta tierra. Pero cuando dejemos este lugar, nunca volveremos a morar en él. Nuestros ojos y nuestro corazón estarán anclados en Cristo.

Alguien escribió cuando murió su esposa: «Si te fueras tú antes y yo me quedara, camina despacio por el camino, porque enseguida te seguiré». Yo pensaba en esto cuando murió mi esposa Ruth en 2007. Nunca pensé que viviría tantos años sin ella. Pero sé que Ruth nunca habría caminado despacio, esperándome para que le alcanzase. Estaría demasiado ansiosa por ver a Cristo. Ella sabe que cuando yo vaya, la encontraré delante del trono de Dios.

Antes de que Jesús resucitara a su amigo Lázaro de la muerte, le dijo a Marta: «Tu hermano resucitará» (Juan 11.23). Le estaba hablando de un milagro incluso mayor que ocurriría, cuando todos los muertos en Cristo serán llamados de sus tumbas. Esta es la gran esperanza del creyente.

Los cristianos que mueren físicamente continúan viviendo gozosamente, para siempre en presencia de Cristo. Por Cristo tenemos esperanza más allá de las lágrimas, esperanza más allá de la tristeza, y esperanza más allá del presente.

Recuerdo un himno que me ha dado mucho consuelo:

Más allá del anochecer, oh alegre reunión
Con nuestros amados que se han marchado antes;
En esa tierra hermosa de la que sabemos que no partiremos;
¡Más allá del anochecer para siempre![1]

Este era el pensamiento que traía consuelo a Billie Barrows, y ella pidió que se leyera en su funeral:

En cuanto a mí, veré tu rostro en justicia;
Estaré satisfecho cuando despierte a tu semejanza.
(Salmos 17.15)

Cuando ese momento llegue para usted, ¿se regocijará al ver a Cristo cara a cara? ¿O recordará el momento en que le negó y rehusó aceptar la esperanza de vida eterna con Él? Recíbale con gozo hoy.

Cuando estamos de pie ante la tumba de un ser querido, nos duele. Pero los que están unidos a Cristo en la muerte también están unidos a Él en el gozo de la resurrección. No había gozo en la tumba de Lázaro. Era un momento sombrío y triste, ¡hasta que llegó Jesús! María y Marta habían llorado por su pérdida, y Jesús había retrasado su aparición con el propósito de demostrar su poder sobre la muerte y el dolor. Les dijo a sus discípulos: «Nuestro amigo Lázaro duerme; mas voy para despertarle» (Juan 11.11).

Cuando Jesús llegó, consoló a Marta con sus palabras:

Yo soy la resurrección y la vida; el que cree en mí, aunque esté muerto, vivirá. Y todo aquel que vive y cree en mí, no morirá eternamente. ¿Crees esto? Le dijo: Sí, Señor; yo he creído que tú eres el Cristo, el Hijo de Dios. (Juan 11.25–27)

Después el Señor clamó: «¡Lázaro, ven fuera!» (v. 43).

Las palabras no pueden describir el impacto de ver a un hombre muerto vivir de nuevo, y el gozo de saber que nosotros también un día oiremos al Señor Jesús llamándonos por nuestro nombre. Contémplelo por un instante e imagine oír la voz de Dios pronunciando su nombre. Si eso no causa que brote gozo en su interior, es muy dudoso que alguna otra cosa lo haga.

Hay una escena solemne pero gloriosa en el libro de Hechos. Cuando Esteban estaba siendo apedreado por su testimonio de Cristo, clamó al Señor para que perdonara a sus perseguidores. Miró al cielo y vio a Jesús allí de pie (Hechos 7.56). Qué visión debió de haber sido esa. El Señor Jesucristo de pie para dar la bienvenida a Esteban, el primer mártir, a su reino. Eso es gozo, ¡gozo eterno!

Así que yo le preguntaría: ¿se está preparando para ir a casa? Si es así, entonces dirá:

Se alegró por tanto mi corazón, y se gozó mi alma;
Mi carne también reposará confiadamente.
(Salmos 16.9)

CAPÍTULO 11

Sabiduría eterna en el cielo

Yo soy sabiduría

Proverbios

Eternamente tuve el principado, **desde el
principio** *[...]
Antes de la tierra [...]
Cuando formaba los cielos, allí estaba yo.*

—Proverbios 8.23, 27

El cielo cautiva la imaginación, pero no es un lugar imaginario.
No es una tierra de fantasía en la que habitar. No es un lugar al que uno
pueda viajar y volver de nuevo, al menos no en nuestra vida atada a la
tierra. El cielo es un lugar literal.

El capítulo ocho de Proverbios es profundo y amplio, porque es la
voz de la sabiduría hablando a nuestro corazón. Es el mismo Señor Jesús
reuniendo sus atributos eternos que nos llaman con su entendimiento,

verdad, justicia, conocimiento e instrucción, prudencia y discreción, reverencia, consejo, fuerza, amor, riquezas y honor, regocijo, bendición, sabiduría y vida eterna. Esto es lo que el cielo es y lo que siempre será:

¿No clama la sabiduría? (v. 1)
Dirijo mi voz a los hijos de los hombres. (v. 4)
Oíd, porque hablaré cosas excelentes. (v. 6)
Y me hallan los que temprano me buscan. (v. 17)
Cuando formaba los cielos, allí estaba yo. (v. 27)
Cuando [...] las aguas no traspasasen su mandamiento;
Cuando establecía los fundamentos de la tierra,
Con él estaba yo ordenándolo todo. (vv. 29–30)
Bienaventurado el hombre que me escucha. (v. 34)

Vemos estas maravillosas afirmaciones en Juan 1.3–4: «Todas las cosas por él fueron hechas, y sin él nada de lo que ha sido hecho, fue hecho. En él estaba la vida».

Los escritores de la Biblia escribieron de este lugar eterno donde la sabiduría mora y llama a la humanidad. La sabiduría también puede entrar en nuestro corazón (Proverbios 2.10), y por eso los que tienen al Señor Jesucristo se sentirán como en casa en el cielo de Dios.

Abraham no se aferró a la promesa de vivir en un estado mental. Anticipaba «la ciudad que tiene fundamentos, cuyo arquitecto y constructor es Dios» (Hebreos 11.10). Los héroes de la fe del Antiguo Testamento anhelaban un lugar mejor en una tierra mejor: el cielo.

Pero a pesar de las imágenes que vienen a la mente, no podemos entender este glorioso lugar. Ni tan siquiera el mayor artista puede capturar su grandeza. Lo que somos incapaces de comprender, Dios lo tiene en sus manos. «He aquí que los cielos, los cielos de los cielos, no te pueden contener» (1 Reyes 8.27). Toda la creación se empequeñece en su presencia.

Generaciones se han emocionado con la canción: «Él tiene todo el mundo en sus manos». Sí, todo el mundo es como una migaja.

¿Quién midió las aguas con el hueco de su mano y los cielos con su palmo [...] He aquí que las naciones le son como la gota de agua que cae del cubo. (Isaías 40.12, 15)

La Biblia nos señala que Dios dijo: «Haya expansión en medio de las aguas», y separó «las aguas de las aguas» y «llamó Dios a la expansión Cielos» (Génesis 1.6–8). La palabra *expansión* es una que ya no estamos acostumbrados a oír; viene de la palabra hebrea que significa «firme o fijo».

Más importante que el cielo capturando nuestra imaginación es el Dios del cielo capturando nuestra alma. Solo porque el cielo esté fuera del alcance de nuestros satélites y telescopios no significa que esté fuera del alcance de nuestro corazón. La clave para encontrar el cielo es encontrar a Cristo.

La tecnología actual me ha sobrepasado. Me sorprendo al entrar en un automóvil y ver un mapa moviéndose en una pantalla. La degeneración macular impide que mis ojos sigan los detalles, y mis oídos no pueden oír claramente los comandos de voz, pero sé que funciona. Este aparato informa al conductor de cuánto durará el viaje, dice cuándo girar e incluso anuncia la llegada.

Amigo, hay un GPS celestial que le llevará sano y salvo a su destino eterno en el cielo. Se llama el plan de salvación del evangelio. Solamente tiene una dirección, arriba, y el navegador, el Señor Jesucristo, es «el camino» (Juan 14.6). Él señala el tiempo de llegada y ha preparado todo lo necesario para darnos la bienvenida.

Por naturaleza, la gente tiene inclinación al hogar. Cuando terminamos nuestro día y las actividades de la tarde, por lo general nos dirigimos a casa. Mucho mejor que cualquier sueño que pudiera imaginar usted es la transformación sobrenatural que ocurrirá para todo el pueblo de Dios cuando Él nos transporte a su hogar celestial.

Es seguro que en el cielo estaremos viviendo en la morada de Dios para siempre, y será algo glorioso e indescriptible. Será mejor que cualquier palacio o mansión terrenal.

Los reyes están limitados a vivir en palacios. Los propietarios de grandes propiedades viven en fincas con puertas cerradas. Sin embargo, la Palabra de Dios dice que Cristo nos hará coherederos en el reino de Dios (Romanos 8.17). Y así como la habitación de Dios va más allá de las fronteras de la creación, así será la nuestra, sin límite.

Él es el terrateniente del cielo, la tierra y todo el universo; y va a compartir todo con su pueblo. Ninguna corte terrenal, ningún inversor de Wall Street, ningún astuto contable podría calcular jamás la extensión de la finca de Dios, porque es incalculable y sin límite.

Jesús dijo a sus discípulos: «Yo, pues, os asigno un reino, como mi Padre me lo asignó a mí, para que comáis y bebáis a mi mesa en mi reino» (Lucas 22.29–30). Juan escribe acerca de los maravillosos aspectos del cielo en el libro de Apocalipsis. Sí, hay mucho misterio, maravilla y gloria sin revelar. Pero lo que no quiero que se pierda es la puerta al cielo. Está abierta para usted. La Biblia dice: «He aquí una puerta abierta en el cielo» (Apocalipsis 4.1). Amigo mío, esa puerta es el Señor Jesucristo. Si no abre la puerta de su corazón aquí en la tierra, nunca podrá entrar por la puerta que está abierta en el cielo.

No se pierda pasar la eternidad en la «casa de Jehová» (Salmos 23.6). El día que entremos por las puertas de esplendor, seremos libres de los límites de la tierra. Eso es sabiduría eterna, ¡en el cielo!

Y el ángel [...] levantó su mano al cielo, y juró por el
que vive por los siglos de los siglos, que creó el cielo y
las cosas que están en él [...] que el tiempo no sería más.
(Apocalipsis 10.5–6)

CAPÍTULO 12

ETERNIDAD PUESTA EN EL CORAZÓN

Robar o sellar el corazón

ECLESIASTÉS, CANTAR DE LOS CANTARES

Y ha puesto **eternidad** *en el corazón de ellos.*

—ECLESIASTÉS 3.11

Ponme como un sello sobre tu corazón.

—CANTAR DE LOS CANTARES 8.6

ALGÚN DÍA, UNA MANO AMOROSA REPOSARÁ SOBRE SU HOMBRO Y LE DARÁ ESTE BREVE MENSAJE: «VEN A CASA».

Jesús hizo una declaración a sus discípulos sobre el gran misterio de la muerte. Después de más de dos mil años, sus palabras forman un coro armonioso en los corazones humanos que produce esperanza y anticipación eterna.

He predicado del capítulo 14 del libro de Juan muchas veces en funerales. Es en este gran libro donde Jesús estaba preparando a los discípulos para su muerte, pero ellos no lo entendieron hasta que Él se fue.

Jesús había sido proclamado cuando entró en la ciudad santa de Jerusalén el día que ahora llamamos Domingo de Ramos. Sus discípulos estaban fascinados con el entusiasta recibimiento que le dieron al Señor. Comenzaron a hablar entre ellos sobre quién sería el mayor, para sentarse a cada lado del Señor en su reino venidero. Con cada día que pasaba y a medida que los eventos llevaban a la crucifixión de Jesús, Él habló de su inminente muerte. Pero los doce estaban demasiado preocupados con sus propias expectativas como para entender el sufrimiento que Jesús estaba a punto de experimentar. Cuando siguió diciéndoles que se iba, los discípulos se quedaron perplejos. Le habían aclamado recientemente como el Mesías. ¿Por qué se iba a ir? Les superaba la incertidumbre, pero Él dejó a un lado su propia angustia y confortó sus almas.

Jesús vino a la tierra con el propósito de preparar los corazones para la eternidad. Poco después de entregar su propia vida para que nosotros pudiéramos tener vida, dijo: «No se turbe vuestro corazón; voy, pues, a preparar lugar para vosotros» (Juan 14.1–2).

Dije unas palabras en el funeral de la primera dama Pat Nixon, y esas palabras consolaron al presidente Richard Nixon y sus dos encantadoras hijas, Tricia y Julie, mientras daban sus adioses terrenales a esta dedicada esposa y madre amorosa.[1]

Conocía a Pat Nixon desde principios de 1950. Era difícil imaginar a esta familia sin ella. Parecía surrealista estar delante de ellos en junio de 1993. No tenía ni idea en ese entonces de que regresaría diez meses después para hablar en el funeral de su esposo en la Biblioteca Richard Nixon en Yorba Linda, California.

Cuando nos vemos ante la muerte de alguien a quien amamos, todos hacemos al menos una breve pausa para pensar en la eternidad. En esos momentos, Jesús da palabras de consuelo a nuestros dolidos corazones. Los niños especialmente anhelan oír palabras de consuelo cuando se van sus padres. Por eso preguntan: «¿Dónde vas? ¿Puedo ir contigo? ¿Quién se va a quedar conmigo?».

Jesús entendía eso. En el aposento alto, la noche antes de que Él se entregara para morir en la cruz, comió con sus discípulos, a quienes llamó «hijos». (En presencia de la muerte, todos somos hijos con incertidumbres). Jesús habló de su inminente partida y les prometió: «Y yo rogaré al Padre, y os dará otro Consolador, para que esté con vosotros para siempre» (Juan 14.16).

Jesús sabía que a estos hombres les costaría lidiar con su muerte. Él mismo había llorado ante la tumba de Lázaro, pero sus lágrimas no eran por los muertos, sino por los que se lamentaban.

La muerte nos llegará a todos. Por eso necesitamos la esperanza que Jesús da. Cuando la muerte llegue llamando, ¿sabemos todos a dónde iremos? Jesús nos da esta certeza si le pertenecemos a Él. La esperanza en la muerte significa que el Señor convertirá nuestro dolor en gozo. Cuando entremos en su casa, habrá espacio suficiente, y Él nos dice que podemos habitar con Él.

Salomón dijo hace mucho tiempo que el día de la muerte de un hombre es mayor que el día de su nacimiento (Eclesiastés 7.1), y escribió estas palabras de consuelo: «[Dios] Todo lo hizo hermoso en su tiempo; y ha puesto eternidad en el corazón de ellos» (Eclesiastés 3.11). Nada produce mayor consuelo a nuestro apenado corazón que imaginar la gloria de estar en la presencia eterna de Dios.

Aunque la muerte de la señora Nixon fue triste, ella tenía paz en su corazón y un sentimiento de eternidad. Su fallecimiento atrajo la atención a los fuertes valores que demostró a su propia manera. Esos momentos nos dan permiso para hacer una pausa y pensar en lo que ha significado la vida de una persona.

Mike Wallace de la CBS una vez me dijo que de toda la gente que había conocido, a quien más admiraba era a Pat Nixon. La revista *Time* una vez la presentó en una historia de portada y dijo que «su fortaleza y valor, su empuje y control habían hecho de ella una de las mujeres más notables [de América]».[2]

Cuando hablé ese día, dije: «En sus memorias, señor Presidente, usted escribió que el nombre en código del Servicio Secreto para ella era Luz de las estrellas. Qué descripción más apropiada para una señora encantadora».

Algunos años antes, Ruth y yo fuimos los invitados de los Nixon en su apartamento en la Quinta Avenida en Nueva York, y nos habían invitado a todos a la casa de Jack y Miriam Parr para ver el programa de apertura de la nueva serie de Jack. Ruth y yo regresamos después con los Nixon a su apartamento, y más tarde ellos nos dejaron en el elevador que nos llevaría a nuestra habitación del hotel, pero el elevador se atascó a la mitad del recorrido entre dos pisos.

Apretamos todos los botones, dimos voces, pateamos las paredes del elevador, dimos golpes y gritamos pidiendo ayuda. Puedo decir que necesitábamos un rescate. Tras unos veinte minutos, los Nixon aparecieron vestidos con sus albornoces e inmediatamente pasaron a la acción. Pat era la que parecía saber qué hacer para ayudarnos a conseguir que el elevador bajase. Era una mujer de recursos que sabía cómo manejarse en medio de una crisis.

En su funeral, mientras yo recordaba a la mujer tan asombrosa que era, me acordé de las palabras del rey Salomón: «La memoria del justo será bendita» (Proverbios 10.7). Pocas mujeres en la vida pública han sufrido como ella con tanta gracia. En todos los años de amistad, nunca la oí decir nada malo de nadie.

Cuando la señora Nixon y yo volamos por petición del Presidente a Liberia en el Air Force Two para representarlos a él y a Estados Unidos en el discurso de toma de posesión del Presidente de Liberia, ella habló elocuentemente de su amor por Dick y su familia. La amiga de toda la vida y ama de casa de los Nixon le dijo a la familia unas horas después de la muerte de Pat que en su país natal le habían enseñado a no mostrar sus emociones. «Fue la señora Nixon», dijo ella, «la que me enseñó a decir: "Te amo"».

Así que en medio de la muerte hay un amoroso recuerdo. Todos dejamos huellas a nuestras espaldas. Para el creyente cristiano que ha ido a la cruz, la muerte no es un aterrador salto en la oscuridad, sino la entrada a una nueva vida gloriosa. El apóstol Pablo reconoció la verdad de la eternidad puesta en su corazón cuando dijo: «Porque para mí el vivir es Cristo, y el morir es ganancia» (Filipenses 1.21).

Para el creyente, el hecho brutal de la muerte ha sido conquistado por la resurrección de Jesucristo. Para la persona que ha dejado el pecado y ha recibido a Cristo como Señor y Salvador, la muerte no es el final. Para el creyente hay esperanza más allá de la tumba. ¡Hay una vida futura!

Cuando Cristo resucitó de la tumba, los apóstoles comenzaron a expresar la muerte de creyentes en términos de estar «presentes al Señor» (2 Corintios 5.6–8). Dios no habría puesto eternidad en nuestro corazón a menos que hubiera vida después de la tumba.

Durante la Segunda Guerra Mundial, una madre llevaba a su hijo todos los días al dormitorio, donde colgaba un retrato del padre del niño. Se quedaban allí y contemplaban la imagen de un hombre que estaba luchando por la libertad. Un día, el niño alzó la vista y dijo: «Mamá, ¿no sería estupendo si papá pudiera salir de ese cuadro?».

Durante siglos, la humanidad ha mirado al cielo para ver si Dios descendía del cuadro. En Belén, hace dos mil años, lo hizo. Él es el único visitante verdadero del espacio exterior: Dios encarnado. Y en su venida, cambió todo lo que conocíamos acerca de la muerte.

Es peligroso que la gente esquive el tema de la muerte. Es lo más importante que hay que resolver en la vida: ¿dónde me llevará la muerte? La eternidad tiene que decidirse en la tierra. En cambio, la gente está ocupada de día y de noche evitando pensar en su destino eterno. Para los creyentes, nuestro destino está «establecido», y nadie puede robarnos nuestra herencia. Sabemos que estamos en un lugar temporal, peregrinos y extranjeros en una tierra extraña. Este mundo no es nuestro hogar. Nuestra ciudadanía está en el cielo.

La Biblia habla de la muerte de un creyente de varias formas.

La muerte es una coronación. La imagen aquí es la de un gran príncipe que, después de sus luchas y conquistas en una tierra extraña, llega a su país natal para ser coronado y honrado por sus actos. Su futuro está establecido.

La muerte es el cese del trabajo. Las Escrituras dicen: «Bienaventurados de aquí en adelante los muertos que mueren en el Señor [...] descansarán de sus trabajos» (Apocalipsis 14.13). El Señor de la cosecha dice a los obreros cansados: «Bien, has sido fiel en tu tarea; entra y siéntate en el porche resguardado de mi palacio y descansa de tus labores» (Mateo 25.21, paráfrasis del autor).

La muerte es una salida de la vida temporal. El apóstol Pablo dijo: «El tiempo de mi partida está cercano» (2 Timoteo 4.6).

Muchas veces, Pat besaba a Dick cuando él se despedía de su familia para ir a otro viaje o para asistir a otra reunión importante. La separación siempre significaba una punzada de tristeza para ambos, pero siempre hubo una gran esperanza en que se volverían a reunir de nuevo. Ruth y yo experimentábamos lo mismo cada vez que nos despedíamos.

La muerte es una transición. Aquí somos como peregrinos, viviendo en una casa frágil y endeble, sujetos a la enfermedad, el dolor y el peligro. Pero al morir intercambiamos esta tienda desmoronada y en desintegración por una casa, no hecha a mano, eterna en el cielo.

La muerte es un éxodo. Hablamos de «difuntos» como si fuera el final de todo, pero la palabra *difunto* literalmente significa éxodo o salir. La imagen es la de los hijos de Israel hace miles de años saliendo de Egipto y de su esclavitud y dificultades. Iban de camino a la Tierra Prometida. Así que la muerte para el cristiano es un éxodo de las limitaciones, los peligros y la esclavitud de esta vida.

Tricia Nixon Cox dijo de su madre: «Su fe en Dios la sostuvo durante los años difíciles de su vida». Julie Nixon Eisenhower escribió: «Mi madre tenía una frase que usaba en innumerables ocasiones para terminar las conversaciones con su equipo de la Casa Blanca durante la presidencia de mi padre: "Hacia delante y hacia arriba"».[3]

Qué bonita descripción de la eternidad en el cielo. Para el cristiano, la muerte se puede afrontar de forma realista y con victoria porque sabemos que «ni la muerte, ni la vida [...] nos podrá separar del amor de Dios» (Romanos 8.38–39).

Asegúrese de que la eternidad esté sellada en su corazón.

Ciertamente el bien y la misericordia me seguirán todos
los días de mi vida,
Y en la casa de Jehová moraré por largos días.
(Salmos 23.6)

CAPÍTULO 13

ALMA ETERNA

La vida de un espíritu

ISAÍAS

Inclinad vuestro oído, y venid a mí; oíd, y vivirá vuestra alma [...]
Mas os gozaréis y os alegraréis **para siempre** *en las cosas que yo he creado.*

—ISAÍAS 55.3; 65.18

CADA ALMA TIENE UNA HISTORIA QUE CONTAR. Algunas son espantosas, otras milagrosas. Vivo en las montañas de Carolina del Norte, y no es raro oír acerca de campistas y excursionistas que se pierden a lo largo de los caminos que serpentean por los bosques escabrosos, llenos de matorrales y propensos a desprendimientos de rocas. La gente enseguida cae en el pánico, preguntándose si alguien les encontrará.

Si usted se encontrara vagando por el bosque sin comida ni agua, sin brújula ni aparato de comunicación, ¿se conformaría con seguir perdido?

Si alguien de repente gritara su nombre, ¿seguiría usted escondido? Es dudoso. Muy probablemente usted correría hacia el sonido de la voz.

Dios está llamando a las almas perdidas para que acudan a Él. Así como llamó a Adán y Eva, Él nos envía la llamada de rescate.

El mundo está lleno de almas perdidas que deambulan. ¿Cómo ha preparado su alma? Si se detiene y escucha con sus oídos y su corazón, oirá la voz de Dios. Si le ignora, está jugando con su futuro eterno. Si se ha rebelado contra Dios, por favor no cierre este libro hasta haber abierto su corazón a Él, porque puede que no viva lo suficiente como para ir al Padre y reconciliarse.

Jesús tiene su mano extendida, esperando que los perdidos acudan a Él. Cuando comenzamos a ir por el camino del arrepentimiento, Él no nos desecha y olvida, sino que está ahí para encontrarse con nosotros y darnos la bienvenida a casa. La Biblia dice: «Si tú le buscares, lo hallarás; mas si lo dejares, él te desechará para siempre» (1 Crónicas 28.9).

Se aproxima el día en que toda alma dará cuentas delante del trono de Dios. Nuestras almas son su creación y para Él valen más que cualquier otra cosa. Nuestros cuerpos son carne y hueso que finalmente morirán. Pero también somos espíritu, lo cual incluye nuestra conciencia, así como la parte de nosotros que piensa y siente. En el momento de la muerte, el espíritu regresa a su Hacedor (Eclesiastés 12.7).

Cuando Dios creó el cuerpo de Adán, fue una casa sin habitante hasta que Dios sopló vida en él y Adán se convirtió en «un ser viviente» (Génesis 2.7). No podemos ver o tocar el alma físicamente, pero es el verdadero usted, el verdadero yo.

¿Alguna vez ha querido ir a algún lugar pero estaba demasiado cansado? Su cuerpo se quedó en casa, pero sus pensamientos estaban donde realmente usted quería estar. Esta es una imagen de la separación del cuerpo y el alma. El cuerpo será enterrado en la tierra en espera de la resurrección final, pero el alma estará en uno de dos estados: en agitación esperando el juicio o descansando en el cuidado de Dios.

La Biblia hace referencia al corazón y al alma como la esencia misma del hombre. Salmos 13.2 (NTV) habla de la angustia del alma con dolor en el corazón, y el escritor de Lamentaciones anhela al Dios que «[da] reposo a mi alma» (1.16). La Biblia nos dice que el «alma tiene sed» (Salmos 42.2) y también: «busca mi alma» (Eclesiastés 7.28). Según Proverbios 16.24: «Las palabras amables son como la miel: dulces al alma» (NTV).

El profeta Isaías habló del alma con la eternidad en mente, y envió el mensaje de Dios a la humanidad para que respondieran al llamado de Dios. Es una invitación maravillosa:

A todos los sedientos: Venid a las aguas [...] y se deleitará vuestra alma con grosura. Inclinad vuestro oído, y venid a mí; oíd, y vivirá vuestra alma. (Isaías 55.1–3)

Piense en todo el tiempo que pasamos mimando nuestro cuerpo. Después piense en todas las veces que hemos sido negligentes con nuestra alma. La Biblia dice: «Porque ¿qué aprovechará al hombre, si ganare todo el mundo, y perdiere su alma? ¿O qué recompensa dará el hombre por su alma?» (Mateo 16.26).

Hágase esta pregunta: ¿se preocupa más por la ropa de su hijo o por su hijo? Del mismo modo, el cuerpo es el vestido; el alma es la verdadera persona.

La Biblia enseña que, seamos salvos o estemos perdidos, hay conciencia y existencia eterna del alma y la personalidad. Zacarías escribió: «Jehová [...] forma el espíritu del hombre dentro de él» (12.1). Cuide su alma, su yo interior, alimentándose de la Palabra de Dios y dejando que su Espíritu le transforme desde dentro; porque el alma tiene un sexto sentido, y es la capacidad de creer y de tener fe.

El alma, aunque no se puede ver ni tocar, es valiosa porque es eterna. Así como el cuerpo tiene muchos miembros, también el alma posee facultades y atributos invisibles: juicio (que toma determinaciones), voluntad (que toma decisiones), afectos (que nos hacen amar o tener miedo), memoria (para almacenar conocimiento) y conciencia (que supervisa y evalúa todo lo que decimos y pensamos). La Biblia describe el alma como «el interno, el del corazón, en el incorruptible ornato de un espíritu afable y apacible, que es de grande estima delante de Dios» (1 Pedro 3.4).

El alma es valiosa por el precio pagado por su redención. «Porque la redención de su vida [el alma] es de gran precio», escribe el salmista (49.8). Y 2 Pedro 3.9 dice que Dios «no queriendo que ninguno perezca, sino que todos procedan al arrepentimiento».

El predicador escocés John Harper iba a bordo del *Titanic*, en 1912, para dirigirse a predicar a la iglesia Moody. Cuando el barco se hundió, Harper se dirigió a un joven que se aferraba a una tabla.

Harper dijo: «Joven, ¿es usted salvo?».

El joven respondió: «No».

Una ola los separó. Tras unos minutos volvieron a estar a una distancia en la que se podían comunicar, y de nuevo Harper le dijo: «¿Ha hecho su alma las paces con Dios?».

El joven dijo: «Todavía no».

Una ola tapó a John Harper, y no se le volvió a ver. Pero las palabras: «¿Es usted salvo?» siguieron resonando en los oídos del joven. Dos semanas después, el joven se puso de pie en una reunión de jóvenes en Nueva York, contó su historia y dijo: «Yo soy el último convertido de John Harper».

John Harper sabía el valor de un alma casi perdida en el mar. Como resultado de ello, un joven descubrió que el valor de su alma era eterno.

Por eso Isaías escribió:

Buscad a Jehová mientras puede ser hallado, llamadle en tanto que está cercano. Deje el impío su camino, y el hombre inicuo sus pensamientos, y vuélvase a Jehová, el cual tendrá de él misericordia [...] el cual será amplio en perdonar. (Isaías 55.6–7)

Esta maravillosa invitación no solo se le hizo a la casa de Israel, sino también a todo aquel que se vuelva a Dios. Su reino se llenará de almas de toda nación, toda tribu y toda raza. Él dice:

Yo les daré lugar en mi casa y dentro de mis muros, y nombre mejor
[...] nombre perpetuo les daré, que nunca perecerá. (Isaías 56.5)

El alma es valiosa por el interés que Satanás tiene en ella. Dios ha
estado edificando su reino desde el principio, pero el diablo también está
edificando el suyo. Aunque Satanás es un enemigo derrotado, sigue trabajando. Por eso Satanás se disfraza, y la Biblia nos dice que tengamos
cuidado.

Jesús dijo: «Cuando alguno oye la palabra del reino y no la entiende,
viene el malo, y arrebata lo que fue sembrado en su corazón» (Mateo 13.19).
Jesús dibuja a Satanás como un enemigo batallando y llamando a las
almas al apelar astutamente a nuestros deseos.

Piense en lo que la raza humana busca por lo general: riquezas mun-
danas y el poder que ellas dan. La valía del mundo es asombrosa cuando
piensa en la riqueza de gobiernos, comercios, entretenimiento, tecnología,
artes, depósitos minerales, tesoros del mar, exploración espacial, y cosas
semejantes. Simplemente no hay forma de calcular la suma del tesoro. Y
sin embargo, un alma vale más que todo esto, y el diablo lo sabe.

Voltaire ganó el mundo de la literatura, pero perdió su alma.

Hitler ganó un mundo de poder, pero perdió su alma.

Mao Tse-tung, el revolucionario comunista chino, una vez escribió:
«No basta con tener la lealtad de la gente; debemos poseer su alma». Esto
es lo que quiere Satanás: su alma.

De todas las posesiones que podamos valorar, la que más debemos
apreciar es nuestra alma, porque es el tesoro de Dios, lo único que podemos llevarnos de esta experiencia terrenal al cielo. Su alma está viajando
hacia un destino eterno. ¿Está usted prestando atención a las señales que
hay durante el camino?

Hay un tramo de autopista subiendo hacia las montañas del oeste de
Carolina del Norte que ha estado en construcción durante muchos años.
Es un terreno escabroso. El departamento de transporte de Carolina del
Norte tiene la monumental tarea de atravesar peñascos y aplastar raíces

de árboles para hacer un camino llano hacia el altiplano. Los vehículos se han encontrado con desprendimientos de rocas y cierres temporales de carreteras. Las señales se iluminan por la noche: «Circule con precaución», guiando a los conductores por el sinuoso y retorcido laberinto.

Cuando los viajeros llegan a la cima de la montaña y ven la señal de bienvenida: «Final de la construcción», saben que ya están cerca de casa. He conocido a muchos padres en esa parte del estado que no viven tranquilos sabiendo que sus hijos adolescentes suben y bajan la montaña constantemente. Llegar a su destino sanos y salvos alivia.

La vida también puede ser un viaje turbulento. Los baches nos detienen. Los desvíos nos sacan del camino, y las señales nos advierten del peligro que nos espera. El destino del alma y el espíritu es de máxima importancia para Dios, y por eso Él nos ofrece una guía diaria. Algunos prestan atención a las direcciones de Dios; otros las ignoran y pasan rápidamente junto a las luces que centellean. Pero todos finalmente llegan al destino final: la puerta de la muerte, donde el alma se separa del cuerpo.

¿Realmente creemos que otras personas pueden guiarnos por el traicionero terreno y que Dios no puede? Él está ahí, observando cada movimiento que hacemos. La pregunta es: ¿somos conscientes de Él? Él está guiando el camino, y nosotros somos llamados a «seguir sus pisadas» (1 Pedro 2.21).

Jesús enseñó que la muerte es un paso para el espíritu a la presencia de Dios (Lucas 23.46). El salmista declaró: «Pero Dios redimirá mi vida del poder del Seol» (Salmos 49.15). ¿Está usted siguiendo las señales de precaución que Dios ha puesto a lo largo de su manual: la Biblia? Sus pasos nunca nos desviarán.

El camino de los rectos se aparta del mal;
su vida guarda el que guarda su camino. (Proverbios 16.17)

Isaías, también, habla de este camino.

Y habrá allí calzada y camino, y será llamado Camino de Santidad; no pasará inmundo por él, sino que él mismo estará con ellos; el que anduviere en este camino [...] no se extraviará [...] para que caminen los redimidos. Y los redimidos de Jehová volverán, y vendrán a Sion con [...] gozo perpetuo. (Isaías 35.8–10)

Las señales en el camino de la vida están ahí con un propósito. Cuando las ignoramos, lo hacemos asumiendo nuestro propio riesgo. No permita que Satanás le engañe haciéndole pensar que las señales están ahí para impedir que usted disfrute de la vida. No es cierto. Están puestas para evitar que sufra problemas a fin de que pueda vivir la vida con gozo, sabiendo que algún día caminará por las calles del cielo.

Apártese de Satanás, no de Dios. Ya que el Señor le ha dado un alma, confíesela a Él en cada paso del camino.

Mas el justo vivirá por fe;
y si retrocediere,
no agradará a mi alma.
Pero nosotros no somos de los que retroceden para
perdición, sino de los que tienen fe para preservación
del alma. (Hebreos 10.38–39)

CAPÍTULO 14

Amor eterno

Lágrimas que hablan

JEREMÍAS, LAMENTACIONES

*Con amor **eterno** te he amado.*

—JEREMÍAS 31.3

Nunca decayeron sus misericordias [...]
*Mas tú, Jehová, permanecerás **para siempre**.*

—LAMENTACIONES 3.22, 5.19

EL AMOR DE DIOS NO COMENZÓ EN LA CRUZ, SINO EN LA ETERNIDAD. Antes de que el mundo fuera establecido, antes de que el reloj del tiempo de la civilización comenzara a moverse, el amor de Dios prevalecía.

Pero no fue hasta que las buenas nuevas de Jesucristo irrumpieron en la escena humana que la palabra *amor* se entendió en la tierra con tal profundidad, como Dios descendiendo a nosotros en forma humana, una expresión de amor inmerecido.

Nuestra música popular habla constantemente de amor; sin embargo, los índices de divorcio siguen aumentando vertiginosamente. Hace años, un popular dúo pop cantaba una canción que insistía en que no querían vivir en «Un mundo sin amor». Sin embargo, el amor descendió del cielo a todo el mundo y el mundo lo rechazó.

Fue el amor de Dios el que sabía que la humanidad era incapaz de obedecer su ley y amarlo. Por lo tanto, en amor Él prometió un Redentor, un Salvador, que daría amor verdadero.

Hablamos sobre el amor de Dios y los rostros se iluminan, pero hablamos de Dios como Juez y las actitudes cambian. Hay una cosa que el amor de Dios no puede hacer: no puede perdonar al pecador no arrepentido. Por ese motivo, Dios envía cosas a nuestras vidas para bloquear la ruta a la destrucción, con el santo deseo de conducirnos de regreso a su amor.

El científico del siglo XVII Blaise Pascal dijo: «Si la condenación eterna es posible, ningún sacrificio es demasiado grande para evitar que esa posibilidad se convierta en una realidad».[1] De eso se trata precisamente el juicio del Señor. En la Biblia, Él dice:

> Con un poco de ira escondí mi rostro de ti por un momento; pero con misericordia eterna tendré compasión de ti, dijo Jehová tu Redentor. (Isaías 54.8)

Cuando amamos verdaderamente a otras personas, queremos agradarlas y honrarlas mediante nuestro modo de actuar. Nuestra manera de tratar a las personas muestra si realmente nos interesamos por ellas o no. Si amamos verdaderamente a Cristo, querremos agradarle y honrarle con nuestro modo de vivir. Incluso el pensamiento de hacerle daño o causar deshonra a su nombre nos parecerá horrible.

Estoy convencido de que el mayor acto de amor que podemos demostrar jamás es hablar a otros sobre el amor de Dios por ellos en Cristo. Cuando el amor de Cristo llena nuestros corazones, hace huir al egoísmo. «Nosotros le amamos a él, porque él nos amó primero» (1 Juan 4.19).

Sin embargo, el amor de Dios que alcanza al hombre puede ser totalmente rechazado. Dios no se forzará a sí mismo sobre nadie. Nos corresponde a nosotros creer; nos corresponde a nosotros recibir. Ninguna otra
persona puede hacerlo por nosotros.

Hubo una mujer que cuidaba de una huérfana. Mientras estaba a la
espera de ser adoptada por esta mujer, la muchacha disfrutaba de hermosa ropa, excursiones, buena comida, y la seguridad de un hermoso hogar;
hasta que su amiga le tomó el pelo diciendo que cuando fuera adoptada
sería «golpeada» con reglas que debía seguir. Las reglas habían sido agradables para ella, hasta entonces.

Cuando la adolescente se encontró delante del juez, no estuvo de
acuerdo en sujetarse a las reglas requeridas, y se alejó de la mujer que la
había amado. La mujer quedó destrozada cuando vio la sombra de una
hija alejarse. Consternada por su mala decisión, la muchacha finalmente
se quitó la vida. La mujer que había cuidado de ella hizo grabar una lápida
con las palabras: «Ella era casi mía». Esto es amor.

El misterio del amor de Dios no sería un misterio si conociéramos
todas las respuestas; pero sí sabemos esto: el amor de Dios es inmutable.
Él sabe exactamente lo que somos y nos ama de todos modos. Dios nos
ama incluso si, como esa adolescente rebelde, decidimos alejarnos de Él
para siempre: no disfrutaremos de los lujos y la seguridad de su hogar.

Desgraciadamente, muchas personas pasan por la vida sin sentir-
se amadas, e indignas de ser amadas. Sigmund Freud declaró: «La vida
comunal de los seres humanos tenía, por lo tanto, un fundamento dual:
la compulsión por el trabajo, que fue creada por la necesidad externa, y el
poder del amor...».[2] Víctor Hugo dijo: «La dicha suprema de la vida es la
convicción de que somos amados».[3] Incluso si cree usted que no es amado, sus sentimientos le engañan. La verdad es que Jesús le ama; la Biblia
lo dice así: «En esto hemos conocido el amor, en que él puso su vida por
nosotros» (1 Juan 3.16).

Es una pesada responsabilidad proclamar este mensaje del amor eterno de Dios. Yo he oído sobre el amor de Dios toda mi vida, y lo he visto

demostrado. Desde temprana edad, mi dulce y piadosa madre me enseñó mi primer versículo de la Biblia, Juan 3.16: «Porque de tal manera amó Dios al mundo...». No todo el mundo crece de esa manera, lo sé. Yo he sido comisionado para dar a conocer este mensaje. ¿Por qué retendría yo estas tremendas buenas nuevas?

Algunos piensan en el amor como una emoción cálida y delicada, incluso romántica. Otros ven el amor con los ojos de un bebé inocente que es totalmente dependiente de su madre. Estas son expresiones externas de amor.

También están quienes definen el amor como agacharse y sacar a personas de un sucio pozo y ayudarlas a ponerse en pie de nuevo. A veces tal amor es correspondido, pero incluso si no lo es, eso no cambia el hecho de que el rescatador se acercó con amor compasivo.

Pero ¿qué del amor demostrado cuando un enemigo nos ataca brutalmente con palabras o con actos? ¿Llega el amor fácilmente entonces? Esta es la mayor prueba de amor, y este es el amor que Cristo demostró en la cruz: amor a nuestros enemigos.

Y está el amor que se atreve a hacer una advertencia, incluso aunque no sea bienvenida. Esta fue la experiencia del profeta Jeremías. Él fue escogido por Dios para proclamar un duro mensaje, advirtiendo al pueblo de Dios de graves consecuencias a menos que cambiaran el modo en que vivían; debían permanecer en Él y seguir sus mandamientos.

La adoración de ídolos los había conducido a sacrificar a sus propios hijos al dios Moloc. Durante casi cincuenta años, Jeremías pronunció el juicio de Dios sobre el pueblo si no se arrepentían. Hubo breves periodos de remordimiento superficial, y después el pueblo regresaba otra vez a su iniquidad.

Dios comisionó a Jeremías:

A todo lo que te envíe irás tú, y dirás todo lo que te mande. No temas delante de ellos, porque contigo estoy para librarte, dice Jehová. (Jeremías 1.7–8)

Por lo tanto, Jeremías predicó fielmente: «Así dijo Jehová [...] Judá no se volvió a mí de todo corazón, sino fingidamente» (Jeremías 2.5, 3.10).

No era un mensaje popular, y el pueblo de Dios no respondió bien. El Señor sabía que sus corazones estaban llenos de engaño, y a ellos les encantaba eso. Jeremías finalmente se deprimió debido a la paciencia del Señor hacia ellos. Le agotaba observar cómo ellos desafiaban a Dios externamente; quedó abatido y maldijo el día en que nació debido a la pesada carga situada sobre él como vocero de Dios.

En el libro poético de Lamentaciones, sentimos la angustia de espíritu que Jeremías tenía en su largo ministerio entre el pueblo terco que se había convertido en enemigo de Dios. Jeremías llegó a ser conocido como el profeta *llorón*. Derramó lágrimas que hablaban de la angustia de su alma. Rogó al Señor no tener que hablar a los corazones endurecidos que repetidamente rechazaban al Dios que les amaba «con amor eterno» (Jeremías 31.3).

El mensaje de Dios era sin duda angustioso: «Los perseguiré con espada [...] y los daré por escarnio [...] por cuanto no oyeron mis palabras» (Jeremías 29.18–19). Y Jeremías estaba obligado a repetirlo:

He aquí yo traigo mal sobre este pueblo [...] porque no escucharon mis palabras. (Jeremías 6.19)

Se deleitaron en vagar, y no dieron reposo a sus pies; por tanto, Jehová [...] se acordará ahora de su maldad, y castigará sus pecados. (Jeremías 14.10)

El pecado del pueblo y los ruegos de Jeremías de parte de Dios siguieron año tras año, década tras década. Entonces Dios le dijo a Jeremías que advirtiera al pueblo de nuevo: «He aquí que yo dispongo mal contra vosotros, y trazo contra vosotros designios; conviértase ahora cada uno de su mal camino, y mejore sus caminos y sus obras» (Jeremías 18.11).

Eso es lo que el Señor hace a causa de su amor eterno. Como un buen padre, Él castiga a los hijos para protegerlos de las consecuencias de mayor desobediencia. «Porque el Señor al que ama, disciplina» (Hebreos 12.6). Todas sus advertencias llegan con llamados al arrepentimiento y a regresar a Él.

Pero veamos la devastadora respuesta del pueblo a las advertencias del Señor por medio de Jeremías: «Es en vano; porque en pos de nuestros ídolos iremos, y haremos cada uno el pensamiento de nuestro malvado corazón» (Jeremías 18.12). El pueblo enseguida admitió su pecado con un desafío vengativo.

Sin embargo, en medio de esta desgracia encontramos el maravilloso mensaje de Dios a quienes se volvieran a Él:

> Con amor eterno te he amado; por tanto, te prolongué mi misericordia. (Jeremías 31.3)

Todos hemos memorizado el número telefónico de emergencias, pero también necesitamos memorizar el número telefónico eterno: 33.3. «Clama a mí, y yo te responderé, y te enseñaré cosas grandes y ocultas que tú no conoces» (Jeremías 33.3). Esta es una invitación maravillosa de nuestro Señor; pero no se detuvo ahí. Su invitación fue seguida de una lista de promesas de lo que hará: «les traeré sanidad y medicina; y los curaré, y les revelaré abundancia de paz y de verdad [...] los restableceré [...] los limpiaré, [...] y perdonaré» (vv. 6–8).

El arrepentimiento del pecado es lo único necesario para entender el gran amor de Dios.

El rey David dijo:

> Los sacrificios de Dios son el espíritu quebrantado;
> Al corazón contrito y humillado no despreciarás tú, oh Dios.
>   (Salmos 51.17)

Con frecuencia, las semillas de la primavera son plantadas en terreno roto; germinan para crecer y convertirse en una abundante cosecha. Y es en corazones quebrantados donde Dios, en amor, planta su Palabra para salvar y preparar a su pueblo para una gran obra.

El apóstol Pablo dijo: «Y el mismo Jesucristo Señor nuestro [...] el cual nos amó y nos dio consolación [...] os confirme en toda buena palabra y obra» (2 Tesalonicenses 2.16–17).

¿Quién puede describir o medir el amor de Dios? Cuando leemos de la justicia de Dios, es justicia atemperada por el amor. Cuando leemos de la rectitud de Dios, es rectitud fundada en el amor. Cuando leemos de la expiación del pecado, es expiación necesaria debido a su amor, suplida por su amor, terminada por su amor.

Cuando leemos sobre la resurrección de Cristo, vemos el milagro de su amor. Cuando leemos sobre la continua presencia de Cristo, conocemos el poder de su amor. Cuando leemos sobre el regreso de Cristo, anhelamos el cumplimiento de su amor.

Sin importar cuán negro, sucio, vergonzoso o terrible sea nuestro pecado, Dios perdonará. Puede que estemos ante las puertas del infierno mismo, pero Él se acercará con amor eterno.

Jehová está en medio de ti, poderoso, él salvará;
se gozará sobre ti con alegría, callará de amor, se
regocijará sobre ti con cánticos. (Sofonías 3.17)

CAPÍTULO 15

PAZ ETERNA

Promesas de paz

*Y haré con ellos pacto de paz, pacto **perpetuo** será con ellos.*

—EZEQUIEL 37.26

CONOZCO A HOMBRES Y MUJERES QUE LLENARÍAN UN CHEQUE POR UN MILLÓN DE DÓLARES SI PUDIERAN ENCONTRAR LA PAZ, PERO LA PAZ NO PUEDE COMPRARSE. Millones de personas buscan lo que solo puede encontrarse en Cristo. Y Satanás hace todo lo que está en sus manos para alejar a los buscadores de la paz; él los ciega y los engaña.

Hablamos de la paz, hacemos presión por ella, y convocamos conferencias de paz; sin embargo, el mundo se dirige hacia cualquier cosa excepto la paz.

No es diferente a los tiempos de los profetas. El mundo antiguo estaba conmocionado. Muchos habían renunciado a la esperanza de paz futura. No es de extrañar; se habían vuelto a ídolos que no podían hablar ni oír, y mucho menos conducirles a la paz. Habían dado la espalda a Dios; por lo tanto, Él buscó a un hombre que llevara la Palabra de Dios a su pueblo, que declarara su promesa de paz, y dio unos golpes en el hombro a Ezequiel para que sirviera en su nombre.

En cada generación, Dios pone su mano sobre aquellos a quienes Él escoge para ser sus instrumentos. El llamado de Dios debe ser un llamado, no una profesión, lo cual hace que algunos de nosotros tengamos temor. Tenemos temor de que Dios pueda llamarnos a una obra que no queremos hacer o que no nos sentimos equipados para hacer. Pero si Dios llama, Él equipa.

Ezequiel fue un hombre así: fiel a Dios. Vivió en el exilio en Babilonia y afrontó una tremenda oposición de profetas engañosos que predicaban una falsa esperanza de paz, diciendo que Israel regresaría a su tierra más rápidamente de lo que iba a suceder. «Sí, por cuanto engañaron a mi pueblo, diciendo: Paz, no habiendo paz» (Ezequiel 13.10).

Dios había advertido que llegaría juicio si el pueblo no cambiaba sus caminos. Ellos lo ignoraron y siguieron adorando ídolos que no podían dirigirlos ni salvarlos.

Pero Dios siempre tiene un remanente de personas fieles a Él. «Y acabados estos días [...] me seréis aceptos, dice Jehová el Señor» (Ezequiel 43.27).

La raza humana continúa su fútil búsqueda de paz en todos los lugares equivocados, poniendo su esperanza en gobiernos, éxitos o religiones. Esto es lo que la Biblia dice con respecto a la futilidad de la humanidad: «Y no conocieron camino de paz» (Romanos 3.17).

Hoy día hay poca paz personal, doméstica, social, económica o política en ningún lugar. ¿Por qué? La humanidad tiene en su interior las semillas de la sospecha, la violencia, el odio y la destrucción.

No llegará la paz al mundo hasta que Cristo regrese. «¿Pensáis que he venido para dar paz en la tierra? Os digo: No, sino disensión» (Lucas 12.51). Jesús no estaba diciendo que Él evitaba la paz; estaba dando una clara advertencia de que su mensaje dividiría a la gente. Después de todo, ¿a quién le gusta que le digan que es un pecador que debe arrepentirse?

Cuando Cristo comenzó su ministerio terrenal, mostró amor, dio consuelo y trajo sanidad. La respuesta de la gente fue oponerse a Él, rechazarlo, arrestarlo y matarlo. Ese fue un asombroso golpe para sus discípulos, de modo que Él dijo a los doce: «Estas cosas os he hablado para que en mí tengáis paz. En el mundo tendréis aflicción; pero confiad, yo he vencido al mundo» (Juan 16.33).

Jesús también reveló que llegaría una gran guerra al final de los tiempos:

> Y oiréis de guerras y rumores de guerras; mirad que no os turbéis, porque es necesario que todo esto acontezca [...] Porque se levantará nación contra nación, y reino contra reino; y habrá pestes, y hambres, y terremotos en diferentes lugares. Y todo esto será principio de dolores. (Mateo 24.6–8)

Eso no parece demasiado pacífico, ¿verdad? Entonces ¿por qué lo permitirá Dios? Para que el evangelio sea predicado en todo el mundo como testimonio a todas las naciones, «y entonces vendrá el fin» (v. 14). Yo creo que es aquí donde estamos en la actualidad en el gran plan de Dios.

Puedo recordar estar sentado en la galería de visitantes de la Cámara de los Comunes en Londres, en 1954, observando la dramática escena en la cual el primer ministro se sentó con los jefes de gobierno para hablar de qué hacer con la bomba de hidrógeno, con frecuencia llamada la bomba Infierno o la bomba terror. Muchos sentían que esta arma produciría la destrucción del mundo.

Han pasado seis décadas desde entonces, y cada generación ha sido testigo de terribles acontecimientos mundiales. El siglo XXI comenzó con la horrible tragedia del 11 de septiembre que puso al límite al mundo entero. Hoy día, las naciones están agitadas mientras los gobiernos luchan con la forma de derrotar el terrorismo global. La gente está frenética, buscando soluciones.

Hay solo una solución, y se encuentra en el Gobernador justo: el Hombre de paz. Jesús tiene la llave de los problemas del hombre, que están encerrados en una pequeña palabra: *pecado*.

He hablado con personas de todo tipo sobre cómo manejan sus temores. Algunas acuden al alcohol; otras acuden a religiones místicas y al entretenimiento. Yo les digo: «Acude a Cristo, Él vencerá tus temores. Él te fortalecerá para que estés firme ante las pruebas y las decepciones». Pablo entendía este secreto: «Por lo cual, por amor a Cristo me gozo en las debilidades, en afrentas, en necesidades, en persecuciones, en angustias; porque cuando soy débil, entonces soy fuerte» (2 Corintios 12.10). En medio de eventos catastróficos, hay paz que sobrepasa todo entendimiento.

Jesús sabía que la naturaleza humana no iba a cambiar sin un nuevo nacimiento espiritual. La gente piensa que quiere paz en el mundo, pero lo que realmente necesita es paz en su corazón. Si eso sucediera, habría también paz en el mundo.

La paz duradera es ajena al pensamiento humano. Dios sabía que la vasta mayoría de la raza humana nunca iba a convertirse a Él. Pensemos en eso. ¿Con cuántas personas se encuentra diariamente que son verdaderamente nacidas de nuevo? En la mayoría de los casos la respuesta es «pocas». Así que siempre tenemos el potencial de que surja violencia en un hogar, en una comunidad o en el mundo.

¿Qué hemos de hacer? Primero debemos mirar al interior de nuestra alma oscura y ponernos a cuentas con Dios. «Tenemos paz para con Dios por medio de nuestro Señor Jesucristo» (Romanos 5.1).

Jesús bendice a quienes proclaman el «evangelio de la paz» (Efesios 6.15) y quienes trabajan por la paz. «Bienaventurados los pacificadores, porque ellos serán llamados hijos de Dios» (Mateo 5.9). Esto no significa pacifismo, sino que esperamos la paz, porque Cristo es paz. La Biblia dice: «Y vino y anunció las buenas nuevas de paz a vosotros que estabais lejos, y a los que estaban cerca» (Efesios 2.17).

En la Biblia se describen tres tipos de paz. Primero, hay una paz que se puede tener inmediatamente: *la paz con Dios* (Colosenses 1.20). La mayor guerra que se está produciendo en el mundo hoy día es entre el hombre y Dios. Sería la mayor tragedia si no le dijera que a menos que se arrepienta de sus pecados y reciba a Cristo como su Salvador, usted estará perdido; no habrá paz en el infierno. La Biblia dice:

Pero los impíos son como el mar en tempestad, que no puede estarse quieto, y sus aguas arrojan cieno y lodo. (Isaías 57.20)

No es solo creer con la cabeza; es creer también con el corazón. Debemos llevar todo a la cruz, donde el Señor Jesucristo murió por nuestros pecados; de otro modo, «no hay paz [...] para los impíos» (v. 21).

Dios hizo la paz derramando su sangre. La guerra que existe entre nosotros y Dios puede terminar rápidamente, y el tratado de paz será firmado con la sangre de su Hijo Jesucristo.

La segunda paz de la que se habla en la Biblia es *la paz de Dios*. Todo aquel que conoce al Señor puede pasar por cualquier problema, y afrontar la muerte, y seguir teniendo la paz de Dios en su corazón, porque Él lo hace posible; «el ocuparse del Espíritu es vida y paz» (Romanos 8.6).

Un psiquiatra dijo una vez que él no podía mejorar la receta de Pablo para la preocupación humana. Pablo dijo: «Por nada estéis afanosos, sino sean conocidas vuestras peticiones delante de Dios en toda oración y ruego, con acción de gracias. Y la paz de Dios, que sobrepasa todo entendimiento, guardará vuestros corazones y vuestros pensamientos en Cristo Jesús» (Filipenses 4.6–7). La paz de Dios puede estar en nuestros corazones, en este momento (Colosenses 3.15). No hay filosofía humana que pueda lograr tales cambios o proporcionar tal fuerza.

Cristo promueve nuestra paz interior desarrollando nuestro espíritu. «Y el mismo Dios de paz os santifique por completo; y todo vuestro ser, espíritu, alma y cuerpo, sea guardado irreprensible para la venida de nuestro Señor Jesucristo» (1 Tesalonicenses 5.23).

¡Qué vida! Yo sé de dónde provengo; sé por qué estoy aquí; sé *dónde voy*. La paz de Él inunda mi corazón y llena mi alma, ¡incluso en medio de la desesperación!

Un colega que viajaba frecuentemente por el Medio Oriente estaba en un auto con algunos misioneros conduciendo por el desierto de Jordania, por la autopista King, cuando se levantó una tormenta de arena. Estaban en un paso en la montaña con poca visibilidad. Aunque era un viajero experimentado, mi amigo dijo que sus nudillos se pusieron blancos hasta que uno de los misioneros dijo: «No te preocupes. Yo he estado en este camino antes». Se apartaron a un lugar seguro y disfrutaron de una tranquila visita hasta que pasó la tormenta. Así es también la paz con Dios.

Incluso las aves conocen la paz: el mar golpeaba contra las rocas con inmensas olas. Había relámpagos, y rugían los truenos. Soplaba el viento. Pero el pequeño pájaro estaba dormido en la grieta de la roca, con su cabeza apoyada serenamente bajo su ala, profundamente dormido. Eso es paz: estar en reposo en la tormenta.

Jesús estaba dormido en la barca cuando una tormenta como esa se levantó. Los discípulos estaban aterrados y lo despertaron: «Maestro, ¿no tienes cuidado que perecemos? Y levantándose, reprendió al viento, y dijo al mar: Calla, enmudece. Y cesó el viento, y se hizo grande bonanza» (Marcos 4.38–39).

En Cristo, podemos estar en paz en medio de las confusiones, los desconciertos y las perplejidades de esta vida. Ruge la tormenta, pero nuestro corazón está en reposo.

La tercera paz que menciona la Escritura es *la paz futura*. Llegará un momento en que el mundo entero estará en paz: es una promesa de Dios. Pero primero llegará la tormenta, y el mundo estará en total desesperación.

Si no entendemos la paz verdadera, nos abrimos a nosotros mismos al engaño. Un día aparecerá un anfitrión en el escenario del mundo y proclamará que él traerá paz al mundo. Dirá lo que la gente quiere oír; realizará convincentes actos que asombrarán a las naciones. Quienes le escuchen y le sigan caerán con él.

Un agente de la Oficina Federal de Investigación (FBI, por sus siglas en inglés) le dijo una vez a mi esposa: «Detectamos las cosas falsas estudiando las verdaderas». De igual modo, ¿cómo detectamos a los engañadores? Conociendo a Aquel que es real. Él es Verdad. Mentiras y engaño se oponen a la verdad. Sí, puede que haya tintes de verdad en el diálogo de un engañador, pero la verdad genuina frenará el fraude.

No hay duda de que el mundo se dirige hacia Armagedón. Juan escribió del feroz caballo bermejo: «le fue dado poder de quitar de la tierra la paz» (Apocalipsis 6.4). La tierra convulsionará cuando sea desatado el juicio de Dios, pero la paz no llegará hasta que regrese el Príncipe de Paz.

Y Él llegará. Uno de estos días el cielo se abrirá, y el Señor vendrá y traerá su maravillosa paz.

¡Imagine! No ha habido paz mundial desde que Caín mató a Abel. Pero Dios no nos ha dejado en una desesperación sin esperanza. Él envió a sus profetas para proclamar la promesa de paz; envió al Señor Jesús, el Salvador, quien es la esperanza de paz.

> Porque un niño nos es nacido, hijo nos es dado, y el principado sobre su hombro; y se llamará su nombre [...] Príncipe de Paz. Lo dilatado de su imperio y la paz no tendrán límite. (Isaías 9.6–7)

Mis colegas George Beverly Shea y Cliff Barrows cantaban juntos una canción que siempre me gustó: «Jesús, háblame paz».[1] Estudie lo que la Biblia dice sobre la Fuente de paz; será usted bendecido.

Jesús es el Autor de la paz. Jesús llena nuestros corazones con paz. Jesús guía nuestro camino en paz. Jesús nos dice que vayamos en paz y partamos en paz. Jesús nos da paz en los problemas. Jesús nos da el fruto de la paz. Jesús mismo es nuestra paz. Jesús declara paz. Jesús gobernará en paz. Y Jesús, en paz, aplastará a Satanás.

La paz es una certeza. Aunque Jesús no dejó una herencia material a sus discípulos, pues lo único que tenía cuando murió era una túnica, les dejó algo más valioso que el oro. Les dejó paz en espíritu y paz eterna.

El mundo, sin embargo, no puede ofrecer paz. Lucha por la paz, negocia por la paz y maniobra por la paz, pero no tiene paz alguna que dar. Así que sigue inquieto.

Se está produciendo una revolución silenciosa en el mundo actualmente. No tiene fanfarria, no tiene cobertura en los medios, y ninguna propaganda; sin embargo, está cambiando el curso de muchas vidas. Está restaurando propósito y significado en la medida que personas de todas las razas y nacionalidades están encontrando paz con Dios.

Y el Dios de paz que resucitó de los muertos a nuestro
Señor Jesucristo, el gran pastor de las ovejas, [...] os
haga aptos en toda obra buena para que hagáis su
voluntad. (Hebreos 13.20–21)

CAPÍTULO 16

Eterna adoración del reino

Póstrese o levántese

Daniel

El rey Nabucodonosor envió el siguiente mensaje a la gente de todas las razas, naciones y lenguas del mundo: [...] «Quiero que todos conozcan las señales milagrosas y las maravillas que el Dios Altísimo ha realizado en mi favor [...] Su reino durará **para siempre***».*

—Daniel 4.1–3, ntv

Estaban a mil quinientas millas (dos mil cuatrocientos kilómetros) de casa. ¿Quién lo sabía? ¿A quién le importaba?

A Dios.

Como jóvenes, se habían comprometido y dedicado totalmente a Él.

¿Quiénes eran esos jóvenes? La Biblia nos dice que Daniel, junto con sus tres amigos Mesac, Sadrac y Abed-nego, habían sido escogidos de la tribu de Judá para servir en la corte del rey de Babilonia. El rey Nabuco-donosor había conquistado Jerusalén y se había llevado cautivos a esos jóvenes judíos. Ellos eran hombres asertivos y disciplinados, y respe-tuosamente se negaron a comer de la mesa del rey porque los alimentos habían sido ofrecidos a ídolos. Estos jóvenes se habían propuesto en sus corazones (Daniel 1.8) que no irían en contra de la ley de Dios, sin impor-tar lo que sucediera.

Nabucodonosor se había vuelto poderoso y egocéntrico; por lo tanto, construyó una estatua de él mismo: una imagen inmensa, de noventa pies (veintisiete metros) de altura y nueve pies (2,7 metros) de anchura, hecha de oro. Convocó a sus súbditos de naciones circundantes a acudir a la llanura de Dura; entonces ordenó que cuando sonara la música, la gente debía postrarse para adorar la estatua. Declaró: «Y cualquiera que no se postre y adore, inmediatamente será echado dentro de un horno de fuego ardiendo» (Daniel 3.6).

La religión falsa no duda en utilizar la fuerza. La Biblia enseña que Satanás es el dios de este mundo; se le llama el «príncipe de la potestad del aire» (Efesios 2.2), y «quien gobierna este mundo» (Juan 12.31, NTV), y él desea quitarle toda la gloria a Dios. Inventa maneras de hacer eso mediante hombres y mujeres.

Satanás intentó eso en el desierto con Jesús, insistiendo en que Jesús se postrara y le adorara. Él no lo hizo, desde luego; tampoco argumentó o debatió. Él simplemente declaró: «Escrito está» (Mateo 4.4). Él usó la Palabra de Dios. Por eso es importante para nosotros memorizar pasajes de la Biblia. Jesús usó la Escritura como un arma contra el mal. La Palabra de Dios tiene autoridad y poder del Espíritu Santo.

Jesús le dijo al diablo: «Al Señor tu Dios adorarás, y a él sólo servirás» (Mateo 4.10). Él lo subrayó para los discípulos: «Ninguno puede servir a dos señores» (Mateo 6.24).

Los tres hebreos se encontraron entre dos señores, pero no por mucho tiempo. Tenían que tomar una decisión. Podrían haberse pos-trado y evitado problemas, pero eso habría sido hacer concesiones en su creencia. Podrían haberlo justificado como lealtad al gobierno; podrían haber racionalizado y haber dicho: «Es nuestra obligación obedecer al rey». Pero no lo hicieron. Ellos servían a una ley más elevada: la de Dios. Por lo tanto, rehusaron postrarse.

Aquellos jóvenes estaban mirando la cara de la persecución cuando se encontraban delante del rey. Nabucodonosor estaba hinchado de orgullo cuando hablaba de la gran imagen, cubierta de oro y resplandeciendo al sol. «¡Yo la construí!», dijo con indignación. Era un ídolo erigido a su éxito y su gloria humana. No había idea alguna del mandato de Dios: «No tendrás dioses ajenos delante de mí» (Éxodo 20.3). El rey no pensaba en Dios en absoluto. Presumía: «¡miren lo que he construido!».

Algunos de nosotros también decimos: «Miren lo que he hecho». «He construido este negocio». «Soy un hombre (o mujer) que se ha hecho a sí mismo». «Yo construí este rancho». «Yo hice esto». «Yo hice aquello». Satanás llama a las personas a postrarse ante el orgullo, la lujuria y muchas otras cosas. El éxito del hombre está entre nuestros muchos ídolos en la actualidad.

Diariamente somos llamados a tomar decisiones. Cuando se trata de a quién o qué adoramos, tenemos dos opciones: postrarnos ante las cosas de este mundo y morir espiritualmente, o postrarnos delante del Dios verdadero y vivir.

Sadrac, Mesac y Abed-nego podrían haberse quedado dentro ese día, pero eso habría sido una cobardía. En cambio, tuvieron una oportunidad de dar testimonio a miles y aprovechar el momento. Esos tres hombres hebreos rehusaron postrarse. Se quedaron de pie.

Se podría decir que tuvieron un momento Josué. Conociendo la Escritura, sin duda recordaron el clamor de Josué ante el pueblo: escojan hoy a quién servirán (Josué 24.15). ¿A quién servirá usted, al Dios vivo y verdadero? ¿O servirá a las cosas que el diablo traiga a su camino y a las imágenes que él ponga delante de usted?

El rey Nabucodonosor se enojó al saber que esos hombres no obedecieron y se postraron. Les recordó el castigo al que se enfrentarían, y los provocó: «¿Y qué dios será aquel que os libre de mis manos?» (Daniel 3.15).

Ellos proclamaron con valentía: «He aquí nuestro Dios a quien servimos puede librarnos [...] y de tu mano, oh rey, nos librará. Y si no, sepas, oh rey, que no serviremos a tus dioses, ni tampoco adoraremos la estatua que has levantado» (vv. 17–18).

Aquellos hombres valientes no sabían que Dios los libraría; tenían confianza en que Él *podía*; pero si no, Él estaría con ellos a pesar de todo.

¿Por qué se atrevieron a enfrentarse a la ira del enfurecido tirano? Ellos vieron a Aquel que es invisible, y eran conscientes de las glorias que les esperaban en el reino eterno de su Dios. Su fe en Él, su Rey celestial, era inamovible. Ellos tenían la vista no en la adoración terrenal, sino en la adoración eterna.

Muchos creyentes hoy día están viviendo en situaciones como esa, y está llegando el momento en nuestra nación en que nosotros también puede que nos enfrentemos a tal persecución. Oh, que seamos personas que digan: «Nuestro Dios nos librará, pero si no, aun así rehusamos adorar las cosas de este mundo».

Debemos hacer como aquellos jóvenes: decidir de antemano, basándonos en nuestra fe en Dios, cuál será nuestra respuesta. Dios dijo: «No contenderá mi espíritu con el hombre para siempre» (Génesis 6.3). Llega un punto en que, si lo traspasamos, es difícil regresar. Si persistimos en postrarnos ante las imágenes de este mundo y rechazar al Dios vivo y verdadero en el aquí y ahora, seguiremos al diablo al infierno en la vida después de la muerte. Por eso la Biblia dice: «No améis al mundo, ni las cosas que están en el mundo. Si alguno ama al mundo, el amor del Padre no está en él» (1 Juan 2.15).

Necesitamos decir sí o no, pero algunos dicen quizá. Algunos intentan sentarse a horcajadas en la valla y vivir en ambos mundos, pero Jesús no cederá con nosotros. El plan del evangelio está establecido. Debemos aceptar a su Hijo si hemos de entrar en su reino eterno. Si su respuesta no es sí, entonces la decisión está tomada.

Cuando lleguen las pruebas, y llegarán si sigue usted a Cristo, actúe a la luz de la eternidad. No juzgue la situación según la amenaza del rey o el calor del horno de fuego, sino según el Dios eterno y la vida eterna que le espera.

Siempre tiene un costo seguir a Jesucristo. Hace algunos años en un país donde se veía a los cristianos con sospecha y aversión, un líder del gobierno me dijo con un brillo sin escrúpulos en su mirada: «Los cristianos parecen desarrollarse bajo la persecución. Quizá deberíamos prosperarlos, y entonces desaparecerán».

Hay una verdad que subyace en esa afirmación. Muchos confían en Cristo cuando no tienen nada en que apoyarse excepto Él, pero entonces se apartan cuando suben la escalera del éxito. Piensan que pueden confiar en su propio poder y autoridad, olvidándose de Jesús. Sencillamente ya no tienen tiempo para Él.

Nadie desea la persecución, que puede llegar en muchas formas, pero que seamos personas capacitadas por el Señor para permanecer fuertes cuando lleguen esos momentos.

En la actualidad, por todo el mundo hay personas que están soportando crueldades debido a su fe cristiana. Debemos orar por ellas, y por nosotros mismos, para que en nuestra propia hora de la muerte Dios nos dé la gracia para soportar hasta el final, anticipando la certeza de su gloria venidera. Cualquiera que sea el costo, debemos obedecer.

Ya sea en la vida o en la muerte, la fidelidad a Dios le da gloria. Sadrac, Mesac y Abed-nego mostraron su fe en Dios cuando caminaron con calma hacia la muerte. Estaba claro que no tenían temor a Nabucodonosor; su confianza estaba en Dios.

Cuando fueron atados y lanzados al horno de fuego, el rey se retiró para no resultar quemado; pero cuando miró dentro del horno, se quedó asombrado por lo que vio. «He aquí yo veo cuatro varones sueltos, que se pasean en medio del fuego sin sufrir ningún daño; y el aspecto del cuarto es semejante a hijo de los dioses» (Daniel 3.25).

Dios está con su pueblo en el horno de fuego. Él está con su pueblo en momentos de tentación, problemas y pruebas, porque nada «nos podrá separar del amor de Dios» (Romanos 8.39).

Sadrac, Mesac y Abed-nego ciertamente aprendieron esa verdad. Cuando el rey ordenó que los sacaran del horno, salieron sin haber sufrido daño; ni su cabello se había quemado, y «el fuego no había tenido poder alguno» sobre ellos. Ni siquiera sus ropas olían a humo (Daniel 3.27).

> Entonces Nabucodonosor dijo: Bendito sea el Dios de ellos, de Sadrac, Mesac y Abed-nego [...] que confiaron en él, y que no cumplieron el edicto del rey, y entregaron sus cuerpos antes que servir y adorar a otro dios que su Dios. [...] por cuanto no hay dios que pueda librar como éste. (vv. 28–29)

Qué cambio tuvo lugar en el poderoso Nabucodonosor aquel día. Ninguno de sus dioses pudo realizar un milagro así. Aquellos jóvenes se atrevieron a mirar a la cara a la muerte en nombre de su Dios, y toda la gloria fue dada a Él como resultado.

Puede que pregunte: «¿Por qué Dios no rescató a Jesús de la cruz?». Jesús voluntariamente fue a la cruz para rescatarnos. La noche antes de que Cristo muriera, Él se postró ante el Padre en sumisión, y al día siguiente fue levantado como el sacrificio por los pecados del hombre. Él fue muerto en la cruz y después enterrado; después salió del sepulcro victorioso sobre la muerte, para que podamos disfrutar de las riquezas de su reino eterno cuando le adoremos por la eternidad.

Y el Señor me librará de toda obra mala, y me
preservará para su reino celestial. A él sea gloria por los
siglos de los siglos. (2 Timoteo 4.18)

CAPÍTULO 17 ——————————————————

Su nombre es eterno

————— *Dominar los menores* —————

LOS DOCE

*Aunque todos los pueblos anden cada uno en el
nombre de su dios, nosotros con todo andaremos en
el nombre de Jehová nuestro Dios* **eternamente y
para siempre**.

—MIQUEAS 4.5

UN POLÍTICO ME DIJO UNA VEZ QUE ÉL LEÍA LOS PERIÓDICOS SOLO SI SU
NOMBRE APARECÍA EN ELLOS. Los nombres de los políticos van y vienen,
pero el nombre que es eterno es el nombre digno de nuestra atención.

Estos doce últimos libros del Antiguo Testamento, conocidos colec-
tivamente como los Profetas Menores, a veces se conocen como los Doce.
En ellos vemos el nombre y la voz del Dios todopoderoso cuestionados,
examinados y exaltados.

Antes de estos doce escritores, el profeta Isaías escribió de «el Alto y
Sublime, el que habita la eternidad, y cuyo nombre es el Santo» (Isaías 57.15).

El profeta Daniel declaró:

Sea bendito el nombre de Dios de siglos en siglos, porque suyos son el poder y la sabiduría. (Daniel 2.20)

Estudiar nombres y números en la Escritura es aburrido para algunos, pero tienen un significado grande e interesante. Aquí consideramos el número doce: un número eterno.

Desde Génesis hasta Apocalipsis aprendemos de los doce patriarcas, doce hijos, doce tribus de Israel, doce jueces, doce puertas, doce piedras, doce frutos, doce ángeles, doce apóstoles, doce estrellas y una ciudad celestial que mide doce estadios cuadrados. La Biblia también nos dice que después del nacimiento de Jesús, nada más es revelado sobre Él hasta que llega a los doce años de edad, cuando se registran sus primeras palabras en la tierra. Jesús dijo a quienes le habían estado buscando: «¿No sabíais que en los negocios de mi Padre me es necesario estar?» (Lucas 2.49). Este número también se anuncia cuando doce mil de cada una de las doce tribus de Israel serán salvos para evangelizar una vez más el mundo en los últimos tiempos.

Sin embargo, su palabra profética ha estado con la raza humana desde el principio. Aumenta la anticipación cuando los Profetas Menores llevan el Antiguo Testamento a una conclusión para que el Nuevo Testamento pueda comenzar a revelar la maravillosa verdad de que la «eternidad» viene a la tierra. Su nombre es Jesús.

Estos Profetas Menores no se denominan así porque estén en formación o porque sean de menor valor que otros profetas como Isaías o Ezequiel. Tampoco son menores los doce libros en lo referente a su mensaje. Son menores en términos solamente de brevedad. Cada librito no tiene más que unas cuantas páginas, pero son mensajes llenos de poder de parte de hombres a quienes Dios escogió y llamó para dar sus advertencias de juicios y su invitación siempre fiel a Israel y sus vecinos, diciendo: «Regresen a mí». Proporcionan un importante estudio para aquellos que deseen verdaderamente entender los tiempos del fin, entre los cuales deberían incluirse todos los creyentes, porque estas palabras hablan de cosas eternas.

Estos profetas, cuyas vidas ocuparon varios cientos de años de la historia de Israel, advirtieron de la condenación inminente debido al grotesco pecado del pueblo contra Dios. Israel había sido esparcida entre las naciones como resultado del juicio por desobedecer la Palabra de Dios. El remanente que quedaba en Jerusalén seguía bajo el sistema de sacrificios que requería doce sacrificios animales (uno por cada tribu de Israel) en pago por el pecado.

Aunque hay mucho que cubrir con respecto a las profecías históricas y futuras de Israel y las naciones, me gustaría hacer brillar una luz sobre las maravillosas invitaciones a la salvación que se encuentran en estos breves libros. Mientras que la profecía bíblica sí predice lo que ha de venir, el aspecto más importante es hacer sonar una advertencia, dando a la gente la oportunidad de considerar sus caminos y arrepentirse. Esta es la obra de evangelismo. Aunque los evangelistas proclaman las buenas nuevas de Jesucristo, también debemos proclamar el juicio que llegará y qué esperar cuando el evangelio es rechazado.

Las misericordias de Dios llaman a almas perdidas. La invitación es abundante en el eterno amor de Dios por la humanidad. Y estas voces proféticas entablan conversación con quienes se oponen a los caminos de Dios, quienes ignoran la naturaleza paciente de Dios. Él envía a sus voceros para proclamar el remedio: regresar al Señor con regocijo. Este hilo salvador está entretejido en estas profecías de un modo que nos ayuda a ver el corazón de Dios por su pueblo.

He conocido a algunos que han sido salvos mediante el estudio de estos pasajes. Aunque cada profecía tiene su propio mensaje específico, todas ellas siguen ancladas a una trinidad de pensamiento: recordar, regresar y regocijarse. La mayoría de estos libros comienzan con alguna variación de «y la palabra del Señor vino a...». Los profetas eran los ejemplos de Dios para el mundo de lo que Él quería que su pueblo, los israelitas, fueran: la luz de Dios en un mundo oscuro. Lo serán algún día.

Los profetas también escribieron que la Palabra de Dios salió (Isaías 55.11). ¿Cuáles eran esos mensajes?

Oseas: Cosechar las consecuencias del pecado

Oseas predicó las peligrosas consecuencias del pecado. Cuando Israel estaba en paz, su prosperidad aumentaba, pero también lo hacía su iniquidad. Estaban inmersos en la idolatría. Israel había representado a la ramera: amar a otros dioses. Ellos amaban la vergüenza más que el honor. Como Dios le dijo a Oseas: «Mi pueblo está adherido a la rebelión contra mí» (Oseas 11.7).

En la actualidad no se predica demasiado sobre personas rebeldes, aquellos que una vez siguieron a Dios pero después se apartaron de la fe, entristeciendo al Espíritu Santo por su pecado y frialdad de corazón. Proverbios nos dice que «los descarriados reciben su merecido» (14.14, NTV). Diferentes personas me han dicho que sus años de rebelión les causaron mucha tristeza y sufrimiento, y con frecuencia fue necesaria una tragedia para hacerles regresar a Dios.

El Señor dijo:

> Mi pueblo está siendo destruido porque no me conoce [...]
> En lugar de invocarme con corazón sincero se quedan
>   sentados [...]
> Sembraron vientos y cosecharán torbellinos.
>   (Oseas 4.6; 7.14; 8.7, NTV)

Eso sucede hoy día. ¿Por qué? A veces la fe no es real; algunos afirman conocer a Cristo pero nunca se comprometen con Él. Para otros, la tentación los seduce a pecar, y no se apoyan en el poder de Dios para resistir. Cualquiera que sea la razón, los rebeldes hacen concesiones en su fe, causando que los incrédulos se burlen del evangelio. La Biblia dice: «Cuídense, hermanos, de que ninguno de ustedes tenga un corazón pecaminoso e incrédulo que los haga apartarse del Dios vivo» (Hebreos 3.12, NVI).

El mal engloba algo más que asesinato e inmoralidad; la incredulidad en el Señor Jesucristo es el mayor de los males. Dios reveló esto a su pueblo y les dijo que se habían vuelto tan viles como los dioses que adoraban (Oseas 9.10). Cuanto más los llamaba Él, más lejos se apartaban ellos.

Pero la invitación implacable del Señor está por encima de toda comprensión humana para salvar.

> Dentro de mí, el corazón me da vuelcos, y se me conmueven
> las entrañas [...]
> en medio de ti no está un hombre, sino estoy yo, el Dios santo [...]
> No conocerás a otro Dios fuera de mí, ni otro Salvador que no
> sea yo. (Oseas 11.8–9; 13.4, NVI)

Oseas contrasta las consecuencias del pecado con la cosecha de justicia, y dice:

> ¡Siembren para ustedes justicia! ¡Cosechen el fruto del amor, y
> pónganse a labrar el barbecho!
> ¡Ya es tiempo de buscar al SEÑOR! hasta que él venga y les envíe
> lluvias de justicia. (Oseas 10.12, NVI)

Entonces el Señor apela a ellos con una promesa: «Convertiré el valle de la Desgracia en el paso de la Esperanza» (Oseas 2.15, NVI).

Solamente el Señor podía amar lo suficientemente profundo para ofrecer esperanza en un llamado al arrepentimiento. Él también les dice cómo responder a su invitación:

> Regresa, oh Israel, al SEÑOR tu Dios, porque tus pecados te
> hicieron caer [...]
> Dile: «Perdona todos nuestros pecados y recíbenos» [...]
> El SEÑOR dice: «Entonces yo los sanaré de su falta de fe; mi amor
> no tendrá límites». (Oseas 14.1–4, NTV)

Solamente corazones endurecidos pueden pasar por alto la compasión del Señor:

¡Oh Israel, mantente lejos de los ídolos!
Yo soy el que contesta tus oraciones y te cuida [...]
todo tu fruto proviene de mí. (vv. 8–9, NTV)

Esta es una gloriosa invitación a quienes se rebelan lejos de Él: arrepentirse de pecado y cosechar justicia, porque «el Señor es su nombre» (Oseas 12.5, NTV).

Joel: Arrepentimiento de pecado

Cuando Joel llegó a la escena, predicó un mensaje de arrepentimiento:

Dad alarma [...] porque viene el día de Jehová. (Joel 2.1)

Enjambres de langostas habían dejado la tierra asolada, pero el profeta predijo que llegarían cosas mucho peores. Muchos dicen hoy día: «Bueno, no hay motivo para temer "el día del Señor"», pero sería mejor que lo pensaran dos veces; «grande es el día de Jehová, y muy terrible» (v. 11) porque este es el día del Juicio.

Sin embargo, sale una amorosa invitación a que el pueblo de Dios se arrepienta:

«Vuélvanse a mí ahora, mientras haya tiempo; entréguenme su
   corazón [...]
No se desgarren la ropa en su dolor sino desgarren sus corazones».
Regresen al Señor su Dios, porque él es misericordioso y
   compasivo,
lento para enojarse y lleno de amor inagotable. Está deseoso de
   desistir y no de castigar. (vv. 12–13, NTV)

El Señor prometió restaurar los años que había destruido la langosta mediante esta notable invitación:

Y todo aquel que invocare el nombre de Jehová será salvo.
 (v. 32)

Todo aquel es una expresión maravillosa; habla de la gracia de Dios y su invitación que se extiende a toda la gente. Pablo citó de este pasaje en su Epístola a los Romanos: «Porque no hay diferencia entre judío y griego, pues el mismo que es Señor de todos, es rico para con todos los que le invocan» (Romanos 10.12).

El cristianismo está centrado en el evangelio que trae consuelo, la seguridad de que Dios perdonará el pecado. Pero un mundo incrédulo ve el cristianismo como un evangelio de crisis porque proclama con valentía que los días del mundo están contados. Cada cementerio testifica de ello. La Biblia enseña que la vida es solamente un vapor que aparece por un momento y después se desvanece (Santiago 4.14). Por eso Dios llama a las naciones del mundo a ponerse a cuentas con Él.

La historia algún día llegará a su fin, considerando al sistema del mundo, dominado por el mal, un fracaso total. La maldad en todas sus formas cesará: odio, avaricia, celos, guerra y muerte. Este «día del Señor» será glorioso, cuando Él venga a traer paz a los «todo aquel».

Arrepiéntanse y «alabaréis el nombre de Jehová vuestro Dios [...] y nunca jamás será mi pueblo avergonzado» (Joel 2.26).

Amós: Rechazo del pecado

Ahora llega Amós con una advertencia acerca del rechazo al Señor por parte del pueblo. Él era un pastor en un lugar estéril y rocoso llamado Tecoa; no poseía educación formal ni era inteligente, pero tenía un mensaje ardiente.

Israel era una nación dividida, como lo es Corea en la actualidad. Ambos reinos (diez tribus en el norte y dos en el sur) estaban en paz y prosperando. Por fuera todo parecía ir bien, pero Dios, que ve el corazón, veía el cáncer en el interior. Ellos tenían seguridad, comodidad y riqueza, pero su salud espiritual estaba en declive. En medio de esta afluencia y arrogancia, Dios llamó a Amós. Él dejó su arado y se dirigió a la batalla.

Bien, puede que usted diga que la Biblia registra que el pueblo adoraba. Veamos su adoración y el mensaje que el Señor dio a su profeta para que lo dijera:

> Aborrecí, abominé vuestras solemnidades, y no me complaceré en vuestras asambleas [...]
>
> Quita de mí la multitud de tus cantares [...] ¡Ay de los reposados en Sion! [...]
>
> gorjean al son de la flauta, e inventan instrumentos musicales. (Amós 5.21, 23; 6.1, 5)

Ellos adoraban externamente pero desobedecían internamente; eran indiferentes al pecado dentro de la asamblea; habían ignorado la ley de Dios e intimidado a los profetas para que no predicaran la verdad; no querían que su conciencia apagada recibiera molestias. Dios aborrecía sus servicios y no quería sus festivales y abundantes ofrendas. Ellos lo habían rechazado, y Él rechazaba su adoración fingida en todos los aspectos:

> Oíd esto, los que explotáis a los menesterosos, y arruináis a los pobres de la tierra [...]
>
> He aquí vienen días, dice Jehová el Señor, en los cuales enviaré hambre a la tierra, no hambre de pan, ni sed de agua, sino de oír la palabra de Jehová. (Amós 8.4, 11)

Hay una gran hambruna hoy día de la Palabra de Dios. Oímos la Palabra pero no nos alimentamos de ella. ¿Puede imaginar llevar alimentos a un campamento de refugiados y que la gente se quede mirando la comida pero no coma de ella? Necesitamos tener hambre de la verdad. Hemos perdido no solo el modo de declarar el pecado en la comunidad; también hemos perdido la dirección para clamar a Dios.

Estados Unidos se ha obsesionado con el éxito financiero. Engañar y mentir se han convertido en prácticas de negocio normales. Los atajos morales se han convertido en conducta aceptable. Los estadounidenses están preocupados en el placer y la diversión. Al acercarse el siglo XXI esperábamos paz, pero apenas habíamos abierto la tapa de un nuevo milenio cuando nuestro país recibió una llamada de atención, y no la escuchamos.

Bien, Israel recibió una llamada de atención con un poderoso mensaje de Amós debido a su rechazo de Dios. Mientras la ensordecedora alarma sonaba por la tierra pecadora, el profeta envió la llamada:

> Prepárate para venir al encuentro de tu Dios, oh Israel [...]
> Buscad lo bueno, y no lo malo, para que viváis.
> (Amós 4.12, 5.14)

¿Cómo nos preparamos para encontrarnos con Dios? Arrepintiéndonos de pecado. En lugar de rechazarlo a Él, recíbalo; porque «Jehová Dios de los ejércitos es su nombre» (Amós 4.13).

ABDÍAS: PREPÁRENSE

Abdías predicó: «¡Prepárense!».

Este, el libro más corto del Antiguo Testamento, registra el juicio contra el pueblo de Edom: los descendientes de Esaú.

¿Recuerda el terrible conflicto entre los hijos de Isaac: Esaú y Jacob? Eran hermanos gemelos cuyas vidas quedaron entrelazadas por nacimiento y a la vez asediadas por herencia. Este conflicto sigue vigente y lo seguirá hasta el fin. Esaú vendió su primogenitura para satisfacer un deseo momentáneo. A lo largo de las Escrituras, Esaú simboliza el sistema malvado del mundo. La primogenitura, dada a Jacob, representa a quienes regresan al Señor.

EL ANTIGUO TESTAMENTO

Abdías proclamó la invitación de Dios a Edom con urgencia.

«¡Prepárense todos! [...]
Has sido engañada por tu propio orgullo porque vives en una fortaleza de piedra y haces tu morada en lo alto de las montañas.
"¿Quién puede tocarnos aquí en las remotas alturas?", te preguntas con arrogancia;
pero [...] te haré caer estrepitosamente», dice el Señor.
(Abdías, vv. 1, 3–4, NTV)

Una vez más vemos la advertencia del Señor: arrepiéntanse, o prepárense para el juicio. El Señor recordó al pueblo de Edom su pecado contra sus hermanos cuando se regocijaron por la destrucción de Judá. Dios los habría bendecido, pero ellos robaron a sus familiares y los dejaron indefensos, así que Dios declaró su juicio: «Como tú hiciste se hará contigo» (v. 15).

Este es un mensaje crucial para los ancestros de Israel, los descendientes de Esaú y los primos de Jacob. La tierra de Edom es la actual Jordania, donde la magnífica ciudad de roca roja de Petra está situada. La Biblia nos dice que en los últimos tiempos, las personas estarán tan aterrorizadas que escaparán a las montañas, pensando que el Señor no las encontrará allí y las llevará ante su trono de juicio. Pero nadie puede escapar al juicio del Dios todopoderoso. Es mejor «prepararse» y estar listos que correr y ser atrapados por la mano del Señor.

Regrese a Él, porque esta tierra ha sido prometida a Israel, y un día su pueblo regresará a casa (v. 20). Las promesas eternas de Dios se cumplirán. El juicio llegará a las montañas de Esaú, «y el reino será de Jehová» (v. 21).

Jonás: Rebelión en pecado

Jonás es alguien que pensó que podía escapar del Señor; descubrió otra cosa distinta. Fue llamado a predicar a la rebelde Nínive, pero en cambio él mismo se rebeló contra el llamado de Dios. Esta historia milagrosa demuestra que los ojos de Dios están en todas partes y que Él da retribución y castigo para producir bendición eterna como respuesta al arrepentimiento.

Jonás fue llamado a predicar la Palabra de Dios, pero de una manera muy distinta a otros profetas que predicaron a Israel.

Jonás se molestó por el hecho de que Dios le estuviera enviando a la «gran ciudad» (Jonás 1.2), la capital del vecino pagano de Israel: Asiria. Él no creía que el pueblo de Nínive mereciera la salvación de Dios. Así que hizo precisamente aquello contra lo que fue llamado a predicar: desobedeció a Dios e hizo lo que estaba en su corazón.

Esta historia épica revela que antes de que Dios pudiera usar a Jonás, primero Jonás tenía que humillarse y arrepentirse. Solamente entonces podría Dios usarlo para evangelizar a toda la ciudad.

El profeta abandonó el camino de Dios y se subió a un barco. Cuando una feroz tormenta casi hace naufragar el barco, Jonás, quien admitió ante la tripulación que estaba huyendo de Dios, fue lanzado por la borda, y la tormenta cesó inmediatamente. Debido a su rebelión contra el Señor, Jonás se encontró con el juicio de Dios en el vientre de un gran pez, ¡y vivió para contarlo! Se podría decir que Jonás tuvo un ajuste de actitud antes de ser expulsado a la costa tres días después, arrepentido y listo para ir a Nínive.

Quizá los marineros que lanzaron a Jonás por la borda difundieron la historia de su «resurrección» del mar, porque en la providencia de Dios, se extendió la noticia de que el profeta estaba en la ciudad. El rey quedó tan abrumado por el mensaje de Jonás, que él mismo llamó a un arrepentimiento completo; «Clamen a Dios fuertemente», rogó el rey de Nínive a su pueblo. «Y conviértase cada uno de su mal camino, de la rapiña que hay en sus manos. ¿Quién sabe si se volverá y se arrepentirá Dios, y se apartará del ardor de su ira, y no pereceremos?» (Jonás 3.8–9).

Cuando Dios oyó el clamor, retiró su juicio y llevó salvación a la ciudad. La respuesta de Jonás es asombrosa; se fue enojado. No podía regocijarse en el derramamiento de la misericordia y la bondad de Dios ante el enemigo de Israel. Oh, qué vital es que quienes predican el evangelio y quienes oran por avivamiento tengan corazones rectos ante Dios.

Dios reprendió a Jonás y, en misericordia, expresó su lástima y amor por quienes vagaban en un mundo malvado ahogándose en pecado. Esta es otra demostración del largo brazo de salvación de Dios extendido a quienes se alejan de la rebelión y reciben el poderoso mensaje de perdón del Señor.

MIQUEAS: OBEDIENCIA

El mensaje de Miqueas era una declaración de lo que el Señor requiere de su pueblo:

> ¡Atención! ¡Que todos los habitantes del mundo escuchen! [...]
> El SEÑOR Soberano hace acusaciones en contra de ustedes [...]
> ¡Miren! ¡Viene el SEÑOR! Sale de su trono en el cielo y pisotea las cumbres de la tierra. (Miqueas 1.2–3, NTV)

Bueno, esa es toda una proclamación del profeta. Las tierras de las naciones estaban contaminadas con ídolos; la corrupción inundaba cada faceta de la vida. El Señor había sido ignorado.

¿Le resulta familiar? Por eso la advertencia de Miqueas sigue resonando con tanta fuerza en la actualidad.

Primero, las noticias que hacen pensar. Cuando Jesús regrese, encontrará una tierra contaminada y llena de personas corruptas, y Él requerirá que rindan cuentas el día en que juzgue a cada individuo. Todos los que están fuera de Cristo responderán de lo que hayan hecho y lo que hayan dicho: incluso sus pensamientos y motivos.

Por eso Miqueas va directamente al corazón del mal:

> ¡Ay de los que en sus camas piensan iniquidad y maquinan el mal, y cuando llega la mañana lo ejecutan, porque tienen en su mano el poder! (Miqueas 2.1)

El profeta llama a los gobernantes, haciéndolos responsables por no conocer y no hacer justicia:

Vosotros que aborrecéis lo bueno y amáis lo malo [...]
   antes esconderá de vosotros su rostro en aquel tiempo [...]
   los [falsos] profetas que hacen errar a mi pueblo, y claman:
Paz [...]
   proclaman guerra contra él [...]
   no hay respuesta de Dios. (Miqueas 3.2, 4, 5, 7)

Ahora la gloriosa noticia: cuando Jesús regrese, toda maldad será destruida. Las armas de guerra ya no serán necesarias.
Suspiramos de alivio cuando oímos esta promesa eterna:

Y él juzgará entre muchos pueblos, y corregirá a naciones poderosas hasta muy lejos; y martillarán sus espadas para azadones, y sus lanzas para hoces; no alzará espada nación contra nación, ni se ensayarán más para la guerra. (Miqueas 4.3)

Por primera vez en la historia de la humanidad, ya no habrá más guerra.
Miqueas contrasta a los gobernantes malvados y los falsos profetas de su época con una invitación concerniente al Mesías que vendrá.

De ti [Belén] me saldrá el que será Señor en Israel; y sus salidas son desde el principio, desde los días de la eternidad [...] porque ahora será engrandecido hasta los fines de la tierra.
   Y éste será nuestra paz [...] para que conozcas las justicias de Jehová. (Miqueas 5.2–5, 6.5)

Miqueas declaró lo que el Señor requiere de su pueblo:

Que hagas lo que es correcto, que ames la compasión y que camines humildemente con tu Dios. (Miqueas 6.8, NTV)

Además, dice que quienes son sabios escucharán y reconocerán su nombre (v. 9).

Con grandeza del nombre de Jehová su Dios [...] morarán. (Miqueas 5.4)

NAHÚM: VENGAR EL MAL

Nahúm predicó el mensaje de la venganza sobre el mal. Mi esposa, Ruth, escribió un libro hace muchos años titulado *Clouds Are the Dust of His Feet* [Las nubes son el polvo de sus pies], basado en este pequeño libro profético. A ella le encantaba la descripción de Nahúm de Dios agitando las nubes.

Este profeta fue llamado por Dios para dar otro mensaje a Nínive. Habían pasado ciento cincuenta años desde el avivamiento de Jonás en la ciudad, y el pueblo había regresado al pecado. Como parte de la nación de Asiria, Nínive era también una amenaza constante para Israel. Y Dios estaba enojado por ambas cosas.

Se necesita mucho para provocar la ira de Dios, pero cuando sucede, es solamente ira santa porque Él es puro y justo. Cuando la Biblia nos dice que Dios «es tardo para la ira» (Nahúm 1.3), simplemente significa que Él es paciente por encima de la capacidad del hombre. Sin embargo, Nahúm predicó que Dios se vengaría del mal; «[Él] no tendrá por inocente al culpable» (v. 3).

La historia a menudo refleja que los malvados siguen siendo malvados. ¿Quiénes son los malvados? Quienes quebrantan la ley de Dios; y todos hemos quebrantado la ley de Dios. No debemos pensar que nosotros no somos responsables de nada. El pecado nos llevará al arrepentimiento o la retribución. Cuando se aviva la ira de Dios, Él con frecuencia usa el poder de la naturaleza para demostrar su inminente condena:

Jehová marcha en la tempestad y el torbellino, y las nubes son el polvo de sus pies [...]
la tierra se conmueve a su presencia. (vv. 3–5)

Así que las nubes son rápidas, cuando pies santos agitan el polvo de la ira.

Cada vez que el barómetro espiritual de Israel y Judá descendía, Dios levantaba una tormenta en forma de un profeta, un mensaje y una invitación. Por eso Nahúm estaba ahora en escena, llevando el llamado del juicio de Dios. Los padres amorosos advertirán a sus hijos antes de administrarles castigo por la desobediencia. Dios no hará menos.

La historia revela que el Señor había sido misericordioso con Nínive repetidamente.

> Jehová es bueno, fortaleza en el día de la angustia; y conoce a los que en él confían. (v. 7)

Dios también había sido paciente. Había enviado su salvación al pueblo y les había advertido que no regresaran al pecado; pero ellos lo hicieron. Así que Dios indicó a su profeta que dijera:

> Mas acerca de ti mandará Jehová, que no quede ni memoria de tu nombre [...] allí pondré tu sepulcro, porque fuiste vil. (v. 14)

Después de tal condenación, el Señor envió consuelo a Israel, asegurándoles que Asiria ya no les asolaría. Judá había vivido con temor a los continuos ataques de Asiria desde las montañas; por lo tanto, el Señor los consoló, contrastando el movimiento de sus pies sobre las nubes en ira con la consolación de los pies que llevan las buenas nuevas.

> He aquí sobre los montes los pies del que trae buenas nuevas, del que anuncia la paz [...] cumple tus votos; porque nunca más volverá a pasar por ti el malvado; pereció del todo. (v. 15)

Dios quería que recordaran su venganza sobre el mal y avivar sus corazones por causa de su gran nombre.

HABACUC: REAVIVAR LA OBRA

Habacuc predicó ayes y oró por avivamiento. Dios no nos debe nada. No tenemos derecho a esperar nada de Él excepto su juicio; sin embargo, Él nos sigue dando gracia: su favor inmerecido.

Habacuc estaba perplejo respecto al porqué Dios estaba reteniendo el castigo por la impiedad de Israel. El Señor le dijo:

> Mirad entre las naciones, y ved, y asombraos; porque haré una obra en vuestros días [...]
>
> Porque he aquí, yo levanto a los caldeos, nación cruel y presurosa, que camina por la anchura de la tierra para poseer las moradas ajenas [...] de ella misma procede su justicia y su dignidad. (Habacuc 1.5–7)

Ahora bien, cuando la Biblia dice que Dios levanta maldad, no significa que Él ponga maldad en los corazones de las personas que hacen el mal, porque Él es incapaz de hacer maldad. Pero Él permite la maldad porque hacerlo revela el corazón del hombre.

El profeta estaba perplejo al pensar que Dios enviaría a uno de los peores enemigos de Israel, los caldeos (más malvados que Israel), para salir contra ellos. Pero Habacuc aceptó el asombroso pronunciamiento de Dios y le alabó:

> ¿No eres tú desde el principio? [...] oh Roca, lo fundaste para castigar. Muy limpio eres de ojos para ver el mal, ni puedes ver el agravio. (vv. 12–13)

Dios consoló a su profeta con una revelación de que Él también castigaría a los caldeos porque estaba en el corazón de ellos salir contra el pueblo de Dios. Entonces el Señor proclamó cinco «ayes» que siguen resonando incluso en la actualidad (Habacuc 2.6–19):

- Ay contra el que aumenta su riqueza mediante la extorsión.
- Ay contra el que se apropia de su seguridad explotando a otros.
- Ay contra el que derrama sangre inocente.
- Ay contra el que avergüenza a su prójimo.
- Ay contra el que adora ídolos.

Cuando Habacuc entendió que Dios lo decía de veras, oró por avivamiento:

Oh Jehová, he oído tu palabra, y temí. Oh Jehová, aviva tu obra
    [...]
En medio de los tiempos hazla conocer;
En la ira acuérdate de la misericordia. (Habacuc 3.2)

Habacuc recordó la misericordia del Señor. Cuando nuestra confianza comience a desmayar, debemos confiar más en Él y recordar lo que ha hecho por nosotros en el pasado. Dios cumplirá todas sus promesas; la eternidad lo demostrará.

La notable oración del profeta fue un sermón para el pueblo:

¿Te airaste, oh Jehová, contra los ríos? [...]
¿Fue tu ira contra el mar [...]
Saliste para socorrer a tu pueblo,
Para socorrer a tu ungido [...]
me gozaré en el Dios de mi salvación.
    (vv. 8–13, 18)

Habacuc declaró su confianza en que el Señor haría el bien, e invitó a otros a recordar la misericordia de Dios y su amor permanente, porque *¡Él es el Eterno!*

Sofonías: Regocijo en el perdón

Sofonías predicó, regocijándose en el perdón de Dios. Exhortó al pueblo de Dios a no retrasar el arrepentimiento. ¡Actúen ahora! Esta es otra de las persuasivas invitaciones de Dios a la humanidad.

> Reúnanse antes de que comience el juicio, antes de que su
>> oportunidad de arrepentirse vuele como la paja.
> Actúen ahora, antes de que caiga la intensa furia del Señor [...]
> Busquen al Señor los que son humildes [...]
> Procuren hacer lo que es correcto [...]
> Quizá todavía el Señor los proteja. (Sofonías 2.2–3, NTV)

Dios había dado una impresionante profecía a su pueblo mediante el profeta, y Sofonías no tuvo que imaginar lo que estaba a punto de suceder. Israel, la posesión especial de Dios (Malaquías 3.17), había contaminado su nombre:

> Dicen seguir al Señor,
>> pero al mismo tiempo rinden culto a Moloc.
> Destruiré a los que antes me adoraban pero ahora dejaron de
>> hacerlo [...]
> Castigaré a los líderes y a los príncipes de Judá
>> y a todos los que siguen costumbres paganas [...]
>
> En ese día —dice el Señor—
>> vendrá un grito de alarma [...]
> Buscaré [...] para castigar a quienes descansen cómodos con sus
>> pecados. (Sofonías 1.5–6, 8, 10, 12, NTV)

Aunque estas profecías están dirigidas a determinados tiempos y lugares, no debemos dejar que las verdades eternas se nos escapen. Este estado está presente en la actualidad. Fusionar religiones no es nada nuevo, pero el cristianismo no es una religión, es fe en el único Dios verdadero. Sin embargo, se está produciendo un gran movimiento que implica a personas que se denominan cristianas y se mezclan con religiones del mundo. Esta práctica está cobrando aceptación, pero no ante Dios.

Una famosa actriz de Hollywood y ganadora del Globo de Oro se considera budista a la vez que afirma seguir creyendo en el Dios tradicional. Otros dicen: «Me gusta el Jesús amable, pero no quiero a un Dios que juzga». La verdad es que son uno y el mismo. Dios es uno, y la fe en Dios no puede fusionarse o mezclarse con nada. Puede que las personas crean que pueden «mezclarlo», pero Dios un día «hará temblar a todas las naciones» (Hageo 2.7), y todo lo que no le glorifique a Él quedará desolado.

Se acerca el día en que toda nación y todos los pueblos adorarán al único Dios verdadero. Quienes estén en rebelión lamentarán haberlo rechazado, pero entonces será demasiado tarde. Por eso Sofonías dijo con urgencia: «¡Actúen ahora!».

Dios llama al arrepentimiento, porque Él juzgará a todos aquellos que estén contra Él. Entonces sacará canto del lamento y generosidad de la avaricia. El Señor quitará su mano de juicio y Él, el Rey, ¡viviría entre nosotros! Esta promesa es nuestra ancla en esta vida.

Este mensaje produjo gran esperanza y gozo al pueblo cuando Sofonías proclamó:

Jehová está en medio de ti, poderoso, él salvará; se gozará sobre
ti con alegría, callará de amor, se regocijará sobre ti con cánticos.
(Sofonías 3.17)

En aquel día, el Señor promete reunir a los redimidos y llevarlos a casa, y «confiará en el nombre de Jehová» (v. 12).

HAGEO: RECONSTRUIR LA CASA

Hageo proclamó que era el momento de reconstruir el templo del Señor, que había sido destruido por los babilonios. El arrepentimiento siempre produce renovación, de modo que el profeta avivó al pueblo para que apartaran sus mentes de sí mismos y prestaran atención a las cosas del Señor. Ellos habían estado sembrando y cosechando mientras el templo estaba en ruinas. Hablando por el Señor, les instó: «Meditad sobre vuestros caminos [...] reedificad la casa [...] mi casa está desierta» (Hageo 1.7–9).

Las personas por naturaleza construyen, derriban y reconstruyen. Edificamos nuestras esperanzas, nos decepcionamos, y entonces buscamos esperanza renovada. Por eso nos gustan las resoluciones de Año Nuevo. Actualmente son muy populares en nuestra cultura, aunque la mayoría raras veces se cumplen. Estamos ocupados; las olvidamos; fallamos. Sin embargo, hacer resoluciones al menos nos fuerza a un momento de sinceridad acerca de nuestra necesidad de cambiar.

La Biblia nos dice que nos examinemos delante del Señor. Cuando hacemos eso con sinceridad, el Señor revela dónde no estamos llegando. Eso nos lleva de regreso a Dios y nos ayuda a entender que somos incapaces de vivir vidas agradables a Él apartados de su ayuda día a día, hora a hora.

Aquí en el libro de Hageo vemos al profeta hacer inventario, se podría decir, y le recuerda al pueblo que todo lo que tienen le pertenece al Señor. Hageo destaca que ellos se mantienen ocupados haciéndose ver bien a sí mismos en lugar de Dios. La fe en Dios llama a construir desde dentro hacia fuera. No hay sentido alguno en trabajar en lo de fuera si el interior está podrido. El mensaje era que ellos estaban construyendo sobre sus propias obras y olvidándose del Señor.

El Señor le recordó al pueblo el anterior esplendor del templo, y dijo: «Haré temblar a todas las naciones y traerán los tesoros de todas las naciones a este templo. Llenaré este lugar de gloria [...] La plata es mía y el oro es mío [...] La futura gloria de este templo será mayor que su pasada gloria» (2.7–9, NTV).

Hageo no se disculpa por la repetición en proclamar la palabra del Señor: mediten, mediten, mediten.

¿Ha hecho usted inventario últimamente? ¿Ha meditado en dónde se encuentra delante de Dios? Regrese al Señor y medite en Él: Aquel que le da todo. Construya sobre el fundamento de Él: «Y en este lugar, traeré paz», dice el Señor (v. 9, NTV).

Zacarías: Asegurar al remanente

El mensaje de Zacarías al pueblo es de seguridad. Hay días estupendos por delante para Israel arrepentida cuando el Señor los llame «con un silbido» (Zacarías 10.8) para reunirlos en esta tierra tan pequeña algún día, una tierra que ha sido el centro de atención a lo largo de la historia. Las naciones del mundo doblarán sus rodillas ante el Señor. No habrá más distracciones, no más rebeldía, y no más adoración a ídolos, porque todas las cosas tendrán grabado: «SANTIDAD A JEHOVÁ» (Zacarías 14.20).

Este es el más profético de los doce libros de los Profetas Menores, en el sentido de hablar sobre el futuro. Zacarías envía el llamado de Dios al arrepentimiento y después procede a proclamar las muchas promesas gloriosas del Señor, renovando la esperanza en el Mesías que vendrá y dando seguridad de que el Señor tomará posesión de «su heredad en la tierra santa» (Zacarías 2.12).

Por la palabra del Señor, Zacarías recordó para el pueblo su opresiva historia para que no olvidaran la paciencia del Señor. «Sus antepasados se negaron a escuchar este mensaje. Volvieron la espalda tercamente y se taparon los oídos para no oír. Endurecieron su corazón como la piedra» (Zacarías 7.11–12, NTV).

Esto recuerda la historia que un joven ministro contó mientras estaba delante de un gran grupo de adolescentes y enseñaba las Escrituras. Uno de los muchachos en la parte de atrás de la sala estaba sentado con sus dedos en los oídos y sus ojos cerrados. Al final de la reunión, el ministro le preguntó por qué. El joven dijo: «Mis padres me hicieron venir, pero no tengo por qué escuchar».

Es difícil para un creyente en Cristo imaginar tal resistencia, pero el Señor le dijo a su pueblo, y nos dice a nosotros hoy:

Él invocará mi nombre, y yo le oiré. (Zacarías 13.9)

Los oídos que están tapados a la voz de Dios no tienen esperanza.

Para aquellos que sí oyen y responden según su mandato, Dios otorga su seguridad de que le pertenecen a Él. «Muchas naciones se unirán al Señor en ese día y ellos también serán mi pueblo» (Zacarías 2.11, NTV).

Este libro está lleno de esperanza para el presente y para la eternidad. Zacarías dice:

> Mira, tu rey viene hacia ti. Él es justo y victorioso [...]
> En aquel día el Señor su Dios rescatará a su pueblo [...]
> Brillarán en la tierra del Señor como joyas en una corona.
> (Zacarías 9.9, 16, NTV)

Si no se ha preparado en esta vida para encontrarse con Dios en la eternidad, abra sus oídos y pídale que grabe en su corazón su maravilloso nombre. Y el Señor será Rey sobre toda la tierra. «En aquel día habrá un solo Señor y únicamente su nombre será adorado» (Zacarías 14.9, NTV).

Malaquías: Regresen a mí

Malaquías predicó reverencia al nombre del Señor y envió el repetido llamado: «Regresen a mí». El Señor reprendió a su pueblo por no escuchar, y dijo:

> El hijo honra al padre, y el siervo a su señor. Si, pues, soy yo padre, ¿dónde está mi honra? y si soy señor, ¿dónde está mi temor? (Malaquías 1.6)

Este profeta no vaciló en proclamar toda la Palabra de Dios, sacando a la luz los motivos del pueblo. Dios dejó claras las cosas cuando reveló que ellos habían menospreciado y profanado su nombre mediante sus sacrificios huecos y su desobediencia. Él clamó:

Yo Jehová no cambio [...] Volveos a mí. (Malaquías 3.6–7)

Dios es el mismo ayer, hoy y mañana, y vemos claramente que su invitación es la misma. Y debido a que Él es inmutable, es totalmente confiable y fiel. Vemos la declaración del Señor en toda la profecía de Malaquías:

Es grande mi nombre entre las naciones... (1.11)
    Mi nombre es temible entre las naciones... (1.14)
    [Dad] gloria a mi nombre... (2.2)
    Para que me temiera... (2.5)
    [Piensen] en su nombre... (3.16)

Este es un maravilloso final para la profecía porque habla de eternidad en el cielo si su nombre está escrito allí. «Y el que» somos usted y yo (Apocalipsis 22.17). Usted puede tener un corazón tierno y receptivo, o un corazón de piedra y terco. Puede ser usted la niña de los ojos de Dios o un espino que arde en el fuego. Puede ser una joya en la mano de Dios o puede intentar huir a las rocas; pero no puede ocultarse de Él.

Malaquías revela:

Entonces los que temían a Jehová hablaron cada uno a su compañero; y Jehová escuchó y oyó, y fue escrito libro de memoria delante de él. (Malaquías 3.16)

Entonces la profecía se acerca a su fin, como comenzó, con el amor de Dios.

Mas a vosotros los que teméis mi nombre, nacerá el Sol de justicia, y en sus alas traerá salvación. (Malaquías 4.2)

No haga oídos sordos a estas profecías, sino vuélvase al Sol de justicia y el Dios eterno que le creó, y a Aquel que le salvará; su nombre es Jesús.

He aquí el varón cuyo nombre es el Renuevo [...] Jehová será uno, y uno su nombre. (Zacarías 6.12, 14.9)

EL NUEVO TESTAMENTO

————————————

CAPÍTULO 18

ORACIÓN ETERNA CONTESTADA

———————————— *Apartarse u orar* ————

MATEO

*Vosotros, pues, oraréis así [...] porque tuyo es el reino, y el poder, y la gloria, **por todos los siglos.***

—MATEO 6.9, 13

EL SECULARISMO GOBIERNA LA ÉPOCA. El mundo está siendo llevado en un rápido torrente que se está descontrolando. Solamente un poder puede redimir el curso de los acontecimientos, y es el poder de la oración.

¿A quién oraremos? A la Fuente de poder.

Alguien ha dicho que «una nación no puede mantener su libertad sin la ayuda del Dios todopoderoso». Y la oración abre las puertas de la eternidad a los pecadores salvos por gracia.

Unirse en oración a los dioses de este mundo será inútil. Una clara demostración de esto es la historia de Elías y los profetas de Baal. Elías le dijo al pueblo:

¿Hasta cuándo claudicaréis vosotros entre dos pensamientos? Si Jehová es Dios, seguidle; y si Baal, id en pos de él. Y el pueblo no respondió palabra.

Y Elías volvió a decir al pueblo: Sólo yo he quedado profeta de Jehová; mas de los profetas de Baal hay cuatrocientos cincuenta hombres. (1 Reyes 18.21–22)

Elías retó a los adoradores de ídolos a preparar un sacrificio a Baal, y él prepararía un sacrificio a Dios. Dijo: «Invocad luego vosotros el nombre de vuestros dioses, y yo invocaré el nombre de Jehová; y el Dios que respondiere por medio de fuego, ése sea Dios» (v. 24).

El pueblo oró desde la mañana hasta la tarde: «¡Baal, respóndenos! Pero no había voz, ni quien respondiese» (v. 26). El pueblo clamaba en angustia. Entonces Elías los reunió y preparó el altar. Llenó la zanja que rodeaba el altar con agua tres veces, de modo que ningún esfuerzo humano pudiera recibir el mérito del milagro que se produciría.

Entonces Elías oró:

Jehová Dios de Abraham, de Isaac y de Israel, sea hoy manifiesto que tú eres Dios [...] y que por mandato tuyo he hecho todas estas cosas. Respóndeme, Jehová, respóndeme, para que conozca este pueblo que tú, oh Jehová, eres el Dios [...] Entonces cayó fuego de Jehová, y consumió el holocausto [...] y aun lamió el agua que estaba en la zanja. (vv. 36–38)

El doctor Donald Grey Barnhouse dijo una vez: «No estoy tan seguro de creer en el "poder de la oración", pero sí creo en el poder del Señor que responde la oración».[1] Esto quedó demostrado de modo dramático en la época de Elías. La Biblia nos dice que la gente se postró sobre sus rostros y proclamó: «¡Jehová es el Dios, Jehová es el Dios!» (v. 39).

Los dioses de este mundo no responderán la oración ofrecida en sus nombres porque están hechos por manos humanas. No pueden ver, no pueden tocar, no pueden oír, no pueden hablar, no pueden consolar, no pueden librar y no pueden salvar. Pero desde un extremo de la Biblia hasta el otro, y a lo largo de la historia, encontramos el registro de quienes cambiaron el rumbo de la historia mediante oraciones ofrecidas en el poderoso nombre de Dios. Él oye. Él responde. Él salva.

El rey Ezequías oró cuando su ciudad se vio amenazada por ejércitos invasores, y la nación fue salvada durante otra generación. El rey había orado y exaltado al Todopoderoso «para que sepan todos los reinos de la tierra que sólo tú, Jehová, eres Dios» (2 Reyes 19.19).

Daniel oraba tres veces al día por poder para mantenerse fiel a Dios (Daniel 6.13). Jesús oró en el sepulcro de Lázaro para que la gente creyera (Juan 11.41–42). Pablo oró, y nacieron iglesias en Asia Menor y más allá. Pedro oró, y Dorcas fue resucitada a la vida (Hechos 9.40).

John Wesley oró, y llegó el avivamiento a Inglaterra. Jonathan Edwards oró, y llegó el avivamiento a América.

¿Quién sabe qué cosas increíbles pueden hacer hoy día las oraciones de los cristianos?

Debemos hacernos la pregunta: «¿Por qué oramos?». ¿Realmente creemos que estamos hablando al Dios todopoderoso? ¿Realmente creemos que nuestras voces son oídas por el Señor? ¿Realmente creemos que estamos postrándonos ante su trono en el cielo? ¿Realmente creemos que Él nos responderá?

Si decimos sí a esas preguntas, entonces ¿por qué ofrecemos peticiones tan pequeñas y realizamos ejercicios de oratoria? Con demasiada frecuencia, cuando comenzamos a orar, nuestros pensamientos divagan. Insultamos a Dios al hablarle con nuestros labios mientras nuestros corazones están lejos de Él. Si estuviéramos hablando a una persona de importancia, ¿dejaríamos que nuestros pensamientos divagaran por un momento? No. Entonces ¿cómo nos atrevemos a tratar al Rey de reyes con menos respeto?

Los discípulos que viajaban con Jesús recibieron convicción con respecto a esto. Ellos vieron a Jesús orar con sinceridad; le oyeron orar en angustia. Ellos sabían que Jesús había estado en contacto con Dios, y querían tener esa misma conexión, así que dijeron: «Señor, enséñanos a orar»

(Lucas 11.1). Él les dio un patrón a seguir (Mateo 6.9–13); pero encontramos una oración de Jesús en Juan 17.

Jesús levantó sus ojos al cielo y oró: «Padre, la hora ha llegado; glorifica a tu Hijo, para que también tu Hijo te glorifique a ti» (Juan 17.1). Mediante esta magnífica oración, la gloria de Dios Padre y Dios Hijo es exaltada. Jesús ya había glorificado a Dios en la tierra. Esta es una afirmación maravillosa porque Él aún no había ido a la cruz para terminar su obra; en estas palabras Él demostró su resolución a hacer lo que había venido a hacer.

«Ahora pues, Padre, glorifícame tú al lado tuyo, con aquella gloria que tuve contigo antes que el mundo fuese» (v. 5). No podemos orar sinceramente si nuestra meta no es darle gloria a Él.

«Le has dado potestad sobre toda carne, para que dé vida eterna [...] que te conozcan a ti, el único Dios verdadero, y a Jesucristo, a quien has enviado» (vv. 2–3). Solamente estos versículos demuestran la Fuente de vida eterna y la autoridad eterna de Dios sobre todas las personas. Algunos puede que pregunten: «Bueno, si Dios tiene autoridad sobre todas las personas, ¿por qué está el mundo en tal confusión?». La respuesta es porque Dios decidió, por su propia autoridad, no hacernos robots. Él nos dio corazones que pudieran escoger amarlo a Él o rechazarlo.

Jesús ofreció oración por sus discípulos, diciendo:

He manifestado tu nombre a los hombres que del mundo me diste [...] y han guardado tu palabra [...]

Yo ruego por ellos [...] para que sean uno, así como nosotros [...] Como tú me enviaste al mundo, así yo los he enviado al mundo. (vv. 6–18)

Jesús entonces oró por todos los creyentes.

Mas no ruego solamente por éstos [los discípulos], sino también por los que han de creer en mí [...] que también ellos sean uno en nosotros [...] La gloria que me diste, yo les he dado [...] para que el mundo conozca que tú me enviaste. (vv. 20–23)

Este es un pasaje de la Escritura que todos los cristianos deberían aprender de memoria. Es aquí de donde viene nuestro poder: las oraciones del Señor por su pueblo. Incluso en la actualidad Él está sentado a la diestra del Padre en el cielo intercediendo en oración por nosotros (Hebreos 7.25). Mediante sus oraciones Él nos capacita para vivir para Él.

En contraste, cuán rápido y descuidadamente oramos. Partes de versículos se dicen rápidamente en la mañana, y entonces nos despedimos de Dios durante el resto del día hasta que apresuradamente hacemos algunas peticiones en la noche. Qué poca perseverancia, persistencia, alabanza y ruego mostramos.

Hace algún tiempo leí sobre un hombre en Washington, DC, que había pasado diecisiete años buscando una acción favorable en una demanda de ochenta y un mil dólares contra el gobierno. Sin embargo, muchas personas hoy día no orarán diecisiete minutos al día por el bienestar de su alma inmortal o por la salvación de otras personas.

«Orad sin cesar» (1 Tesalonicenses 5.17) debería ser el lema de cada seguidor de Jesucristo. Samuel oró: «Lejos sea de mí que peque yo contra Jehová cesando de rogar por vosotros» (1 Samuel 12.23). Nunca deje de orar, sin importar lo oscuro o desesperanzado que pueda parecer. Pida al Señor que le ayude a orar para que todo lo que pida sea para la gloria del Señor Jesucristo. Este es el poder de la oración.

Jesús dijo que su templo era una casa de oración (Mateo 21.13). Dios dijo que su eterna casa «será llamada casa de oración para todos los pueblos» (Isaías 56.7). Me pregunto qué sucedería en nuestras iglesias y en nuestros corazones si comenzáramos cada día leyendo la maravillosa oración de nuestro Señor en Juan 17.

Los seres humanos fuimos creados al principio para vivir una vida de oración porque la oración es comunión con Dios. Pero el pecado levantó una barrera entre nosotros y Dios. Nuestro pecado causó esta gran brecha, pero Dios entregó a su Hijo como nuestro Mediador. Podemos conocerle a Él mediante la lectura de su Palabra y orando a Él en su nombre y según su voluntad.

No hay nada imposible para Dios. Ninguna tarea es demasiado ardua, ningún problema es demasiado difícil, y ninguna carga es demasiado pesada para Él. Lo que para nosotros son futuras incertidumbres están plenamente reveladas en Él. Él conoce lo que nosotros no podemos entender.

Todo esto debería informar a nuestro modo de orar. No ponga su propia voluntad por delante de la voluntad de Dios. No insista en hacer las cosas a su manera. No dicte a Dios. Y no espere una respuesta inmediata, porque Él retiene a veces sus respuestas para que nuestra fe crezca. Aprenda la difícil lección de orar como el Hijo de Dios mismo oró en Getsemaní: «Pero no se haga mi voluntad, sino la tuya» (Lucas 22.42).

Cuando oramos en la adversidad, puede que no veamos la respuesta plena hasta que entremos en la paz del cielo. Cuando oramos ante el peligro, puede que no reconozcamos la mano de protección hasta que estemos al cuidado de Él. Tristemente, no es probable que oremos cuando estamos disfrutando tiempos de prosperidad, seguridad y libertad; sin embargo, ese es el momento más crítico para orar, para no volvernos egoístas, arrogantes y cautivados por los encantos del mundo.

Hemos aprendido a dominar el poder del átomo y el poder de la tecnología, pero no hemos aprendido, y nunca lo haremos, a dominar el poder del pecado sin la ayuda de Dios. No hemos aprendido aún que las personas pueden ser más poderosas cuando están de rodillas que cuando están detrás del arma más potente hecha por el hombre.

La oración tiene valor eterno. Nunca conoceremos toda la gloria de nuestras oraciones hasta que estemos en presencia de Aquel que las responde. Jesús está orando por nosotros hoy precisamente donde Él está, en el cielo eterno, al igual que oró por nosotros mientras estaba en la tierra. Deberíamos darle las gracias cada día por este maravilloso y precioso regalo.

Padre, aquellos que me has dado, quiero que *donde yo estoy*, también ellos estén conmigo, para que vean mi gloria [...] porque me has amado desde antes de la fundación del mundo. Padre justo, el mundo no te ha conocido, pero yo te he conocido [...] Y les he dado a conocer tu nombre. (Juan 17.24–26, énfasis añadido)

CAPÍTULO 19

RECOMPENSAS ETERNAS

Ganarse el favor de Él

MARCOS

De cierto os digo que no hay ninguno que haya dejado casa, o hermanos, o hermanas, o padre, o madre, o mujer, o hijos, o tierras, por causa de mí y del evangelio, que no reciba cien veces más ahora en este tiempo [...] y en el siglo venidero la vida **eterna**.

—MARCOS 10.29–30

UN REGALO SE DA GRATUITAMENTE; LAS RECOMPENSAS SE GANAN. La Biblia habla de ambos: regalos sin duda, pero también premios y coronas. Dios ha prometido recompensas eternas a quienes le sirven con fidelidad. Él nos ha dicho que guardemos nuestras riquezas donde no hay corrupción: en el cielo.

Recibir el regalo de salvación de Dios es lo que debería hacer que queramos vivir para Él. No podemos comprar la salvación, pero al vivir una vida de devoción íntegra, podemos hallar «gracia y buena opinión ante los ojos de Dios y de los hombres» (Proverbios 3.4). La Biblia dice: «Pero sin fe es imposible agradar a Dios», y que «es galardonador de los que le buscan» (Hebreos 11.6).

Había dos viejos amigos que estaban moribundos. Uno era rico, y el otro pobre. El rico no era cristiano, pero el pobre era un creyente muy fuerte en Cristo. El rico le dijo a un visitante un día: «Cuando me muera, tendré que dejar mis riquezas». Entonces señaló a su amigo moribundo y dijo: «Y cuando él se muera, irá donde están sus riquezas».

En un par de frases, el rico resumió un claro contraste entre ellos. El hombre que lo poseía todo en la tierra no tenía realmente nada. El hombre que no tenía nada en la tierra lo tenía realmente todo.

Esta es una ilustración gráfica de lo que Jesús dijo a sus discípulos:

No os hagáis tesoros en la tierra, donde la polilla y el orín corrompen, y donde ladrones minan y hurtan; sino haceos tesoros en el cielo, donde ni la polilla ni el orín corrompen, y donde ladrones no minan ni hurtan. Porque donde esté vuestro tesoro, allí estará también vuestro corazón. (Mateo 6.19–21)

¿Significa eso que debemos renunciar a todo lo que poseemos? No; no a menos que Dios claramente nos ordene que lo hagamos. Pero sí significa que entreguemos todo lo que tenemos, incluidas nuestras vidas, a Cristo. Debemos poner nuestro amor hacia Él por encima de todo lo demás.

Hace muchos años, en la década de 1880, el famoso predicador Dwight L. Moody sintió que Dios le guiaba a realizar una campaña evangelística en la Universidad de Cambridge. Muchos dijeron que era una tarea fútil. Él lo hizo de todos modos, y la gente se burló de su esfuerzo. Sin embargo, a mitad de la serie de reuniones, las cosas cambiaron y muchos respondieron a la invitación. Otros cientos rindieron sus vidas en servicio a Dios. Moody estaba atesorando tesoros en el cielo.

De esa misión salieron los famosos Siete de Cambridge, siete jóvenes que se unieron al ministerio China Inland Mission de Hudson Taylor. Uno de ellos era C. T. Studd, el hijo de un hombre adinerado y capitán del equipo de cricket de la prestigiosa Universidad de Cambridge, quien sintió el llamado de Dios al trabajo misionero en China.

A los veinticinco años de edad, el joven heredó una fortuna de las propiedades de su padre. Enseguida lo entregó todo a la obra cristiana, sin quedarse nada para él, ni siquiera para su propio trabajo en Asia. Entonces, a los cincuenta años de edad y con una mala salud después de años en China e India, sintió el llamado de Dios a llevar el evangelio a África. Después de su primera visita escribió:

> El pasado junio en la boca del Congo esperaban allí mil exploradores, comerciantes, mercaderes y buscadores de oro, esperando a entrar con rapidez a esas regiones en cuanto el gobierno abriera la puerta para ellos, porque había corrido el rumor de que hay abundancia de oro. Si tales hombres oyen con tanta fuerza el llamado del oro y lo obedecen, ¿puede ser que los oídos de los soldados de Cristo estén sordos al llamado de Dios, y al clamor de las almas moribundas de hombres? ¿Son los tratantes de oro tantos, y quienes toman riesgos para Dios tan pocos?[1]

Studd es tan solo uno de multitudes de personas que han rendido sus vidas a Cristo y se han alejado de negocios lucrativos, empleos exitosos y estilos de vida relajados para servirle a Él en lugares difíciles.

William Borden, heredero de la fortuna familiar de los Borden, fue otro joven que tenía carga por las almas perdidas en Asia. Un amigo escribió a Bill que estaba dejando su vida para ser misionero. Pero Borden escribió en su Biblia: «Sin reservas». Tras graduarse de Yale, en 1909, rechazó muchas ofertas de lucrativos empleos y escribió en su Biblia: «Sin retiradas». Cuando terminó su trabajo de carrera en Princeton, navegó hasta Egipto para estudiar árabe con la esperanza de trabajar con musulmanes. Mientras estaba allí contrajo meningitis espinal. A un mes de cumplir los veinticinco años, Borden estaba muerto. Muchos especularon que su muerte fue una pérdida. En su momento se descubrió que Borden había escrito dos palabras más en su Biblia debajo de las otras anotaciones: «Sin reservas. Sin retiradas. Sin lamentos».[2]

Borden había almacenado tesoros en el cielo que sobrepasaban con mucho a la inmensa riqueza a la que había renunciado en la tierra. El tiempo reveló que su testimonio había causado que muchos otros sirvieran a Dios con sus vidas. Cristo mismo «pagará a cada uno conforme a sus obras» (Mateo 16.27).

Hay un grupo de hombres en las Escrituras que también se alejaron del trabajo de su vida para seguir a Cristo; muchos de ellos eran pescadores de Galilea. Los Evangelios nos ofrecen un maravilloso destello de una conversación entre Jesús y sus discípulos. Pedro dijo: «He aquí, nosotros lo hemos dejado todo, y te hemos seguido» (Marcos 10.28).

Jesús conoce los motivos, los pensamientos y las intenciones del corazón. «*Yo soy* el que escudriña la mente y el corazón; y os daré a cada uno según vuestras obras» (Apocalipsis 2.23, énfasis añadido). Por lo tanto, Él entendía exactamente por qué Pedro estaba estableciendo ese punto. Jesús le respondió con seguridad:

De cierto os digo que no hay ninguno que haya dejado casa, o hermanos, o hermanas, o padre, o madre, o mujer, o hijos, o tierras, por causa de mí y del evangelio, que no reciba cien veces más ahora en este tiempo [...] y en el siglo venidero la vida eterna. (Marcos 10.29–30)

Le estaba diciendo a Pedro, y a nosotros, que Él proveería y que todo el sacrificio valdría la pena.

Aunque se dice mucho sobre los obreros cristianos que son públicamente visibles, no se dice mucho sobre las calladas obras de los siervos de Dios. Tendremos que llegar al cielo antes de que nos demos cuenta plenamente del ejército de guerreros de oración que hizo posible la obra de otros. Al igual que la iglesia es el cuerpo de Cristo, la obra nunca se logra por el acto de uno solo, a menos que sea solamente Cristo. «Porque nosotros somos colaboradores de Dios, y vosotros sois labranza de Dios, edificio de Dios» (1 Corintios 3.9).

Esto es lo que Pablo explicó a la iglesia en Corinto cuando surgió una controversia sobre quién debería recibir el mérito de las obras hechas en el nombre de Jesús. Algunos habían llegado a conocer a Cristo por las obras de Pablo, Apolos y otros que predicaban el evangelio. Pablo les escribió que el Señor había dado responsabilidades a cada uno, pero que los resultados le pertenecían a Él (vv. 5–7).

En nuestras cruzadas a lo largo de los años hemos observado al cuerpo de Cristo operar de diversas maneras: iglesias que reclutan voluntarios para ayudar con el estacionamiento, ujieres, consejería, dar económicamente y, lo más importante, orar por los perdidos. Todos los que han trabajado calladamente y con fidelidad entre bambalinas serán recompensados por el Señor mismo algún día.

También están quienes ministran a otros mediante su presencia en salas de espera de hospitales y en funerarias, cuando familiares y amigos están necesitados y se duelen por la pérdida. Este solía ser un alcance ministerial maravilloso, pero es menos popular actualmente. El Señor está observando a quienes se dan fielmente a sí mismos y dan su tiempo para llevar consuelo a quienes lo necesitan. Pienso en mi propia madre, quien escribía cartas con avidez, alentando a otros con una palabra de las Escrituras. También eso es servicio a Dios.

Están quienes señalan a las personas hacia el Salvador por su modo de vivir, día tras día. Padres que son fieles el uno con el otro y con sus hijos, ejemplos vivos que hablan de las virtudes de Cristo, infundiendo carácter cristiano al tejido de la vida de tal modo que cuando están con otros, nadie puede encontrar faltas en su modo de vivir. Cristo los recompensará.

Presentándote tú en todo como ejemplo de buenas obras; en la enseñanza mostrando integridad, seriedad, palabra sana e irreprochable, de modo que el adversario se avergüence, y no tenga nada malo que decir de vosotros. (Tito 2.7–8)

También hay jóvenes que se mantienen fuertes entre sus iguales sin hacer concesiones. Puede que se rían de ellos, o algo peor, porque no participan en la conducta deshonrosa. Eso agrada al Señor, y Él los recompensará porque le han honrado a Él y han mostrado un testimonio firme. «Así que, hermanos míos amados, estad firmes y constantes, creciendo en la obra del Señor siempre, sabiendo que vuestro trabajo en el Señor no es en vano» (1 Corintios 15.58). Vivir obedientemente para el Señor es servicio a Él.

Lo más importante, sin embargo, es que Dios nos dice que almacenemos el tipo correcto de riquezas en nuestras vidas. Con frecuencia pensamos en las riquezas de modo monetario o materialista, pero Dios habla de riquezas que no se desvanecen. Él depositará sus riquezas en nuestros corazones, creando una justicia interior que produce las marcas de un verdadero creyente en Cristo (Efesios 2.6–8).

Cuando poseemos la riqueza de la salvación, nuestro almacén aquí estará lleno a rebosar con el fruto del Espíritu, un gozo indescriptible, la paz que sobrepasa todo entendimiento, la sabiduría, la fortaleza y el amor de Cristo. Alguien ha dicho que esas son las hermosas piedras preciosas en las coronas celestiales porque son los atributos de Cristo.

En el cielo habrá muchos creyentes que nunca recibieron ningún reconocimiento mientras estaban en la tierra y, sin embargo, oraron fielmente y sirvieron con humildad a Cristo. Yo creo que sus coronas puede que resplandezcan con más piedras preciosas que el filántropo que donó para la iglesia y cuyo nombre está grabado en la placa en la entrada. Pablo advirtió a los ricos que no fueran altivos, no buscaran la aprobación de los hombres sino la de Dios (Gálatas 1.10).

Moisés renunció a toda la gloria y las posesiones terrenales para identificarse con el pueblo de Dios. Era el hijo adoptado de una princesa egipcia, pero renunció al reino y la corona de Egipto para ser un hijo de Dios. Fue educado en las mejores escuelas, pero renunció al prestigio para aprender la sabiduría de Dios. Moisés renunció al cetro real para ser rico en la ley de Dios. El profeta era conocido como un pastor, un líder, un libertador, un legislador y un juez. Pero Moisés dijo: «¡Ay, Señor! [...]

[soy] tu siervo» (Éxodo 4.10); y cuando murió, Dios habló de él como: «Mi siervo Moisés» (Josué 1.2).

Cuando usted llegue al cielo, no habrá ninguna oportunidad de presumir de sus hazañas, sus ambiciones o los gozos de sus placeres; pero tendrá la eternidad para regocijarse en cómo vivió su vida para Jesús debido a su gracia en usted.

Puede que sea necesaria toda una vida para acumular riqueza, pero esta puede desvanecerse en un abrir y cerrar de ojos. Aunque la Biblia nos enseña que nos hagamos tesoros en el cielo, el mayor tesoro está en saber que seremos recompensados por su presencia misma: para siempre.

Y todo lo que hagáis, hacedlo de corazón, como para
el Señor y no para los hombres; sabiendo que del Señor
recibiréis la recompensa de la herencia, porque a Cristo
el Señor servís. (Colosenses 3.23–24)

CAPÍTULO 20

LA BÚSQUEDA DE VIDA ETERNA

Correr a Él, después alejarse

LUCAS

Maestro, ¿haciendo qué cosa heredaré la vida **eterna?**

—LUCAS 10.25

AL CRUZAR UN CAMPUS UNIVERSITARIO PARA DAR UNA CONFERENCIA HACE ALGUNOS AÑOS, UN ALUMNO ME DETUVO Y ME DIJO: «SEÑOR GRAHAM, OÍMOS MUCHO SOBRE EL VALOR DE LA RELIGIÓN, PERO NADIE NOS DICE CÓMO ENCONTRAR A CRISTO». Desde entonces, he intentado explicar de modo sencillo y claro cómo encontrar a Jesús y heredar lo que Él prometió: la vida eterna.

Puede que creamos que los jóvenes no piensan profundamente sobre la vida, pero quizá se deba a que no estamos escuchando. La realidad es que las personas de todas las edades sienten que hay algo más que el aquí y ahora. Tienen razón; Dios ha puesto eternidad en el corazón humano (Eclesiastés 3.11).

Cuando preguntaron al presentador de entrevistas televisivas de la década de los setenta, Dick Cavett, si había vida después de la muerte, él respondió que no tenía la respuesta. Hay varios relatos en las Escrituras de personas que se hicieron esta pregunta sobre la vida después de la muerte. La respuesta conduce a Cristo, pero muchos la ignoran porque no quieren la verdad.

Este fue el caso de un joven que lo tenía todo: riqueza, juventud y potente autoridad; pero no estaba satisfecho, y buscaba ansiosamente la vida eterna. El dinero no podía comprarla; la juventud no podía garantizarla; y el poder no podía obtenerla. Por lo tanto, en su búsqueda decidió que su bondad podía ganársela.

La Biblia dice que él acudió a Jesús; un aristócrata cayó a los pies de un profeta sin una sola moneda. No hay duda alguna de que este joven buscó a Jesús en el momento correcto: con urgencia, corrió hacia Él. Llegó de la manera correcta: humildemente, se arrodilló ante Jesús. Hizo a la Persona correcta la pregunta correcta: «Maestro bueno, ¿qué bien haré para tener la vida eterna?» (Mateo 19.16).

Jesús respondió directamente, diciéndole que guardara los mandamientos y obtendría la vida eterna. El joven rico preguntó: «¿Cuáles?» (v. 18). No lo habría preguntado si los hubiera guardado todos. Jesús lo sabía. Él no solo escuchaba; estaba mirando dentro de su corazón.

Entonces el joven preguntó: «¿Qué más me falta?» (v. 20). Estaba enfocado en su «bondad» en lugar de en su pecaminosidad; carecía de arrepentimiento; quería hacer algo «bueno» para heredar la vida eterna. Así que Jesús le puso a prueba, revelando el corazón egoísta del joven.

> Entonces Jesús, mirándole, le amó, y le dijo: Una cosa te falta: anda, vende todo lo que tienes, y dalo a los pobres, y tendrás tesoro en el cielo; y ven, sígueme, tomando tu cruz.
>
> Pero él, afligido por esta palabra, se fue triste, porque tenía muchas posesiones. (Marcos 10.21–22)

Este hombre estuvo delante de Jesús teniendo riqueza, rango y religión, pero no se veía a sí mismo como pecador; no podía entender la realidad de que «por cuanto todos pecaron, y están destituidos de la gloria de Dios» (Romanos 3.23). Por admisión propia, él no encajaba en esta categoría. Aunque se había humillado arrodillándose a los pies de Jesús, su corazón no se postró. Él quería la vida *eterna*, no la vida *fiel*. Jesús le prometió precisamente lo que él dijo que más quería, la vida eterna, pero no quiso aceptarla a expensas de sus tesoros. Él quería ambas cosas: a su manera.

El joven se alejó decepcionado de su encuentro con Jesús. Quizá esperaba que Jesús le diera una tarea de fin de semana para alimentar a los pobres o un mandato de dar dinero a la casa de una viuda. Pero renunciar a lo que él más quería estaba fuera de la cuestión.

Jesús no estaba en contra de que el hombre mantuviera su dinero. Jesús estaba en contra de que el dinero evitara que el hombre le siguiera. Este joven confiaba más en sus riquezas que en la palabra de Jesús y, por lo tanto, rechazó la respuesta.

Un intérprete de la ley también se acercó a Jesús con la misma pregunta: «Maestro, ¿haciendo qué cosa heredaré la vida eterna?» (Lucas 10.25). Jesús le respondió con otra pregunta: «¿Qué está escrito en la ley?» (v. 26).

El hombre respondió: «Amarás al Señor tu Dios con todo tu corazón, y con toda tu alma, y con todas tus fuerzas, y con toda tu mente; y a tu prójimo como a ti mismo» (v. 27). Jesús dijo: «Bien has respondido; haz esto, y vivirás» (v. 28).

Pero el hombre en realidad no estaba interesado en la verdad; intentaba cazar a Jesús, y le preguntó: «¿Y quién es mi prójimo?» (v. 29).

El intérprete de la ley puso el énfasis en el prójimo, mientras que Jesús había enfatizado en amar al Señor como lo principal. Esto refleja muchos corazones en la actualidad. Nuestra tendencia es a poner un gran énfasis en nuestro prójimo a la vez que ignoramos a Dios. Se nos manda «hacer a los demás», pero nuestra primera responsabilidad es obedecerlo a Él porque solamente mediante su poder podemos acercarnos para ayudar realmente a otros. Jesús demostró esto relatando una historia.

Un hombre descendía de Jerusalén a Jericó, y cayó en manos de ladrones, los cuales le despojaron; e hiriéndole, se fueron, dejándole medio muerto.

Aconteció que descendió un sacerdote por aquel camino, y viéndole, pasó de largo.

Asimismo un levita [...] y viéndole, pasó de largo.

Pero un samaritano, que iba de camino, vino cerca de él, y viéndole, fue movido a misericordia. (vv. 30–33)

Jericó era una próspera ciudad fronteriza que rebosaba de viajeros y bandidos internacionales, un lugar lleno de ladrones, engañadores y transeúntes. Era también una ciudad llena de maestros religiosos. Aquí vemos a dos de tres viajeros que deliberadamente pasaron «de largo».

El sacerdote, que representa la religión en todas sus formas, fue el primero en cerrar sus ojos a quien tenía necesidad. Pablo más adelante escribió a Timoteo sobre quienes «tendrán apariencia de piedad, pero negarán la eficacia de ella» (2 Timoteo 3.5). La religión no salva a nadie. Jesús dijo: «Vosotros sois los que os justificáis a vosotros mismos delante de los hombres; mas Dios conoce vuestros corazones; porque lo que los hombres tienen por sublime, delante de Dios es abominación» (Lucas 16.15).

El levita, que representa la ley, también vio al hombre herido pero ignoró su situación. También él se alejó.

Hay personas que dicen que pueden ser salvas haciendo lo mejor que pueden o guardando la ley. Otras creen que irán al cielo basándose en sus buenas obras; y hay algunos que dicen que no están seguros. No tiene usted que estar inseguro. La Biblia es totalmente clara sobre lo que se necesita. Juan dijo: «Estas cosas os he escrito a vosotros que creéis en el nombre del Hijo de Dios, para que sepáis que tenéis vida eterna, y para que creáis en el nombre del Hijo de Dios» (1 Juan 5.13).

¿Cómo? La Biblia nos dice eso también: «Pero cuando se manifestó la bondad de Dios nuestro Salvador, y su amor para con los hombres, nos salvó, no por obras de justicia que nosotros hubiéramos hecho, sino por su misericordia [...] para que justificados por su gracia, viniésemos a ser herederos conforme a la esperanza de la vida eterna» (Tito 3.4–7).

El sacerdote y el levita en ese camino a Jericó no estuvieron dispuestos a ayudar, de modo que el hombre herido quedó allí para morir. Recuerdo que estaba en Londres hace unos años y leí sobre una mujer que murió a la edad de ciento dos años. Ella había hecho una anotación nocturna en su diario: «Nadie llamó hoy. Nadie me ama». Murió sola.

Eso es lo que le podría haber ocurrido al hombre herido, si cierto samaritano no hubiera pasado por allí. El samaritano era despreciado por judíos y también por gentiles, pero cuando vio al hombre moribundo, fue lleno de compasión. Se inclinó y vendó las heridas del hombre, poniendo aceite y vino, y entonces le puso sobre su propio animal, lo llevó a una posada, se ocupó de él, le salvó la vida, y dejó dinero para mantenerle hasta que pudiera viajar.

Aquí estaba un hombre que dio de sus recursos y de su tiempo por otro. Incluso usó su propia «ambulancia» para transportar al hombre herido, llevándole a lo que probablemente fue el primer Hospital Samaritano.

Lucas es el único escritor bíblico que registra esta notable historia. Debido a que él era médico, Lucas hizo hincapié en cómo el samaritano se ocupó de las heridas del hombre. Ponerle aceite habla del Espíritu Santo y nos recuerda que Jesús fue ungido con aceite antes de su propia muerte. El vino, el más potente de los antisépticos antiguos, habla de la sangre de Cristo, que limpia de pecado.

Qué gran imagen es esta del Salvador que vino a este mundo moribundo, la tierra de los muertos andantes, con la enfermedad infecciosa del pecado. Él no solo pasó por su lado. Cristo se agachó con compasión y llevó nuestros pecados a la cruz. Él pagó el precio para redimirnos, y nos levantará a vida eterna con Él algún día.

El profeta Isaías escribió del Salvador:

Jehová; me ha enviado [...] a vendar a los quebrantados de corazón, a publicar libertad a los cautivos [...] se les dé gloria en lugar de ceniza, óleo de gozo en lugar de luto, manto de alegría en lugar del espíritu angustiado [...] para gloria suya. (Isaías 61.1–3)

Qué maravillosa oportunidad tenemos de ayudar a otros a encontrar al Salvador y alentarlos a vivir para el Señor. Cristo dio su todo por nosotros como un ejemplo de cómo deberíamos vivir.

Un día en la Universidad de Stanford, un alumno de una fe no cristiana se acercó a mí y me dijo que estaba convencido de que Jesús es el Hijo de Dios, pero que no podía confesarlo públicamente porque en su país natal el costo social sería demasiado elevado.

Yo le dije lo que la Biblia afirma: «A cualquiera, pues, que me confiese delante de los hombres, yo también le confesaré delante de mi Padre que está en los cielos. Y a cualquiera que me niegue delante de los hombres, yo también le negaré delante de mi Padre que está en los cielos» (Mateo 10.32–33).

Como el joven rico, ese alumno se alejó triste. Había considerado el costo y no estaba dispuesto a pagarlo. No estaba listo para poner a Cristo primero.

Cuando los embajadores sirven a sus países, no pueden hacerlo eficazmente si están avergonzados de lo que representan, y más aún si alguien afirma servir al Rey de reyes.

Después de que Jesús ascendiera al cielo, los apóstoles hicieron frente a sus iguales, a sus familias, y a sus comunidades y gobiernos sin avergonzarse del Señor Jesucristo. Ellos abrieron camino para todos aquellos que vendrían detrás.

Jesús no vino a este mundo para comenzar una nueva religión; vino para dar vida eterna a quienes estaban muertos en sus delitos y pecados: «Porque la paga del pecado es muerte, mas la dádiva de Dios es vida eterna en Cristo Jesús Señor nuestro» (Romanos 6.23).

Mientras predicaba en mi última cruzada en Nueva York, en 2005, hablé sobre un joven que escribió: «Toda mi vida construí hasta este único momento de decisión: cuando me alejé de mí mismo y permití a Dios hacerse cargo». ¿Y usted? Si está decepcionado con su encuentro con Jesucristo, se debe a que no se ha «alejado de usted mismo». Termine hoy su búsqueda de este regalo eterno. Aprópiese de él mediante el arrepentimiento, y entonces permita que Dios se haga cargo y le llene con su abundante gracia.

El que ama su vida, la perderá; y el que aborrece su vida en este mundo, para vida eterna la guardará. Si alguno me sirve, sígame; y *donde yo estuviere*, allí también estará mi servidor. Si alguno me sirviere, mi Padre le honrará. (Juan 12.25–26, énfasis añadido)

CAPÍTULO 21

El hogar eterno: Donde yo estoy

Vida eterna

*Porque de tal manera amó Dios al mundo, que ha dado a su Hijo unigénito, para que todo aquel que en él cree, no se pierda, mas tenga vida **eterna** [...] para que **donde yo estoy**, vosotros también estéis.*

—JUAN 3.16, 14.3

«NO CREO QUE TENDRÍA MIEDO A MORIR SI SUPIERA QUÉ ESPERAR DESPUÉS DE LA MUERTE», DIJO UN JOVEN QUE TENÍA UNA ENFERMEDAD INCURABLE. Evidentemente, no había oído lo que Dios «ha preparado para los que le aman» (1 Corintios 2.9).

Este joven tenía en su interior el temor a la muerte. Por naturaleza, tememos a lo desconocido. Pero la Biblia dice que la tumba no es el final para nadie sino más bien el principio de la eternidad:

Pero los rebeldes y pecadores [...] los que dejan a Jehová serán consumidos [...]

y ambos serán encendidos juntamente, y no habrá quien apague. (Isaías 1.28, 31)

Esto no es la voluntad de Dios, sino una consecuencia de la decisión del ser humano.

El hijo de Dios no tiene que temer a la muerte. ¿Por qué? Dios no nos ha dejado con el espíritu de desesperanza, porque Él es «la esperanza de gloria» (Romanos 15.13). La muerte, para el cristiano, es vencida por la realidad de la esperanza: el cielo.

Vemos esta seguridad en Juan, el libro de la Biblia del «*donde yo estoy*». Jesús les había dicho a sus discípulos que se iba; les estaba preparando para su muerte. Pero ellos no podían imaginar lo que Él les decía. Habían caminado con Él y habían tenido comunión juntos. Él era su Maestro y Amigo; ellos eran sus alumnos y compañeros.

Le dijo Simón Pedro: Señor, ¿a dónde vas? Jesús le respondió: *A donde yo voy*, no me puedes seguir ahora; mas me seguirás después. (Juan 13.36, énfasis añadido)

Entonces Jesús dijo algunas de las palabras más queridas en las Escrituras:

No se turbe vuestro corazón; creéis en Dios, creed también en mí. En la casa de mi Padre muchas moradas hay; si así no fuera, yo os lo hubiera dicho; voy, pues, a preparar lugar para vosotros. [...] vendré otra vez, y os tomaré a mí mismo, para que *donde yo estoy*, vosotros también estéis. Y sabéis a dónde voy, y sabéis el camino. (Juan 14.1–4, énfasis añadido)

Esto fue una revelación para los discípulos. Fue como si Jesús les hubiera dicho: «No tenemos un hogar duradero en la tierra, pero la casa de mi Padre es un hogar donde estaremos juntos para siempre». Esta es una imagen pintada con palabras, porque Él es la Palabra. Un hogar celestial se describe en el griego como una «mansión». No significa una casa imponente, sino más bien una morada permanente: una morada eterna. Jesús le dijo a su pequeño grupo de hombres el camino para llegar a este maravilloso lugar: «Yo soy el camino, y la verdad, y la vida; nadie viene al Padre, sino por mí» (v. 6).

Como seres humanos damos un gran valor a nuestros hogares. En medio de todos los cambios que llegarán, cuando ya no tengamos un hogar terrenal, tenemos una promesa: estaremos con Él para siempre.

El cielo parece un misterio para muchas personas. Se preguntan si el cielo está por encima de las nubes, o si el cielo descenderá a la tierra. Cuando me preguntan «¿Dónde está el cielo?», yo simplemente respondo: «El cielo está donde Jesús está». Él les dijo a sus discípulos: «Voy, pues, a preparar lugar para vosotros. [...] para que *donde yo estoy*, vosotros también estéis». Por lo tanto, cuando mi vida terrenal haya terminado y usted se pregunte dónde me he ido, esta será la respuesta: estaré con Jesús; ahí es *donde yo estoy*.

¿Y usted? ¿Sabe dónde estará cuando entre en la eternidad? El destino supremo no se encuentra en un buen paquete de vacaciones. El destino supremo está en el cielo, se encuentra en Jesucristo. Nada puede trascender a este maravilloso lugar. Jesús dijo: «El que me ama, mi palabra guardará; y mi Padre le amará, y vendremos a él, y haremos morada con él» (v. 23).

Nicodemo era un fariseo que había oído de Jesús y estaba interesado en lo que Él tenía que decir, así que fue a buscarlo. No sabemos dónde encontró a Jesús, porque Él no tenía una casa terrenal. Él dijo: «Las zorras tienen guaridas, y las aves del cielo nidos; mas el Hijo del Hombre no tiene dónde recostar su cabeza» (Mateo 8.20). Pero la Biblia dice que si le buscamos, Él puede ser hallado (Isaías 55.6, Mateo 7.7). Y efectivamente, Nicodemo encontró a Jesús en la oscuridad de la noche.

«Rabí» le dijo, «sabemos que has venido de Dios como maestro; porque nadie puede hacer estas señales que tú haces, si no está Dios con él» (Juan 3.2).

EL NUEVO TESTAMENTO

Jesús cambió la conversación de los milagros de los que Nicodemo preguntaba al milagro de una nueva vida en Cristo, y dijo:

El que no naciere de nuevo, no puede ver el reino de Dios [...] Lo que es nacido de la carne, carne es; y lo que es nacido del Espíritu, espíritu es. No te maravilles de que te dije: Os es necesario nacer de nuevo. (vv. 3, 6–7)

La reacción de Nicodemo estaba llena de duda e incredulidad, y exclamó: «¿Cómo puede hacerse esto?» (v. 9).

Jesús respondió a este fariseo principal con otra pregunta: «¿Eres tú maestro de Israel, y no sabes esto?» (v. 10).

Nicodemo se quedó asombrado. Si Cristo le hubiera dicho eso a Zaqueo o a la mujer del pozo, podría tener sentido, pero Jesús hablaba a un profesor de teología. Y le estaba diciendo: «No es suficiente, Nicodemo. Debes nacer de nuevo».

Este término *nacer de nuevo* ha fascinado a las personas durante siglos. Simplemente significa «nacer de arriba»: nacer en la familia de Dios. Todos somos creación de Dios, pero no todos somos hijos de Dios. Quienes nacen una sola vez (nacimiento físico) experimentarán muerte física y espiritual, lo que la Biblia llama la segunda muerte. Pero quienes nazcan dos veces (física y espiritualmente) morirán solo una muerte física porque serán resucitados a vida eterna. Por esto vino Jesús.

Nicodemo podía ver solamente vida humana; Jesús estaba hablando de vida espiritual. Lo que Nicodemo necesitaba era un nuevo corazón. Sin duda que habría leído el pasaje: «Os daré corazón nuevo, y pondré espíritu nuevo dentro de vosotros» (Ezequiel 36.26). Sin importar lo mucho que Nicodemo trabajara para vivir correctamente, no había nacido de nuevo.

Esto fue mucho para que Nicodemo lo asimilara. Imagine lo que debió de pasar por su mente cuando oyó a Jesús decir:

Porque de tal manera amó Dios al mundo, que ha dado a su Hijo unigénito, para que todo aquel que en él cree, no se pierda, mas

160

tenga vida eterna. Porque no envió Dios a su Hijo al mundo para condenar al mundo, sino para que el mundo sea salvo por él. (Juan 3.16–17)

La Biblia no registra lo que sucedió después de su reunión, y si el libro de Juan terminara ahí, puede que no supiéramos lo que fue de Nicodemo. Pero Juan 7 habla de un debate que surgió más adelante entre los líderes judíos sobre Jesús, porque Él les había dicho también que se iba, y «*y a donde yo estaré*, vosotros no podréis venir» (Juan 7.33–34, énfasis añadido). Jesús sabía que los principales sacerdotes planeaban atraparlo, pero Él hablaba de regresar a su hogar celestial. Entonces los fariseos se preguntaron unos a otros si alguno de ellos creía a Jesús, y las Escrituras dice que Nicodemo habló a favor de Él (vv. 47–50). Las palabras de Jesús habían iluminado el oscurecido corazón de Nicodemo.

No volvemos a ver a Nicodemo de nuevo hasta que aparece después de la muerte de Cristo en la cruz, llevando una mezcla de especias que usaría para preparar el cuerpo de Jesús para el entierro (Juan 19.39). La mayoría de los seguidores de Cristo habían huido, pero aquí vemos a Nicodemo cuidando de Él. Parece que incluso en la sombra de la muerte, Nicodemo tenía eternidad en su mente.

Pero como hemos visto, muchas personas nunca piensan en la eternidad. Como cristiano y predicador del evangelio, siempre me entristece tener que interrumpir una imagen maravillosa, como la vida eterna en el cielo, para hablar de otro lugar eterno que Jesús llama infierno. No tiene similitudes con lo que normalmente se denomina hogar, ni tampoco es el infierno un lugar de descanso, un lugar de espera o un cementerio. El infierno es un horno ardiente.

Más que la descripción, quiero señalar la mayor oscuridad del infierno: es un lugar *donde Jesús no está*. Jesús dijo: «Yo me voy, y ustedes me buscarán, pero morirán en su pecado. *Adonde yo voy*, ustedes no pueden ir» (Juan 8.21, NTV, énfasis añadido). Esta es la mayor pesadilla angustiosa: estar eternamente separado del Hijo de Dios. Es inimaginable. Solamente por esta razón, estar en el infierno es el más terrible de todos los juicios.

Hay algunas personas que realmente creen que si terminan en el infierno, se acostumbrarán. Después de todo, dicen, el diablo les ha proporcionado bastante placer mientras están en la tierra, así que ¿cuán malo puede ser?

Déjeme decirle que el diablo no está a cargo del infierno, ni tampoco es su cuartel general. Satanás es «el príncipe de este mundo» (Juan 16.11) y ha tomado residencia en muchos corazones. Pero sabe cuál es el fin para él. Tomó su decisión hace mucho tiempo y quiere llevarse a un mundo de personas con él al infierno, donde cumplirá su sentencia eterna.

La Biblia dice que el fuego eterno fue creado para el diablo y sus ángeles (Mateo 25.41). Jesús dijo: «Y tengo las llaves de la muerte y del Hades» (Apocalipsis 1.18). El diablo no posee el infierno. No es su hogar, es su juicio.

Una madre y su hijo vivían una vez en un ático miserable. Años antes, ella se había casado en contra de los deseos de sus padres y se había ido con su esposo a vivir a una tierra extranjera; pero su esposo murió pronto, y ella se las arreglaba con gran dificultad para obtener lo básico para vivir. Los momentos más felices del muchacho eran cuando su madre le hablaba de la casa de su padre en el viejo país, un lugar con grandes pastos, enormes árboles, amplios porches y deliciosas comidas. El niño anhelaba vivir allí.

Un día el cartero llamó a la puerta llevando una carta. La mujer reconoció la letra de su padre, y con dedos temblorosos abrió el sobre que tenía un cheque y una hoja de papel con tres palabras: «Vuelve a casa».

Una experiencia similar llegará a todos aquellos que conocen a Cristo. Algún día, usted recibirá este breve mensaje: «El Padre dice que vuelvas a casa».

Quienes conocen a Cristo no tienen miedo a morir. La muerte para el cristiano es «irse a casa». Nadie que haya muerto en el Señor querría nunca regresar a esta vida. Partir y estar con Cristo, dijo Pablo, «es muchísimo mejor» (Filipenses 1.23). La Biblia dice que somos extranjeros y peregrinos en la tierra buscando una patria, un lugar preparado para nosotros por Dios (Hebreos 11.16) donde el Señor nos recibirá a «un hogar eterno»

(Lucas 16.9, NTV). Nunca he conocido a un hombre o una mujer que reciba a Cristo y lo lamente jamás.

Quizá usted nunca ha doblegado su voluntad a la voluntad de Dios y ha nacido de nuevo. Puede hacer eso ahora, porque Él desea que todos sean salvos (1 Timoteo 2.4). En este momento puede tomar su decisión por Cristo y comenzar en el camino que lleva a un hogar celestial.

Jesús dijo en esencia: «Puedes estar *donde yo estoy*, o puedes estar *donde yo no estoy*». Es mi oración que usted zanje la pregunta más importante: ¿dónde pasará la eternidad?

Mi testimonio es verdadero, porque sé de dónde he
venido y *a dónde voy*. (Juan 8.14, énfasis añadido)

CAPÍTULO 22

ETERNAS OBRAS DE DIOS

Los ídolos son vagos; Dios está obrando

HECHOS

Dice el Señor, que hace conocer todo esto desde
tiempos antiguos.

—HECHOS 15.18

MIENTRAS ESPERABA A SUS AMIGOS, PABLO DIO UN PASEO POR LAS
CALLES DE ATENAS, LA CIUDAD DE INTELECTOS GRIEGOS COMO SÓCRA-
TES, ARISTÓTELES Y PLATÓN. Los griegos sobresalían en educación, su
capacidad para los idiomas era suprema. Pero el espíritu de Pablo estaba
inquieto porque la ciudad estaba «entregada a la idolatría» (Hechos 17.16).

Como siempre, Pablo fue a las sinagogas y razonó con los judíos y también con los gentiles, con respecto a Jesús y la resurrección. Diariamente en
el mercado sentía la urgencia de predicar a quienes allí estaban. Filósofos
epicúreos y estoicos se burlaban, diciendo: «¿Qué querrá decir este palabre-
ro? Y otros: «Parece que es predicador de nuevos dioses» (v. 18).

A Pablo le acompañaron obligatoriamente al Areópago, conocido con
ese nombre por el dios romano de la guerra, y también conocido como
la Colina de Marte. Era el tribunal de la ley, donde las personas daban

discursos y debatían de problemas del mundo. Mientras iban de camino, los hombres le dijeron: «¿Podremos saber qué es esta nueva enseñanza de que hablas? Pues traes a nuestros oídos cosas extrañas. Queremos, pues, saber qué quiere decir esto» (vv. 19–20).

¿Por qué querían oír de Pablo? Él se puso delante de la multitud. No se disculpó por su mensaje; lo proclamó con valentía. Los atenienses siempre estaban buscando «algo nuevo» (v. 21), así que mientras Pablo avanzaba hacia el Areópago, encontró el tema para su mensaje.

De pie en medio de la multitud, dijo:

> Varones atenienses, en todo observo que sois muy religiosos; porque pasando y mirando vuestros santuarios, hallé también un altar en el cual estaba esta inscripción: AL DIOS NO CONOCIDO. Al que vosotros adoráis, pues, sin conocerle, es a quien yo os anuncio. (vv. 22–23)

Pablo había observado sus costumbres; su corrupción moral estaba revelada por el número de ídolos iluminados por el sol. La sociedad pagana tenía un nicho para cada dios que había en el mundo; adoraban las constelaciones y el cuerpo físico, y participaban de toda obsesión que les causaba placer. Y en caso de perderse algo, incluso habían erigido una estatua para representar al dios no conocido.

De pie delante del Partenón, que albergaba los inmensos símbolos de progreso de la ciudad, Pablo desafió a la gran estatua de Atena, hecha de oro y marfil, que representaba a la diosa de la naturaleza. Entonces, con gran poder, este predicador del evangelio procedió a hablarles de Aquel que había creado el mundo y todo lo que hay en él. Escuchemos a Pablo, porque Dios habló por medio de él al corazón pagano.

> El Dios que hizo el mundo y todas las cosas que en él hay [...] no habita en templos hechos por manos humanas, ni es honrado por manos de hombres, como si necesitase de algo; pues él es quien da a todos vida y aliento y todas las cosas. Y de una sangre ha hecho todo el linaje de los hombres, para que habiten sobre toda

la faz de la tierra; y les ha prefijado el orden de los tiempos, y los límites de su habitación; para que busquen a Dios, si en alguna manera, palpando, puedan hallarle, aunque ciertamente no está lejos de cada uno de nosotros. (vv. 24–27)

En unas cuantas frases, Pablo desmanteló el falso poder de los dioses a quienes los atenienses miraban y se postraban. Él proclamó al Dios verdadero que da significado a la vida, Aquel que mira desde los cielos a los duros corazones humanos. Este mensaje era distinto a cualquier cosa que ellos hubieran oído jamás. Él siguió señalando a sus propios objetos hechos de piedra mientras hablaba:

Porque en él vivimos, y nos movemos, y somos; como algunos de vuestros propios poetas también han dicho: Porque linaje suyo somos. Siendo, pues, linaje de Dios, no debemos pensar que la Divinidad sea semejante a oro, o plata, o piedra, escultura de arte y de imaginación de hombres. Pero Dios, habiendo pasado por alto los tiempos de esta ignorancia, ahora manda a todos los hombres en todo lugar, que se arrepientan; por cuanto ha establecido un día en el cual juzgará al mundo con justicia, por aquel varón a quien designó, dando fe a todos con haberle levantado de los muertos. (vv. 28–31)

¡Qué sermón! Pablo llegó justo al corazón del asunto: la resurrección de Aquel que traerá vida eterna a sus corazones endurecidos mediante el arrepentimiento. Esto era algo nuevo. Los atenienses no se habían detenido a considerar su lado oscuro; habían estado demasiado ocupados haciendo dioses como ellos mismos.

Me imagino que habría gritos ahogados entre la asamblea cuando Pablo encontró un punto de conexión. Él usó las palabras de sus propios poetas para llevarlos a un punto de acuerdo, pero aun así, el mensaje de Pablo dividió a la ciudad.

Cuando algunos oyeron de la resurrección de los muertos, se burlaron de él; otros querían oír más. Cuando Pablo se alejaba, algunos hombres se juntaron a él y creyeron. Puedo asegurarle que el corazón de Pablo estaba rebosante de gozo porque Dios había sido fiel al darle las palabras, y él había sido fiel al proclamar el mensaje. Esto es lo que el Señor nos llama a hacer. Los resultados le pertenecen a Él.

En la experiencia de Pablo ese día, vemos tres respuestas típicas al evangelio: burla, retraso y decisión. Yo he visto a personas en nuestras cruzadas reírse y burlarse de la predicación de la Palabra de Dios. He visto a personas inquietas por la verdad, pero que terminaron alejándose; y también he observado a personas mientras se levantaban de sus asientos y respondían a la invitación en un espíritu de arrepentimiento.

Veamos estos tres grupos. Quienes responden con *burla* (incredulidad), se niegan a considerar lo que Cristo ha hecho por ellos. Y si se conociera la verdad, la mayoría simplemente no quiere renunciar a sus propios caminos (placer pecador y religión falsa) para recibir la salvación. Eso es triste, pero incluso más tristes son quienes rehúsan arrepentirse por temor al ridículo delante de sus amigos. La salvación no le hará ganar un concurso de popularidad en la tierra, pero le hará ganar la vida eterna.

No puede usted reformarse en su camino al cielo, racionalizar su camino al cielo, o moralizar su camino al cielo. No puede llegar allí por sus obras. Solamente una decisión salvará su alma: arrepentirse de pecado y recibir a Cristo como su Señor y Salvador. Entonces debe rendir su ego, su egoísmo y su orgullo, y tomar la cruz de Cristo. Él le ayudará a hacerlo.

Algunos creen que llevar su cruz significa colgarse una del cuello, pero eso no limpiará el alma. La cruz de Cristo, para usted, puede que sea persecución en diversas formas. Puede perder su empleo o que su familia y amigos le abandonen. Muchos hoy día están perdiendo sus vidas por el nombre de Cristo; y el cielo les da la bienvenida.

Aquellos que *lo retrasan* creen que tienen todo el tiempo del mundo. Esto es peligroso, porque puede que nunca más vuelvan a tener la misma oportunidad. Cuando yo estaba en Sydney, Australia, hace años predicando este mensaje, me entregaron una nota escrita a mano que decía: «El día más peligroso en la vida es cuando uno descubre lo fácil que es hablar sobre el mañana».

Quienes llegan a una *decisión* no están escogiendo si entrarán en la eternidad; más bien están escogiendo entrar en la vida o entrar en la muerte. ¿Por qué es tan difícil algo que parece tan fácil? Se debe a que la mayoría de las personas se niegan a creer que son pecadoras.

Toda la humanidad comienza en el primer nivel: todos son pecadores. Pero por la gracia de Dios, Él perdona y redime. Está en la naturaleza humana buscar algo en lo que creer. Quienes rechazan a Cristo ponen su fe en algo, incluso si es solamente en sí mismos.

La ciudad de Atenas en tiempos de Pablo no era muy distinta a la cultura carnal actual, llena de adoradores de ídolos. Haga lo que hizo Pablo: dé un paseo por su casa y su barrio, y observe lo que capta su atención.

Somos una sociedad obsesionada con acumular posesiones materiales, trabajar nuestros cuerpos para impresionar a otros, adorar el dinero y pensar en formas de obtener más, presumir de poder y posición para señorear sobre otros, y educar mientras cambiamos verdades por mentiras. Nuestra sociedad está persuadida por mentes impulsadas por el sexo, donde la publicidad apela a los ojos lujuriosos para vender incluso aceite para motores y cereales. Los servicios religiosos ahora se enfocan en las buenas obras como un sustituto aceptable de vivir en obediencia a Cristo. Nuestra cultura está saturada de la adoración a los deportes en lugar de la adoración al Salvador. Estamos educando la mente y descuidando el alma.

La Biblia dice: «Porque habrá hombres amadores de sí mismos [...] amadores de los deleites más que de Dios, que tendrán apariencia de piedad, pero negarán la eficacia de ella; a éstos evita» (2 Timoteo 3.2–5).

Estamos ocupados humanizando a Dios y deificando al hombre. Nuestros ídolos no son estatuas hechas de oro y mármol; nuestros ídolos vienen de las industrias del entretenimiento, la tecnología y la moda, con el «yo» centrado en el medio. La humanidad trabaja muy duro para estar cómoda en el pecado.

Hace algunos años salió de Hollywood una película que fue éxito de taquilla titulada *Hijos de un Dios menor*. Este título es una buena descripción de lo que la gente siempre ha hecho: querer adorar a alguien como ellos mismos. Cualquier otra cosa aparte de Dios es menor que sus intenciones para la raza humana, y Él no está haciendo un guiño.

En este maravilloso pasaje de la Biblia vemos a Pablo dejando las cosas claras, dejando a su audiencia algo que pensar mientras consideran las obras eternas del Señor. Ya fuera que los oyentes creyeran o no, se fueron persuadidos, perplejos o indiferentes.

Pablo no fue disuadido por quienes rechazaban su mensaje. Cuando sus compatriotas judíos se negaron a escuchar, él escribió: «Mas puesto que la desecháis, y no os juzgáis dignos de la vida eterna, he aquí, nos volvemos a los gentiles» (Hechos 13.46). Este mensaje trastornó al mundo ese día (Hechos 17.6). Pablo recordó a sus oyentes gentiles que aunque pensaban que Dios estaba lejos de ellos, de hecho Él no estaba lejos en absoluto y podía ser hallado. Sus obras eran desde la eternidad, y sus obras serán plenamente reveladas en la eternidad.

Este mensaje para la gente del mundo antiguo es para nosotros en la actualidad, y será *el* mensaje en los últimos tiempos. Pablo subrayaba continuamente que él fue primeramente un pecador salvado por gracia. La Escritura nos dice que él fue un misionero y plantador de iglesias, un evangelista y siervo del Dios viviente, que fue llamado a predicar el evangelio primordialmente al mundo gentil. Y vemos con cuánta eficacia lo hizo mediante la dirección del Espíritu.

¿Destacamos entre la multitud debido al mensaje que proclamamos? La Biblia dice: «Trabajad [...] por [lo] que a vida eterna permanece [...] Esta es la obra de Dios, que creáis en el que él ha enviado» (Juan 6.27–29). ¿Las personas ven algo en nosotros que habla de la obra de Dios en los corazones de hombres y mujeres?

A la vez que nos maravillamos de los «hechos de los apóstoles», también nosotros podemos proclamar la valentía del mensaje de Cristo viviendo la vida de una manera que haga que otros digan: «Queremos oír más sobre lo que tú crees». Esta es nuestra misión: hablar de las obras eternas de Jesucristo y estar trabajando cuando Él regrese.

Las obras de sus manos [...] Afirmados eternamente y
para siempre. (Salmos 111.7–8)

CAPÍTULO 23

ALABANZA ETERNA

Sufrimiento o canto

ROMANOS

Cristo, el cual es Dios sobre todas las cosas, bendito **por los siglos.**

—ROMANOS 9.5

JESUCRISTO SERÁ ALABADO ETERNAMENTE. Cuando miramos atrás a lo largo de los años a lo que Dios ha hecho mediante nuestro ministerio de las cruzadas, le damos a Él alabanza por el privilegio de predicar su evangelio. Le damos a Él alabanza por contestar las oraciones de su pueblo; le alabamos por almas salvadas para el reino. Pero incluso más que eso, nuestra alabanza es para Jesucristo mismo y su gran amor que nunca falla.

Las Escrituras hablan de alabar al Señor continuamente y para siempre: en el pasado, el presente y el futuro. Debería haber alabanza en nuestros labios y nuestros corazones. Debería quedar demostrada en nuestras vidas porque esta será la grandeza del cielo: alabarlo a Él eternamente. Nos servirá bien estudiar pasajes que lo exaltan a Él.

Los patriarcas alabaron al Señor a lo largo de las generaciones. Los profetas lo alabaron a Él por su liberación. Los apóstoles alabaron a Cristo en toda su gloria, y la gente alabó al Mesías que vino y que regresará. La alabanza no se oyó solamente en tiempos de victoria, sino también en tiempos de encarcelamiento, en tiempos de desesperación, y ante la muerte.

Sin embargo, uno de los pasajes más emocionantes acerca de la alabanza es cuando Jesús mismo alabó a su Padre celestial por revelar la verdad a las personas cuyos oídos y corazones habían sido abiertos al evangelio. Él había estado predicando este mensaje a los líderes judíos, pero ellos rechazaron su mensaje y trataron de matarlo. Él los reprendió por burlarse de aquellos que habían recibido su Palabra con alegría. Entonces, oró: «Te alabo, Padre, Señor del cielo y de la tierra, porque escondiste estas cosas de los sabios y de los entendidos, y las revelaste a los niños» (Mateo 11.25).

Mucho después de la resurrección, Pedro escribió a creyentes que habían sido perseguidos por su fe. Los alentó a mantener sus corazones en Cristo y les habló de la herencia que recibirían en el cielo. «Entonces su fe, al permanecer firme en tantas pruebas, les traerá mucha alabanza, gloria y honra en el día que Jesucristo sea revelado a todo el mundo» (1 Pedro 1.7, NTV).

La Biblia insta al cuerpo de Cristo, la iglesia, a alentarse unos a otros en alabanza del Salvador. Hoy día mientras el Señor no venga, la persecución a los fieles de Dios puede que se extienda. Debemos tener en mente que aunque sea difícil, Él estará con nosotros, y las pruebas que soportemos por causa de Él nos fortalecerán en fe y abrirán puertas para que podamos hablar con valentía para Él.

Si alguno habla, hable conforme a las palabras de Dios; si alguno ministra, ministre conforme al poder que Dios da, para que en todo sea Dios glorificado por Jesucristo, a quien pertenecen la gloria y el imperio por los siglos de los siglos. (1 Pedro 4.11)

«Alabanza y adoración» se ha convertido en un cliché en muchos círculos cristianos. ¿Realmente nos detenemos lo suficiente para considerar lo que significa y cómo afecta a nuestras vidas cotidianas? Alabar al Señor no es algo que somos llamados a hacer la mañana del domingo; es un modo de vida: alabar a Dios sin importar lo que hagamos o dónde estemos. Como creyentes, hemos de operar por el poder de Dios, quien hace bien todas las cosas.

Es relativamente fácil ir a la iglesia y cantar durante una hora, pero es otra cosa totalmente distinta vivir un día tras otro alabando al Señor con nuestra obediencia. Cuando estemos desalentados, hemos de alabarle (Salmos 42.5). La alabanza a Dios es el antídoto para cada problema. Cuando le alabamos, le estamos adorando al mantener nuestros ojos en Él.

En la mitad del Antiguo Testamento encontramos el himnario que Dios inspiró y del que Jesús cantó en el aposento alto la noche antes de su muerte (Mateo 26.30). Los ciento cincuenta salmos hablan de alabanza más de ciento cincuenta veces. Nuestra imaginación no puede comenzar a entender lo que debió de haber sido ver a Jesús sentado con los discípulos, cantando himnos de alabanza, sabiendo que al día siguiente moriría por los pecados del mundo. Muchos teólogos creen que Jesús habría dirigido a los discípulos en los salmos Hallel (himnos de alabanza), que aparecen en varios capítulos del libro de Salmos:

En ti, oh Jehová, he confiado [...]

Porque tú eres mi roca y mi castillo [...]
Sácame de la red que han escondido para mí,
Pues tú eres mi refugio.
En tu mano encomiendo mi espíritu;
tú me has redimido, oh Jehová, Dios de verdad. (Salmos 31.1, 3–5)

Me rodearon ligaduras de muerte,
Me encontraron las angustias del Seol;

Angustia y dolor había yo hallado.
Entonces invoqué el nombre de Jehová, diciendo: Oh Jehová,
libra ahora mi alma.
Tomaré la copa de la salvación,
E invocaré el nombre de Jehová. (Salmos 116.3–4, 13)

Te alabaré porque me has oído [...]

La piedra que desecharon los edificadores
Ha venido a ser cabeza del ángulo.
De parte de Jehová es esto. (Salmos 118.21–23)

Consideremos estos pocos ejemplos y entonces recordemos lo que el Señor dijo desde la cruz unas horas después: «Padre, en tus manos encomiendo mi espíritu» (Lucas 23.46).

Si nuestro Señor pudo cantar alabanzas a la vista de su horrible muerte, ¿no deberíamos nosotros tener siempre en mente pensar, hablar, cantar y alabarlo continuamente? Deberíamos; pasaremos la eternidad alabándole. No olvidemos la preparación del corazón cuando alabamos al Señor del cielo, porque Él es digno de alabanza genuina, no solo de labios.

¿Cómo deberíamos alabar? El salmista nos dice que le alabemos con un corazón recto (Salmos 32.11), que levantemos nuestras cabezas en alabanza (27.6), que usemos nuestra lengua para alabar su justicia (35.28), que le alabemos en conversación (50.23), que le alabemos cuando necesitemos esperar con paciencia (52.9), y que oremos continuamente con alabanza (72.15).

Las Escrituras nos enseñan que dirijamos nuestra alabanza hacia arriba, no hacia el interior. Pablo en particular nos dice que un corazón cambiado busca alabanza de parte de Dios, no de la gente (Romanos 2.29). Todos necesitamos que nos recuerden esta importante verdad: si estamos buscando aprobación y alabanza de otros, no tenemos nuestra mente en Cristo y en su gloria.

En Dios nos gloriaremos todo el tiempo,
Y para siempre alabaremos tu nombre. (Salmos 44.8)

En los buenos tiempos y en los tiempos problemáticos, alabe al Señor por su promesa de que Él nunca nos dejará ni nos abandonará. Esta es la clave para soportar pruebas y tentaciones: con cada respiración, alabe al Señor.

El apóstol Pablo demostró esto incontables veces cuando fue de país en país, de ciudad en ciudad, predicando «a Jesucristo, y a éste crucificado» (1 Corintios 2.2). Hubo veces en que Pablo llegaba a una ciudad y se encontraba en la cárcel antes de la caída de la noche. Probablemente nunca preguntó: «¿Dónde está el mejor hotel?». Con más probabilidad preguntaba: «¿Qué tipo de cárcel tienen aquí?», porque es ahí donde por lo general terminaba. Se podría decir que él tuvo el primer ministerio floreciente en las cárceles. Pero para nuestro beneficio, fue desde diversas cárceles que tenemos las valiosas epístolas de la prisión. Pablo tenía fuego en su alma por los perdidos y pagó el costo, no tanto por la libertad de expresión, sino por la libertad para predicar.

El doctor Lucas, quien viajó ampliamente con Pablo, registra una de esas escenas. En el corazón de Filipos, Macedonia, Pablo y su compañero Silas fueron metidos en la cárcel por haber sanado a una muchacha que estaba poseída por demonios. Los siervos de Dios estaban atados; sus pies, asegurados con grilletes.

Entonces, a la medianoche, se filtró el más hermoso sonido por los pasillos de las mazmorras. Era bastante distinto a los quejidos que normalmente se oían. Pablo y Silas estaban cantando himnos de alabanza a Dios. La Biblia dice que «los presos los oían» (Hechos 16.25). Oh, cómo suaviza el espíritu y atrae a otros a Él la música que honra a Dios.

Me pregunto cuál de los salmos cantaron. Quizá estuvieron allí el tiempo suficiente para cantarlos todos. Los presos podrían haber oído estos y otros más:

En Dios alabaré su palabra;

En Dios he confiado; no temeré;

¿Qué puede hacerme el hombre? (Salmos 56.4)

Saca mi alma de la cárcel, para que alabe tu nombre.
(Salmos 142.7)

De repente, los cimientos de la cárcel fueron sacudidos. Un gran terremoto había causado que las puertas se abrieran, y las cadenas de los prisioneros se cayeran (Hechos 16.26). Imagine el caos y la libertad que resultó para todos. Las Escrituras nos dicen que el guarda de la cárcel corrió a la oscuridad; apenas podía ver las puertas totalmente abiertas.

Sacó su espada para quitarse la vida porque sabía que sería severamente castigado por el gran escape. Entonces oyó: «No te hagas ningún mal, pues todos estamos aquí» (v. 28). Era la voz de Pablo. El guarda encontró una luz y descubrió que nadie se había escapado; de hecho, ellos se sometieron a él voluntariamente. Con incredulidad, el guarda se humilló y se postró temblando delante de Pablo y Silas, y dijo: «Señores, ¿qué debo hacer para ser salvo?» (v. 30). Este hombre había oído el evangelio de la alabanza desde la celda en la cárcel donde estaban Pablo y Silas, y su corazón fue movido a la salvación porque Pablo y Silas dieron gloria y honor al Señor en medio de sus pruebas.

Entonces creyeron a sus palabras

Y cantaron su alabanza. (Salmos 106.12)

Qué abundantes bendiciones recibimos de la Palabra de Dios. Santiago nos insta a alabar en el sufrimiento (Santiago 5.13). A lo largo del Nuevo Testamento, Pablo se refirió a la «alabanza de [...] su gracia» (Efesios 1.6), la «alabanza de su gloria» (v. 12), la alabanza con los hermanos (Hebreos 2.12), y el «sacrificio de alabanza» (Hebreos 13.15). Y en su segunda carta corintia, se refirió a uno de los fieles de Dios como el hermano «cuya alabanza en el evangelio se oye por todas las iglesias» (2 Corintios 8.18). ¡Qué testimonio entre los hermanos cristianos!

Pedro se refirió a esta bendición con la eternidad en mente: «Alabanza [...] cuando sea manifestado Jesucristo» (1 Pedro 1.7), alabanza «de aquel que os llamó de las tinieblas a su luz admirable» (1 Pedro 2.9), y glorificar a Dios «por Jesucristo» con alabanza «por los siglos de los siglos» (1 Pedro 4.11).

Todos estos hombres de Dios le alabaron al enfrentarse a la muerte, y en la muerte, pues cada uno de ellos murió como mártir por causa y para alabanza eterna de Jesucristo.

¿Cómo sonará la alabanza en el cielo eterno? Ya no cantaremos cantos de alabanza en medio de persecución, desesperación o cárcel, porque «Puso luego en mi boca cántico nuevo», un canto de alabanza a Dios (Salmos 40.3).

Le alabaremos a Él en su vasta expansión. Cantaremos alabanza al Altísimo y alabaremos su poder; le alabaremos por su Palabra. Y un día, su santo nombre será alabado por todo lo que respira.

Reinará Jehová para siempre [...] Aleluya.
(Salmos 146.10)

CAPÍTULO 24

JUSTICIA PARA SIEMPRE

El fundamento eterno

1 y 2 CORINTIOS

Velad debidamente.

—1 CORINTIOS 15.34

Su justicia permanece **para siempre.**

—2 CORINTIOS 9.9

MANTENERME JOVEN SIEMPRE FUE UNA DE MIS METAS. Nada en mí se veía atraído a las cosas viejas, ni siquiera a las queridas antigüedades de mi esposa. Cuando era joven, no podía imaginarme ser viejo. Tenía una cantidad de energía inusual, y esta me siguió hasta los años de adulto. Cuando llegó la mediana edad, tuve que lidiar con el cansancio físico, pero mi mente siempre estaba a toda marcha, y nunca era necesario mucho tiempo para que regresara mi energía después de un horario agotador. Luchaba con el hecho de hacerme viejo de todas las maneras que podía, haciendo ejercicio regularmente y bajando el ritmo cuando comencé a sentir el peso del paso del tiempo. Esta no fue una transición que recibí con agrado, y llegó un punto en que comencé a aborrecer lo que sabía que estaba llegando.

Mi esposa Ruth, sin embargo, era una de esas personas que podía iluminar los corazones cansados, especialmente el mío. Nunca olvidaré cuando ella anunció lo que quería que dijera su lápida, y quienes amablemente han visitado su tumba en la Biblioteca Billy Graham han visto que consiguió lo que quería.

Mucho antes de que Ruth enfermara, iba conduciendo por una autopista que atravesaba un lugar en construcción. Siguiendo con atención los desvíos y las señales que advertían cautela, llegó a la última que decía: «Final de la construcción. Gracias por su paciencia».

Llegó a casa ese día sonriendo, y le habló a la familia sobre las señales. Dijo: «Cuando yo muera, quiero tener eso grabado en mi lápida». Fue desenfadada y a la vez seria respecto a su petición. Incluso lo escribió para que no lo olvidáramos.

Aunque apreciamos lo humorístico, también nos resultó reveladora la verdad que ella comunicaba mediante esas pocas palabras. Todo ser humano está en construcción desde la concepción hasta la muerte. Cada vida está formada por errores y aprendizajes, espera y crecimiento, practicar paciencia y ser persistente. Al final de la construcción, la muerte, hemos completado el proceso.

Aparece en nuestra mente la vieja pregunta: «¿Es eso todo?». Claro que no.

Personas en tiempos de la Biblia se hicieron la misma pregunta, y Pablo escribió: «Si en esta vida solamente esperamos en Cristo, somos los más dignos de conmiseración de todos los hombres. Mas ahora Cristo ha resucitado de los muertos; primicias de los que durmieron es hecho» (1 Corintios 15.19–20).

Pablo dejó claro en las Escrituras que al igual que Adán trajo la muerte a todos los hombres mediante el pecado, así Cristo puede dar vida a los hombres mediante la cruz y la resurrección.

La muerte física dice: «Esta es la finalidad del logro». No podemos añadir nada más a nuestra experiencia terrenal. El cuerpo natural es terrenal, creado del polvo de la tierra, y diseñado para vivir un tiempo determinado. No puede heredar lo que durará para siempre.

El espíritu (el alma), sin embargo, pertenece al Dios que sopló vida en él. Esta es la parte real que ha estado en construcción. Esto es lo que hace que seamos los individuos que somos: las cualidades invisibles de personalidad, pensamientos y emociones. El salmista escribió:

Te alabaré; porque formidables, maravillosas son tus obras;
Estoy maravillado,
Y mi alma lo sabe muy bien. (Salmos 139.14)

Cuando, como creyentes en Cristo, nos esforzamos por vivir justamente, ayudados por el Espíritu Santo, morimos como creyentes en Cristo, quien entonces nos hace justos.

Confortará mi alma;
Me guiará por sendas de justicia por amor de su nombre.
(Salmos 23.3)

El primer hombre, Adán, representa el cuerpo natural. Pero el último Adán, que es Cristo, es un «espíritu vivificante» (1 Corintios 15.45) que representa el cuerpo espiritual. El hombre natural cosecha injusticia, y el hombre espiritual cosecha justicia. El incrédulo ama las cosas del mundo, y el creyente ama las cosas de Dios. Veamos estos dos cuerpos que batallan el uno contra el otro.

El hombre natural ama las cosas de la carne y busca maneras de satisfacer sus deseos carnales corriendo tras el placer y alimentando su sensualidad. El hombre natural es rebelde, engañoso y ciego; no quiere ser controlado porque ama el yo. El hombre natural simplemente no busca a Dios. Todos nacemos con estas tendencias, y cuando son alimentadas, conducen a las personas a la muerte.

> Como la justicia conduce a la vida,
> Así el que sigue el mal lo hace para su muerte. (Proverbios 11.19)

No muy lejos de donde vivo, un banco local sufrió un robo. El ladrón demandó dinero en efectivo a la cajera, pero no sabía que la bolsa que ella le había entregado contenía una bomba de tinta. Esta explotó, cubriendo el dinero, la bolsa y su mano. La ley le juzgó debido a la evidencia irrefutable que había contra él.

Debido al pecado, tenemos tinta que ha oscurecido nuestras almas, y no podemos limpiarla. Nos quedan manchas que serán reveladas en el juicio. El único limpiador que las limpiará y nos dejará puros como la nieve es la sangre carmesí de Jesucristo, que da a los creyentes el estatus de justos delante de Dios. La Biblia dice: «No teniendo mi propia justicia, que es por la ley, sino la que es por la fe de Cristo, la justicia que es de Dios por la fe» (Filipenses 3.9).

Dios ha plantado en nosotros la capacidad de conocerlo a Él. Cuando aceptamos a Cristo, el hombre espiritual es hecho nuevo y se le da el Espíritu Santo para cambiar su naturaleza, haciendo que piense en cosas que son justas y santas. Quienes tienen mente espiritual se convierten en «participantes de la naturaleza divina» (2 Pedro 1.4). Esto no significa que los creyentes nunca tengan tentaciones, pero reciben fuerzas para apartarse de ellas y vivir de la manera que agrada a Dios.

El apóstol Pablo pasó gran cantidad de tiempo escribiendo a la iglesia en Corinto. Para mí, la iglesia corintia era una de las iglesias más tristes y trágicas en el Nuevo Testamento. Quienes servían y adoraban allí eran carnales y poco espirituales. En la primera carta de Pablo a ellos escribió: «De manera que yo, hermanos, no pude hablaros como a espirituales, sino como a carnales, como a niños en Cristo [...] ¿no sois carnales, y andáis como hombres?» (1 Corintios 3.1–3). Continuó: «¿No sabéis que sois templo de Dios, y que el Espíritu de Dios mora en vosotros? Si alguno destruyere el templo de Dios, Dios le destruirá a él; porque el templo de Dios, el cual sois vosotros, santo es» (vv. 16–17).

En amor, Pablo corrigió a los cristianos corintios y les enseñó que a menos que fueran continuamente llenos del Espíritu Santo, su servicio no sería dotado de fortaleza de arriba. Sus palabras de disciplina debieron de haber sido difíciles de escuchar, aunque eran necesarias. «Es verdad que ninguna disciplina al presente parece ser causa de gozo, sino de tristeza; pero después da fruto apacible de justicia a los que en ella han sido ejercitados» (Hebreos 12.11).

Al igual que alimentamos el cuerpo físico, también debemos alimentar el alma. ¿Cómo hacemos eso? Por un acto de la voluntad en obediencia al Espíritu, permitiendo que Dios plante semillas de verdad de su Palabra, que da el poder. Debemos reconocer la presencia del Espíritu Santo que mora en nosotros, orando para que la Palabra de Dios nos instruya, y pidiéndole a Él que nos dé sabiduría para obedecerle. Esto capacita nuestra fe. «Los labios del justo saben hablar lo que agrada» (Proverbios 10.32). Ese es el modo de aumentar «los frutos de vuestra justicia» (2 Corintios 9.10).

Mediante el pecado de desobediencia de Adán todos fuimos hechos pecadores; «así también por la obediencia de uno», su sacrificio en la cruz por el pecado, «los muchos serán constituidos justos» (Romanos 5.19). Pedro escribió a los creyentes «para que nosotros, estando muertos a los pecados, vivamos a la justicia» (1 Pedro 2.24).

Ser levantado a una vida nueva se explica mejor mediante los principios de plantar cosechas. Yo me crie en una granja y aprendí a trabajar la tierra. Una semilla tiene vida en ella, pero cuando es plantada, primero debe morir y entonces ser restaurada para producir fruto.

Esta es la imagen de la muerte y la resurrección. Los cuerpos de los creyentes mueren a la vida carnal y son resucitados nuevos. La Biblia dice: «Pero Dios le da el cuerpo como él quiso, y a cada semilla su propio cuerpo» (1 Corintios 15.38).

Mi esposa, Ruth, caminó a mi lado por el camino de la vida durante sesenta y cuatro años, y la extraño. Ella era la mujer más piadosa que haya conocido jamás. Siguió a Cristo por el camino que Él marcó para ella con gracia y dignidad, y sonreía durante el viaje: en lo bueno y en lo malo.

Muchas veces la oí citar 2 Corintios 5.1: «Porque sabemos que si nuestra morada terrestre, este tabernáculo, se deshiciere, tenemos de Dios un edificio, una casa no hecha de manos, eterna, en los cielos».

Cuando Ruth fue separada de su cuerpo golpeado por el dolor, y su construcción terrenal quedó completa, encontró paz verdadera. Su morada ahora es eterna.

Los recuerdos son muy vívidos cuando rememoro sus últimos momentos con nosotros en su querida Little Piney Cove, nuestra casa en las montañas Blue Ridge. Su tabernáculo terrenal era débil y frágil, pero su espíritu era fuerte porque su mente estaba en su hogar celestial. Sus pies, aunque cansados, estaban preparados para dar el primer paso en la gloria. Ella ya no tiene que maniobrar por desvíos; ha viajado por la autopista hacia el cielo. Yo me uniré pronto a ella.

A mi esposa le gustaban las cosas viejas; representaban longevidad, carácter y supervivencia. Este amor por lo antiguo le hizo atesorar recuerdos de la niñez en China. Cuando Ruth murió, la familia hizo grabar en una piedra muy antigua el carácter chino para la palabra justicia. Ella había esperado el día en que estaría delante del Señor, habiendo despertado a la justicia, un atributo piadoso más viejo que el tiempo.

Como cristianos podemos esperar permanecer en la justicia de Cristo porque las buenas nuevas es el evangelio de antaño que es desde el principio y permanecerá para siempre.

Pero los justos tienen un cimiento eterno.
(Proverbios 10.25, NTV)

CAPÍTULO 25

LA CRUZ ETERNA

El travesaño en los escombros y la cruz en nuestros corazones

GÁLATAS

> *Porque el que siembra para su carne, de la carne segará corrupción; mas el que siembra para el Espíritu, del Espíritu segará vida **eterna** [...] Pero lejos esté de mí gloriarme, sino en la cruz de nuestro Señor Jesucristo.*

—GÁLATAS 6.8, 14

«PENSAMOS QUE EL DIABLO ESTABA AQUÍ», DIJO EL BOMBERO, «PERO CON ESTA CRUZ, SABEMOS QUE DIOS ESTÁ AQUÍ».[1] Entre los escombros después del 11 de septiembre, fue descubierta una cruz de un travesaño de acero de veinte pies (seis metros). Aunque personas de todo tipo observaron con terror mientras las torres del World Trade Center en Nueva York se derrumbaban, la vista de una cruz produjo esperanza a muchas, y terror a algunas. Ateos demandaron que la cruz, que después se mostró en exposición, fuera sacada del Museo y Memorial Nacional del 11 de septiembre, operado privadamente. Afirmaban que muchas personas eran «heridas» cuando la veían.

Para algunos, la cruz de Cristo incita alegría; para otros, incita temor. La cruz puede ser de consuelo para el espíritu de las personas, o puede revelar la corrupción del corazón humano y causar convicción de pecado. Esto es una ilustración de lo que el apóstol Pablo dijo: «Pero lejos esté de mí gloriarme, sino en la cruz de nuestro Señor Jesucristo, por quien el mundo me es crucificado a mí, y yo al mundo» (Gálatas 6.14).

El mensaje de Pablo del evangelio estaba centrado en Jesucristo y en la cruz que Él llevó por el mundo entero. Pablo podía haberse gloriado en muchas cosas sobre sí mismo. Tenía una buena educación, era un erudito religioso y teólogo de las Escrituras, ciudadano romano con un linaje impecable, y un dotado orador.

Pablo también podía haberse gloriado en su encuentro con el Cristo encarnado en el camino de Damasco y en la sanidad de su ceguera. Podía haberse gloriado en los dones de sanidad que poseía; incluso podía haberse gloriado en su llamado a predicar al mundo gentil.

Pero en cambio, Pablo se gloriaba en la cruz. ¿Por qué?

La crucifixión de Jesús en la cruz fue la más terrible de todas las muertes, pero Pablo entendía lo que la cruz representaba, y ese mensaje alimentaba su resolución de ir al mundo y predicar el evangelio de Cristo. Pablo entendía el doble mensaje de la cruz de Cristo: el juicio de Dios del pecado y su gran amor por el pecador. Pablo se gloriaba en la duplicidad de lo que la cruz representaba.

Mire, la cruz muestra la profundidad de nuestros pecados. No podemos saber lo profundamente que el pecado ofende a Dios hasta que miramos la cruz. La gente hoy día ve la cruz como un símbolo de perdón, sin considerar el pecado que llevó a Cristo allí. La cruz, sin su poderoso mensaje, no tiene poder.

Cuando usted se cuelgue una bonita cruz en su cuello o la clave en su solapa, que siempre le recuerde que el pecado envió a Jesucristo a la cruz. Que le recuerde el tremendo regalo que trae, pero nunca olvide que debido a nuestro pecado Cristo tuvo que morir allí. Y nunca subestime el poder destructivo del pecado:

El pecado afecta la mente. «Pero el hombre natural no percibe las cosas que son del Espíritu de Dios [...] porque se han de discernir espiritualmente» (1 Corintios 2.14).

El pecado afecta la voluntad. Las personas fácilmente se vuelven esclavas de sus pecados. Pero Jesús dijo que su verdad nos hará libres (Juan 8.32).

El pecado afecta la conciencia. La Biblia dice: «Y su conciencia, siendo débil, se contamina» (1 Corintios 8.7).

Pablo se gloriaba en la cruz porque demuestra el juicio de Dios sobre el pecado mediante el sacrificio voluntario de Cristo en lugar del hombre pecador.

Todos nosotros nos descarriamos como ovejas, cada cual se apartó por su camino; mas Jehová cargó en él el pecado de todos nosotros. (Isaías 53.6)

Pero también se gloriaba en la cruz porque muestra el amor de Dios. «Porque de tal manera amó Dios al mundo, que ha dado a su Hijo unigénito» (Juan 3.16). Pero hay otras razones por las que Pablo se gloriaba en la cruz.

Pablo se gloriaba en la cruz porque es el único camino a la salvación. «Porque no hay otro nombre bajo el cielo, dado a los hombres, en que podamos ser salvos» (Hechos 4.12).

Pablo se gloriaba en la cruz porque daba una dinámica nueva a la vida. «Las cosas viejas pasaron; he aquí todas son hechas nuevas» (2 Corintios 5.17).

Pablo se gloriaba en la cruz porque sabía que garantizaba la vida futura. «Dios nos ha dado vida eterna; y esta vida está en su Hijo» (1 Juan 5.11).

Pablo se gloriaba en la cruz porque Cristo derrotó a la muerte mediante su resurrección. «Que todo aquél que ve al Hijo, y cree en él, tenga vida eterna; y yo le resucitaré en el día postrero» (Juan 6.40).

La cruz es el lugar de encuentro entre Dios y el hombre, y Jesús es el puente. «Porque él es nuestra paz [...] derribando la pared intermedia de separación [...] y mediante la cruz reconciliar con Dios a ambos en un solo cuerpo» (Efesios 2.14–16).

La cruz es también el símbolo de perdón. «Padre, perdónalos, porque no saben lo que hacen» (Lucas 23.34).

La cruz representa la reconciliación. «Pero ahora en Cristo Jesús, vosotros que en otro tiempo estabais lejos, habéis sido hechos cercanos por la sangre de Cristo» (Efesios 2.13).

La cruz representa la paz de Dios. «Por cuanto agradó al Padre que en él habitase toda plenitud, y por medio de él reconciliar consigo todas las cosas, así las que están en la tierra como las que están en los cielos, haciendo la paz mediante la sangre de su cruz» (Colosenses 1.19–20).

La cruz representa la victoria sobre la carne. «En los cuales anduvisteis en otro tiempo, siguiendo la corriente de este mundo [...] y éramos por naturaleza hijos de ira [...] Pero Dios, que es rico en misericordia, por su gran amor [...] nos dio vida juntamente con Cristo» (Efesios 2.2–5).

Cuando usted ha estado en la cruz, nunca puede ser el mismo, y nunca se avergonzará de lo que Jesucristo ha hecho por usted.

La obra de Cristo en la cruz es eterna. Su gloria nunca se desvanecerá. La cruz estaba en el corazón del Padre y del Hijo desde el principio, y el Señor no la dejó atrás cuando se fue de este mundo. La cruz está también en los corazones de aquellos que se han entregado al Señor.

El árbol de la vida fue plantado en el huerto hace mucho tiempo. No fue desarraigado debido al pecado del hombre. No, el hombre fue desarraigado: sacado del poder transformador del árbol. Jesús vino a restaurar el poder poniendo la cruz en los corazones de las personas. Por eso Jesús dijo: «Si alguno quiere venir en pos de mí [...] tome su cruz, y sígame» (Mateo 16.24).

La cruz, su cruz, es eterna en su juicio. Además, es eterna por el amor que derrama en los corazones de su pueblo. Por eso Pablo dijo que se gloriaría solamente en la cruz (Gálatas 6.14). Por eso nos dijo que sembremos al Espíritu que cosecha vida eterna (v. 8).

No podemos tan solo ver la cruz como un emblema, como algunos hicieron después del 11 de septiembre. La cruz debe llevarnos a una decisión. ¿Nos aferraremos a ella y la llevaremos en nuestro corazón, sembrando su mensaje de amor y vida nueva, o permitiremos que el mensaje que da vida sea enterrado en los escombros del pecado, trayendo juicio? ¿Cosechará usted la vida eterna de gloria, o vida eterna rodeada de vergüenza?

El destino eterno para los creyentes en Cristo es la gloria del cielo, proporcionada por la gloria de la cruz de Aquel que murió por el mundo. No se aferre a la cruz pulida que se exhibe. Aférrese a la vieja cruz manchada de sangre, porque es el camino por el cual nuestros corazones pecadores son lavados y dejados más blancos que la nieve.

Puestos los ojos en Jesús, el autor y consumador de la fe,
el cual por el gozo puesto delante de él sufrió la cruz,
menospreciando el oprobio, y se sentó a la diestra del
trono de Dios. (Hebreos 12.2)

CAPÍTULO 26

La iglesia eterna

Despertar y tomar el mando

Efesios

> *El propósito de Dios con todo esto fue utilizar a
> la iglesia para mostrar la amplia variedad de su
> sabiduría a todos [...] Ese era su plan **eterno**.*

—Efesios 3.10–11, ntv

La iglesia está agitada hoy día. ¿A qué se debe? Quizá sea porque está pasando más tiempo aprendiendo caminos mundanos que aprendiendo la Palabra. Teológicamente hablando, me temo que miles de iglesias están desviando a la gente. Esto conduce al declive espiritual y moral, y las personas quedan vagando sin dirección y sin una brújula o guía.

Dios no ordenó eso para su iglesia. Los israelitas sabían lo que era vagar, porque vagaron por el desierto durante cuarenta años. Pero la iglesia de Dios fue llamada a testificar; sin embargo, vemos hoy día un gran alejamiento, una deserción de la fe, reflejando el patrón del pueblo de Dios de antaño.

E irán errantes [...] buscando palabra de Jehová, y no la hallarán.
(Amós 8.12)

El libro de Apocalipsis contiene siete cartas dictadas a Juan para ser enviadas a las siete iglesias en Asia. En la actualidad, los pastores harían bien en hacer un estudio serio de ellas con sus congregaciones. «El que tiene oído, oiga lo que el Espíritu dice a las iglesias» (Apocalipsis 2.11).

El examen que Cristo hace de sus iglesias en ese tiempo es también una acusación a la iglesia en la actualidad. Aunque sus palabras duelen con verdad, también están llenas de maravillosas promesas de lo que puede suceder cuando prestamos atención a sus advertencias y seguimos sus mandamientos, lo cual produce convicción, arrepentimiento y purificación. Solo entonces puede la iglesia ser eficaz realmente.

Un hombre en Oregón escribió una vez: «Durante dos mil años la iglesia ha estado en existencia, y seguimos teniendo guerra y miseria. La iglesia es un fracaso». Yo le preguntaría esto: ¿es la penicilina un fracaso cuando un paciente se niega a aceptarla y seguir las indicaciones? ¿Son los antibióticos un fracaso cuando el médico descuida recetarlos?

La iglesia, el cuerpo de Cristo, nunca fallará; sin embargo, cuando las «iglesias» se alejan de la Palabra de Dios para ir tras el sistema del mundo, tropiezan y caen. Hay una inmensa diferencia entre piedad y mundanalidad. Hay una crisis actualmente de muchos cristianos profesantes que caminan de la mano del mundo, haciendo que sea difícil distinguir al cristiano del incrédulo. Eso nunca debería ser así.

La iglesia no fue pensada para detener guerras o para resolver la miseria. La iglesia fue pensada para proclamar el amor y el perdón de Dios a toda la gente, y declarar que Jesucristo vino a erradicar el pecado en los corazones de las personas. Él regresó a su Padre en el cielo para hacer intercesión por nosotros, dejando a la iglesia para que sea su luz en un mundo oscuro y hostil. Siempre habrá escépticos, pero Jesús dijo: «Edificaré mi iglesia; y las puertas del [infierno] no prevalecerán contra ella» (Mateo 16.18).

Los cristianos actuales están rodeados de propaganda mundana que se está infiltrando en la iglesia cuando las cosas de Jesucristo deberían estar inundando la iglesia. Hace años, una mañana de domingo en Washington, DC, una mujer llamó a la Iglesia Nacional Presbiteriana, donde mi buen amigo, el difunto doctor Edward L. R. Elson, era pastor. Resultaba ser la iglesia del presidente Eisenhower. Quien llamaba preguntó: «¿Esperan que el presidente asista a la iglesia hoy?».

La operadora respondió: «No puedo prometerlo, pero Dios estará aquí entre su pueblo, y ese debería ser un incentivo suficiente para que cualquiera asista». Amigos, la iglesia ha de estar centrada en el Señor Jesucristo.

Pero ¿qué es exactamente la iglesia? ¿Es un edificio con una aguja o un pabellón deportivo abandonado que ha sido convertido en un centro de adoración? ¿Es un viejo santuario lleno de bancas de madera o el frente lleno de sillas plegables que pueden quitarse para hacer lugar a eventos culturales? ¿Es la iglesia un lugar de oración o de servicio comunitario?

¿Cuál es la iglesia verdadera? Una de las palabras griegas para iglesia, *ekklesía*, significa «llamar fuera»:[1] somos los llamados del mundo para ser la luz de Cristo. Esto es inquietante para muchos porque cuando se esfuerzan por llevar la Palabra de Dios a incrédulos, con frecuencia ellos son más influenciados por los caminos del mundo.

La iglesia pertenece a Jesucristo. Él fundó la iglesia. Él es la gran piedra angular y el fundamento sobre el cual está construida (Efesios 2.20). La iglesia no pertenece a pastores o congregaciones, sino solamente a Cristo. Es su morada en la tierra, mediante las vidas de sus seguidores. No tenemos derecho alguno a llevar los caminos del mundo a nuestra iglesia. El sistema de depuración de aguas residuales del mundo amenaza con contaminar la corriente del pensamiento cristiano; sus raíces están profundizando en muchas iglesias en la actualidad.

Pablo afirmó esto en su carta a la iglesia en Éfeso: «Arráiguense profundamente en él y edifiquen toda la vida sobre él. Entonces la fe de ustedes se fortalecerá en la verdad» (Colosenses 2.7, NTV). El propósito de

Dios en todo esto, dijo Pablo, es «utilizar a la iglesia para mostrar la amplia variedad de su sabiduría a todos [...] Ese era su plan eterno, que él llevó a cabo por medio de Cristo Jesús nuestro Señor» (Efesios 3.10–11, NTV).

Jesús murió por la iglesia y está sobre la iglesia. «Y él es la cabeza del cuerpo que es la iglesia [...] para que en todo tenga la preeminencia» (Colosenses 1.18). Si tuviéramos que examinar los programas eclesiales en la actualidad, ¿sería Cristo realmente preeminente? Los creyentes deberían reflejar a Cristo en todos los aspectos. ¡Qué responsabilidad! ¡Qué privilegio!

La iglesia ha de ser construida sobre su Palabra. A menos que la iglesia recupere rápidamente el mensaje bíblico autoritativo, puede que seamos testigos del espectáculo de millones de cristianos que salen de la iglesia institucional para encontrar alimento espiritual. Hasta cierto grado eso ya está sucediendo, y la Biblia nos advierte (Hebreos 6.4–6).

Muchas iglesias ahora forman sus programas en torno a la comunidad, no a la Palabra de Dios. Los boletines de la iglesia a menudo reflejan esto anunciando grandiosos programas y actividades con poco o ningún énfasis en la Palabra de Dios. El Señor no pensó la iglesia para que se acomodara a los deseos de las personas; el Señor sopló vida a la iglesia para aprender, proclamar y practicar sus verdades. Debemos edificarnos unos a otros en la Palabra de Dios (Judas 20).

La iglesia ha de tener comunión. Cuando Jesús dio nacimiento a la iglesia, los creyentes se sometían a la enseñanza de los apóstoles: la Palabra de Dios inspirada. También se reunían en comunión juntos, oraban juntos, y compartían la Cena del Señor (Hechos 2.42). Para ellos, esta comunión era una probada del cielo en la tierra. Este es el diseño eterno de Dios. «[Jesús] es la vida eterna [...] y nuestra comunión es con el Padre y con su Hijo, Jesucristo» (1 Juan 1.2–3, NTV).

El mensaje de la iglesia es Jesucristo crucificado, resucitado y que regresará de nuevo. Tome tiempo para leer los Hechos de los Apóstoles; aquellos creyentes estaban encendidos con el mensaje del evangelio. Cuando las personas observaban su testimonio por Cristo, gritaban: «Estos que trastornan el mundo entero» (Hechos 17.6). ¿Está la iglesia marcando ese tipo de impacto en la actualidad? ¿O se ha vuelto complaciente como la iglesia en Laodicea, a la que el Señor reprendió diciendo: «Eres tibio, y no frío ni caliente» (Apocalipsis 3.16)?

¿Ha observado alguna vez brasas en una fogata? Si las mueve y las separa, se enfriarán y se apagarán rápidamente, pero si están juntas se mantienen ardiendo. Jeremías dijo: «¿No es mi palabra como fuego?» (Jeremías 23.29). El cuerpo de Cristo debe estar lleno de pasión para vivir testimonios delante de un mundo moribundo.

La misión de la iglesia es dar a conocer a Jesucristo. Felipe es la única persona en la Biblia que fue llamado evangelista. Dar a conocer a Cristo no es un mandato dado exclusivamente a los predicadores. Creo que una de las mayores prioridades de la iglesia es movilizar a los laicos a hacer la obra de proclamar el evangelio. ¿Por qué? Dios tiene a su pueblo en todas partes. Vivir la Palabra de Dios es lo que atrae a las personas a Cristo, pero en cambio, estamos usando trucos astutos. Hemos de ser testigos para Él dondequiera que estemos, en lo que estemos haciendo.

Vemos el maravilloso ejemplo de Priscila y Aquila, buenos amigos de Pablo. Ellos tenían como profesión hacer tiendas; pero también actuaban como líderes en la iglesia y testigos eficaces para Cristo en su mundo, usando cada oportunidad para hablar a otros sobre el Camino (el nombre de la iglesia en el libro de Hechos; ver Hechos 9.2). De igual modo, Cristo nos ha dado a cada uno nuestro papel, y Él espera que le obedezcamos y le sirvamos. Si no caminamos del modo que Cristo ordena, entonces no podemos indicar «el camino» a otros.

La iglesia debe estar preparada para soportar persecución. Pablo dijo que deberíamos prepararnos para la dificultad como buenos soldados. «Ninguno que milita se enreda en los negocios de la vida, a fin de agradar a aquel que lo tomó por soldado», le escribió a Timoteo (2 Timoteo 2.4).

Pablo también escribió: «Fortaleceos en el Señor, y en el poder de su fuerza. Vestíos de toda la armadura de Dios, para que podáis estar firmes contra las asechanzas del diablo» (Efesios 6.10–11). Se nos dice que estemos preparados, que nos pongamos el cinto de la verdad, que nos pongamos la coraza de justicia, que nos pongamos las botas que llevarán el evangelio, y que tomemos el escudo de la fe, el casco de la salvación, y la espada del Espíritu (la Palabra de Dios), que representa el mensaje completo de Cristo. Y debemos tener en mente que esta batalla no es nuestra, sino de Dios (2 Crónicas 20.15).

Los Army Rangers o Rangers del Ejército es un regimiento distinguido: una fuerza especial de entrenamiento. Me fascina oír a mi nieto, que es Army Ranger, describir el intenso entrenamiento que se necesita para estar listo para el combate. Los Rangers tienen un objetivo: volverse duros, estar en forma y preparados para defender la libertad.

Esta es una imagen de lo que debería ser también la iglesia: estar en forma y preparada para batallar contra el pecado en el nombre de Jesús, y pelear la buena batalla de la fe. «Sigue la justicia, la piedad, la fe, el amor, la paciencia, la mansedumbre. Pelea la buena batalla de la fe, echa mano de la vida eterna, a la cual asimismo fuiste llamado» (1 Timoteo 6.11–12).

Se promete la recompensa eterna de la fidelidad de la iglesia:

> Por cuanto has guardado la palabra de mi paciencia, yo también te guardaré de la hora de la prueba que ha de venir sobre el mundo entero [...] He aquí, yo vengo pronto; retén lo que tienes, para que ninguno tome tu corona. Al que venciere, yo lo haré columna en el templo de mi Dios, y nunca más saldrá de allí. (Apocalipsis 3.10–12)

La iglesia es la novia de Cristo. Esta descripción puede parecer extraña, pero es la relación que Dios tenía en mente en el principio. Cuando Dios tomó una costilla del costado de Adán y formó a la mujer, la esposa de Adán, fue una imagen de lo que había de venir: la iglesia como la novia de Cristo. Cuando Cristo terminó su gran obra en la cruz y entregó su espíritu, un soldado alanceó su costado, y la sangre que salió dio nacimiento a la iglesia del Dios viviente.

La iglesia no es solamente la novia de Cristo, sino que los miembros de su cuerpo se convierten en «coherederos con Cristo» y los hijos de Dios (Romanos 8.17).

Llegará ese glorioso día en que seremos reunidos en el aire con nuestro Novio: Jesucristo. La novia de Cristo es la iglesia triunfante y eterna, que será reunida a su lado y reinará con Él para siempre. Los ángeles cantarán, los instrumentos sonarán; el pueblo de Dios alabará y adorará al Redentor. ¡Qué día será ese para la iglesia eterna!

A él sea gloria en la iglesia en Cristo Jesús por todas las edades, por los siglos de los siglos. (Efesios 3.21)

CAPÍTULO 27

GLORIA ETERNA

Honrar al Santo

FILIPENSES, COLOSENSES

Mi Dios, pues, suplirá todo lo que os falta conforme a sus riquezas en gloria [...] **por los siglos de los siglos.**

—FILIPENSES 4.19–20

Poned la mira en las cosas de arriba [...] Cuando Cristo, vuestra vida, se manifieste, entonces vosotros también seréis manifestados con él en gloria.

—COLOSENSES 3.2, 4

LAS PERSONAS TIENEN DOS GRANDES NECESIDADES ESPIRITUALES. La primera es el perdón, el cual Dios ha hecho posible al enviar a su Hijo al mundo para morir por nuestros pecados. Nuestra segunda necesidad es la bondad, la cual Dios también hizo posible al enviar al Espíritu Santo a morar en nuestro interior mientras seguimos estando en la tierra.

Realmente tenemos la gloria del Señor con nosotros en esta vida porque su Espíritu vive en nosotros. ¿Comprendemos en realidad que el Señor de todo nos da una probada de sus abundantes atributos mientras seguimos estando en estos cuerpos terrenales? ¿Refleja eso nuestra vida?

Como personas necesitadas le pedimos al Señor muchas cosas: alimento, ropa, empleo, un hogar, un cónyuge, hijos, y más. Nuestras mentes están enfocadas en nuestras necesidades físicas cuando la Biblia nos dice que no nos preocupemos por esas cosas (Mateo 6.25–34). En cambio, Pablo ora para que el Espíritu Santo nos guíe en toda verdad y sabiduría. «Pido en oración que, de sus gloriosos e inagotables recursos, los fortalezca con poder en el ser interior por medio de su Espíritu. Entonces Cristo habitará en el corazón de ustedes a medida que confíen en él» (Efesios 3.16–17, NTV). Esta es una promesa maravillosa.

Ayuda recordar que Dios Padre, Dios Hijo y Dios Espíritu Santo han existido desde la eternidad. La Trinidad es identificada en el primer capítulo de las Escrituras: «Y dijo [Dios]: "Hagamos al ser humano a nuestra imagen y semejanza"» (Génesis 1.26, NVI). La obra de la creación fue dada al Hijo (Juan 1.3), y el Espíritu Santo se movía sobre la faz de su creación (Génesis 1.2).

El Padre es la fuente de toda bendición. El Hijo es el canal de toda bendición. Y mediante el Espíritu Santo obrando en nosotros es que toda verdad se vuelve viva y operativa en nuestras vidas. «Nosotros [...] somos transformados de gloria en gloria en la misma imagen, como por el Espíritu del Señor» (2 Corintios 3.18).

Si los cristianos entendieran que Dios mismo en la persona del Espíritu Santo realmente mora dentro de nuestro cuerpo, tendríamos mucho más cuidado con lo que comemos, bebemos, miramos o leemos. ¿Podemos realmente engañarnos a nosotros mismos diciendo: «Señor, voy a ver una película que tiene contenido inapropiado, pero por favor dame una bendición espiritual mientras la veo y ayuda a que mi vida sea un testimonio para ti»? ¿O podemos pedir sinceramente al Señor que bendiga cualquier actividad que le deshonre a Él excusándola con: «Necesito identificarme con mis amigos»?

El Señor nos manda que salgamos del sistema del mundo y seamos separados. Eso no significa que nunca deberíamos asociarnos con el mundo, sino que no debemos participar de las cosas en las que el mundo participa y que no pueden dar gloria a Dios. Este mandamiento debería llevarnos a ponernos de rodillas en confesión y obediencia.

Al Señor le agrada que su pueblo desee las cosas más importantes. Somos llamados a ser ejemplos de Él en la tierra. ¿Nos conducimos como embajadores de Dios, sus hijos, o la novia de Cristo? ¿Damos la espalda a alimentar la carne? El Espíritu Santo da libertad al cristiano, dirección al obrero, discernimiento al maestro, poder a la Palabra, y fruto para el servicio fiel.

Me preocupa profundamente cuando oigo a cristianos orar para que el Espíritu Santo venga y «haga algo». Si usted conoce a Cristo, no tiene que rogar que el Espíritu Santo venga a su vida. Él ya está ahí, sienta o no sienta su presencia. No confunda al Espíritu Santo con un sentimiento emocional o un tipo particular de experiencia espiritual. Nunca es cuestión de cuánto tenemos usted y yo del Espíritu, sino de cuánto tiene Él de nosotros. Su cuerpo es el hogar del Espíritu Santo (1 Corintios 6.19).

Creo que una persona que está llena del Espíritu puede que incluso no sea consciente de ello. Ninguno de los seguidores de Cristo dijo de sí mismo: «Soy lleno del Espíritu». Otros lo dijeron de ellos, pero ellos mismos no lo afirmaron. Mi amigo, el difunto Roy Gustafson, dijo una vez: «El Espíritu Santo no vino para hacernos conscientes del Espíritu Santo, sino conscientes de Cristo». ¿Lo somos?

Cuando Jesús les dijo a sus discípulos que se iría, expresó: «Pero cuando venga el Consolador, a quien yo os enviaré del Padre, el Espíritu de verdad, el cual procede del Padre, él dará testimonio acerca de mí» (Juan 15.26). De igual manera, nosotros como seguidores de Cristo hemos de dar testimonio de Él, así que debemos tener cuidado de no buscar la llenura del Espíritu Santo por motivos egoístas. El Espíritu Santo no vino para glorificarnos a nosotros; no vino para glorificarse a sí mismo. Vino para glorificar a Cristo para siempre, por medio de nosotros.

Puede que pregunte: «¿Cómo podemos glorificar a Cristo?». Viviendo para Él: confiando en Él, amándole, obedeciéndole y sirviéndole, y confiando en el poder del Espíritu para hacerlo. Jesús dijo: «Así alumbre vuestra luz delante de los hombres, para que vean vuestras buenas obras, y glorifiquen a vuestro Padre que está en los cielos» (Mateo 5.16). No podemos glorificarle en la energía de la carne. Solamente en el poder del Espíritu podemos vivir vidas que glorifiquen a Dios, porque es mediante el Espíritu Santo que Cristo es glorificado en nosotros (Filipenses 1.19–20).

Pedro es un buen ejemplo de esto. Le habían arrestado por predicar y lo llevaron delante de los líderes religiosos. Las Escrituras dicen que Pedro, «lleno del Espíritu Santo» (Hechos 4.8), proclamó con valentía la muerte y la resurrección de Cristo. Anteriormente en las Escrituras, sin embargo, vimos a este mismo Pedro negar a Jesús con maldiciones. ¿Qué marcó la diferencia? La plenitud del Espíritu Santo de Dios. Y el resultado dio gloria al Señor. «Entonces viendo el denuedo de Pedro y de Juan [...] se maravillaban; y les reconocían que habían estado con Jesús» (v. 13). ¿Qué podría ser lleno de más gloria que haber «estado con Jesús»?

Los relatos del evangelio magnifican la gloria de Cristo, lo cual nos da esperanza y aumenta nuestra anticipación de pasar la eternidad con Él. Si no anhelamos a Dios, o bien no poseemos a Cristo como Salvador, o no estamos alimentando nuestra alma con verdad espiritual de la Palabra de Dios. Quienes han seguido a Cristo serán «manifestados con él en gloria» (Colosenses 3.4). Solamente oír su nombre llama a la gloriosa celebración.

Pensemos en cómo comienza el Nuevo Testamento, con el evento más glorioso: cuando Jesús nació. Los ángeles aparecieron a los pastores en el campo para anunciar las buenas nuevas.

Y la gloria del Señor los rodeó de resplandor [...] Pero el ángel les dijo [...] he aquí os doy nuevas de gran gozo, que será para todo el pueblo: que os ha nacido hoy, en la ciudad de David, un Salvador, que es CRISTO el Señor [...]

Y repentinamente apareció con el ángel una multitud de las huestes celestiales, que alababan a Dios, y decían:

¡Gloria a Dios en las alturas,
Y en la tierra paz, buena voluntad para con los hombres!
(Lucas 2.9–14)

Cuando Jesús fue bautizado por Juan, los cielos fueron abiertos, y «descendió el Espíritu Santo sobre él en forma corporal, como paloma, y vino una voz del cielo que decía: Tú eres mi Hijo amado; en ti tengo complacencia» (Lucas 3.22).

Justamente antes de que Jesús completara su ministerio terrenal, tomó a Pedro, Santiago y Juan y los llevó a un monte a orar. Los discípulos notaron que la apariencia de su rostro había cambiado, y su túnica se había vuelto blanca y resplandeciente. Le vieron en toda su gloria cuando oyeron la voz desde los cielos decir de nuevo: «Este es mi Hijo amado» (Mateo 17.5).

Cuando Jesús se apareció a los discípulos después de su resurrección, los llevó a un lugar fuera de Betania y dijo: «Pero recibiréis poder, cuando haya venido sobre vosotros el Espíritu Santo, y me seréis testigos [...] hasta lo último de la tierra» (Hechos 1.8).

Levantó sus manos y los bendijo, y entonces ascendió a las nubes. Mientras los discípulos miraban al cielo, dos hombres estaban a su lado con ropas blancas y les dijeron: «Varones galileos, ¿por qué estáis mirando al cielo? Este mismo Jesús, que ha sido tomado de vosotros al cielo, así vendrá como le habéis visto ir al cielo» (v. 11).

Llegará un día, amigos, en que Jesús aparecerá en el aire y toda la tierra verá «cuando el Hijo del Hombre venga en su gloria, y todos los santos ángeles con él, entonces se sentará en su trono de gloria» (Mateo 25.31). Quienes hayan negado a Cristo y sus santas palabras sufrirán el juicio del Señor. Pero aun así, toda criatura que haya nacido se postrará ante Jesucristo y confesará que Él es Señor, «para gloria de Dios Padre» (Filipenses 2.11).

Por lo tanto, ¿qué hemos de hacer hasta entonces? Glorificarle mediante la proclamación del evangelio y vivir de manera que demuestre la gloria del Espíritu Santo que reina en nuestras vidas. «En su bondad,

Dios los llamó a ustedes a que participen de su gloria eterna por medio de Cristo Jesús» (1 Pedro 5.10, NTV).

Se nos dice muchas veces en la Biblia que esperemos el regreso de Cristo, y un día le contemplaremos. Un ángel llevó al apóstol Juan a un monte alto, y allí él vio la santa ciudad de Jerusalén descender del cielo con gran gloria:

> Y no vi en ella templo; porque el Señor Dios Todopoderoso es el templo de ella, y el Cordero. La ciudad no tiene necesidad de sol ni de luna que brillen en ella; porque la gloria de Dios la ilumina, y el Cordero es su lumbrera. Y las naciones que hubieren sido salvas andarán a la luz de ella; y los reyes de la tierra traerán su gloria y honor a ella. (Apocalipsis 21.22–24)

No podemos comenzar a comprender la gloria de todo ello. El salmista declaró que su nombre es glorioso para siempre (Salmos 72.19). Pablo dijo que su reino y su poder son gloriosos y serán glorificados en la iglesia para siempre (Efesios 3.21), y Santiago llamó a Jesús glorioso Señor (Santiago 2.1). Podemos tener la mente en la eternidad hoy mientras vivimos para glorificarlo a Él.

Mas el Dios de toda gracia, que nos llamó a su gloria
eterna en Jesucristo [...] os establezca.
A él sea la gloria [...] por los siglos de los siglos.
(1 Pedro 5.10–11)

CAPÍTULO 28 ─────────────────────

Separados para siempre o unidos para siempre

─── *La tierra de los perdidos o la tierra de los vivos* ───

1 Y 2 TESALONICENSES

Los creyentes que hayan muerto [...] nosotros, los que aún sigamos vivos sobre la tierra [...] estaremos con el Señor **para siempre**.

—1 TESALONICENSES 4.16–17, NTV

Los que no conocen a Dios [...] serán [...] separados **para siempre** *del Señor*.

—2 TESALONICENSES 1.8–9, NTV

YO NO LO DIJE; DIOS LO DIJO: ¡TODAS LAS PERSONAS ESTÁN PERDIDAS SIN ÉL! El pecado es lo que nos separa de Dios y hace que vaguemos lejos de Él. Pero no tenemos que permanecer ahí. No tenemos que pasar la eternidad en la tierra de los perdidos.

Puede que usted diga: «Bien, yo hago cosas por los demás. Vivo una vida bastante buena».

Considere con atención lo que Dios ha dicho: «Nuestras [buenas obras son] como trapo de inmundicia» (Isaías 64.6). Nuestras obras nunca nos llevarán al cielo. «Porque por gracia sois salvos por medio de la fe; y esto no de vosotros, pues es don de Dios; no por obras, para que nadie se gloríe» (Efesios 2.8-9).

La vida y la muerte llegan al cuerpo y al alma. La Biblia dice: «Y no temáis a los que matan el cuerpo, mas el alma no pueden matar; temed más bien a aquel que puede destruir el alma y el cuerpo en el infierno» (Mateo 10.28).

El peor tipo de muerte se describe en las Escrituras: muerte interminable en un lago de fuego y azufre que arde para siempre. Al igual que no podemos imaginar la maravilla de vivir para siempre en gloria, tampoco es posible que comprendamos la alternativa.

El erudito en griego A. T. Robertson dijo: «Reúna todas las expresiones que pueda encontrar en el Nuevo Testamento, como *infierno, lago de fuego, oscuridad de afuera* y *abismo sin fondo*, y deje que su imaginación corra libre, y será imposible que entienda nunca lo horrible de lo que significa estar perdido».

Toda persona que rechaza a Cristo y su obra expiatoria será lanzada a este horrible pozo de desesperación. Peor aún será recordar que fue por decisión; que Dios le llamó a la salvación pero usted rechazó su maravilloso regalo. Dios no envía a las almas no arrepentidas al pozo de oscuridad; esas almas escogen su destino. Habrá oído la frase: «Ellos no están viviendo; ¡tan solo están existiendo!». No habrá «vida con propósito» en el infierno, solamente una existencia más allá de toda miseria.

Satanás está mucho en la arena pública en estos tiempos. Está ejercitando su poder de seducción, salpicando el camino ancho de hermosas pero mortales flores que conducen al infierno. Nuestra cultura está saturada de humor diabólico entregado como diversión. Gran parte de la música le glorifica a él. Seductoras películas y programación televisiva temeraria alimentan el aburrimiento. ¿Es de extrañar que casi todas las formas de entretenimiento estén llenas de trampas demoníacas?

Puede que se pregunte cómo es realmente el infierno. No mire a los cómicos para encontrar respuestas. La Biblia le dice la verdad. El infierno es un lugar de tristeza e inquietud, un lugar de lloro y un horno de fuego, un lugar de tormento, un lugar de total oscuridad, un lugar donde las personas gritan rogando misericordia, un lugar de castigo eterno.

Esa es la descripción de Dios, no la mía. Y es donde muchos pasarán la eternidad. Si usted acepta cualquier parte de la Biblia, está obligado a aceptar la realidad del infierno, el lugar de castigo para aquellos que rechazan a Cristo.

Muchas personas objetan a la doctrina del infierno. Algunos creen en el universalismo: que todos finalmente serán salvos. Otros no aceptan que *eterno* e *interminable* significan para siempre. Pero la misma palabra bíblica que habla del castigo eterno se utiliza para vida eterna en el cielo. Se usa la misma palabra griega con *el gozo del justo* y *el castigo del malvado*; la duración es la misma: para siempre.

La aniquilación es otra teoría sobre lo que sucede al final de la vida terrenal: el alma deja de existir y es destruida. Pero cuando la Biblia habla de perecer, puede traducirse como *destrucción, perdición, desgracia*. No significa que el alma deja de ser, sino más bien que está tan arruinada que ya no sirve al propósito para el cual fue diseñada.

Hoy día el tema del infierno es muy popular, excepto en las iglesias. Y me preocupa que muchos predicadores hayan dejado de hablar de él, pues el Señor mismo habló más del infierno que del cielo, y Él no endulzó su descripción de este lugar de condenación. Sin embargo, nuestra cultura ignora esto y ha aprendido a estar cómoda con la idea del infierno. Muchos incluso presumen de que esperan llegar allí.

Jesús contó una parábola en Lucas 16.19–30 sobre un mendigo llamado Lázaro que murió y fue llevado por los ángeles al seno de Abraham, otra manera de describir el cielo (v. 23). Un hombre rico que había sido cruel con Lázaro también murió y fue enterrado, y su alma fue al Hades, el lugar de los muertos.

Jesús dijo que el hombre rico atormentado vio a Abraham a mucha distancia, y Lázaro estaba con él. El hombre gritó: «Padre Abraham, ten misericordia de mí, y envía a Lázaro para que moje la punta de su dedo en agua, y refresque mi lengua; porque estoy atormentado en esta llama» (v. 24). El rico rogaba alivio, pero había un gran abismo de separación entre él y Lázaro; nadie podía cruzar. El rico entonces rogó a Abraham que enviara a alguien a advertir a sus hermanos para que ellos no terminaran en la tierra de los perdidos.

En su historia, Jesús usó imágenes gráficas para describir lo horrible del infierno, y también pintó un cuadro de separación eterna. No hay remedio después de la muerte; es la condenación para los incrédulos y el día de reunión para quienes están en la presencia de Cristo. No hay apelaciones.

El «abismo» en la historia señala a la cruz. Mire, por eso vino Jesús. Mediante su muerte y resurrección, Jesús se convirtió en el puente para los pecadores, permitiéndonos cruzar desde la separación hasta la comunión eterna con Dios.

Veamos a este hombre rico. Está claro en la historia que él tenía rasgos físicos. Sus ojos podían ver, sus oídos podían oír, su mente funcionaba, su memoria recordaba a sus hermanos vivos, su boca podía hablar y su lengua le ardía. Es dudoso que este hombre estuviera pensando en sus riquezas, pero si lo estaba, entendió por primera vez que el dinero no podía comprarle un pase para salir de la cárcel.

La conciencia de este hombre estaba totalmente despierta; estaba en angustia mental. Estaba solo y sin esperanza, pero aun así quería que Lázaro le sirviera. No había señal alguna de humildad, y tampoco pidió salvación personal; había ignorado su hora de decisión en la tierra, y sabía que no había vuelta atrás. Su único acto redentor fue suplicar que alguien avisara a sus hermanos para que no le siguieran al lugar del terror.

El propósito del infierno es el juicio del pecado. El pecado es el rechazo del Señor Jesucristo, quien es el remedio para el pecado. Los seres humanos tienen una naturaleza intuitiva e instintiva; saben cuando van mal. Por eso se emplea tanto esfuerzo en encubrir las malas obras. La conciencia puede señalar a la persona cuándo ha pecado. La culpabilidad comienza a carcomerle, y una pequeña luz roja en el alma advierte de un día de retribución. Ahora bien, cuando las personas pecan continuamente, pueden volverse inmunes y ya no notar las señales de advertencia.

La mayoría de las sociedades no permiten que quienes quebrantan la ley de modo incorregible tengan la misma libertad que los ciudadanos que la cumplen. Quitemos la imposición de la ley y la retribución por los delitos, y la impiedad sería más desenfrenada de lo que es hoy. Pocos estarían en desacuerdo en que debe haber consecuencias por quebrantar la ley. La ley de Dios, diseñada para todo el mundo, no es diferente.

Hades, una palabra griega, se menciona diez veces en el Nuevo Testamento y tiene el mismo significado que *Seol*, una palabra hebrea que se usa en el Antiguo Testamento. Ambas describen un lugar de juicio: el submundo del mal, el lugar de los muertos. Cualquiera de ellas haría que cualquier cárcel en el mundo pareciera atractiva.

Pero peor que cualquier descripción es este hecho: el infierno es separación eterna del Señor Jesucristo. Es la segunda muerte, descrita como el rechazo eterno y consciente de la presencia de Dios.

La Biblia nos advierte que no seamos engañados:

> Pero los cobardes e incrédulos, los abominables y homicidas, los fornicarios y hechiceros, los idólatras y todos los mentirosos tendrán su parte en el lago que arde con fuego y azufre, que es la muerte segunda. (Apocalipsis 21.8)

Personas alejadas de Jesucristo se dirigen a ese lugar. «Si no os arrepentís, todos pereceréis igualmente» (Lucas 13.5).

¿Observó las buenas nuevas en las palabras *si no*? Hablan de la gran misericordia de Dios hacia la humanidad. La misma Biblia que enseña la ira y el juicio de Dios también enseña el paciente amor de Dios.

> Misericordioso y clemente es Jehová;
> Lento para la ira, y grande en misericordia. (Salmos 103.8)

Dios aborrece el pecado con un odio santo. Mientras usted esté unido a sus pecados, va a pasar la eternidad en el infierno; pero gracias sean dadas a Dios, porque Él ha provisto otro camino, otro destino: el cielo. ¿Por qué? Él nos ama y quiere que «todos procedan al arrepentimiento» (2 Pedro 3.9).

Dios Padre no quiere que nadie vaya al infierno. Tampoco lo quiere el Hijo. Y Dios Espíritu Santo tampoco lo quiere. Y deje que diga esto: a menos que sea usted convencido de su pecado, nunca podrá ser salvo y vivir como cristiano.

Por lo tanto, cuando sienta una suave vocecita en su alma, y la tiene o la tendrá, es el Espíritu Santo de Dios diciéndole que no está usted a cuentas con Él. No ignore la Voz. Dios se acerca a usted mediante su amor; no se aleje. Cuando usted apaga el fuego de la convicción, ha rechazado al Espíritu Santo. Así que cuando sienta esa sensación, no se resista; aférrese al Cristo vivo, quien se acercará y morará en usted.

El único que quiere que usted vaya al infierno es el diablo. Él le susurra al oído diciendo: «No tomes una decisión por Cristo; tienes mucho tiempo». Esa es la gran mentira del diablo. La verdad es que no tiene usted mucho tiempo. No puedo encontrar ninguna parte en la Escritura que prometa un minuto más de vida. La Biblia dice que hoy es el día de salvación (2 Corintios 6.2). Uno de estos días la puerta de la gracia se cerrará; será demasiado tarde.

La violencia del infierno es una indescriptible eternidad, pero las glorias del cielo son demasiado maravillosas para visualizarlas. Ninguna descripción del infierno haría que alguien quisiera ir allí. Aférrese a la esperanza del cielo. Ame a Aquel que puede otorgarle la entrada.

Cristo ha derribado «la pared intermedia de separación» (Efesios 2.14), de modo que podamos disfrutar de una relación personal y comunión eterna con Él. Lo peor para quienes estén en el infierno será la separación eterna de Aquel que construyó el puente hacia el cielo mediante la cruz. Este Camino rodea la tierra de los perdidos y conduce directamente a la tierra de los vivos.

Ustedes, que antes estaban lejos de Dios [...] separados
de él por sus malos pensamientos y acciones; pero
ahora él los reconcilió consigo [...] y pueden presentarse
delante de él. (Colosenses 1.21–22, NTV)

CAPÍTULO 29

SERVIR POR LA ETERNIDAD

Quejarse u obedecer

1 Y 2 TIMOTEO

Sírvanles mejor, por cuanto son creyentes y amados los que se benefician [...] echa mano de la vida **eterna**, *a la cual asimismo fuiste llamado.*

—1 TIMOTEO 6.2, 12

Al cual sirvo desde mis mayores con limpia conciencia [...] para que ellos también obtengan la salvación que es en Cristo Jesús con gloria **eterna**.

—2 TIMOTEO 1.3; 2.10

EL LUGAR PARA EMPEZAR A SERVIR AL SEÑOR ES PRECISAMENTE DONDE USTED ESTÁ. A veces cometemos el error de pensar que los ministros son los únicos llamados por Dios; pero los cristianos son un «pueblo llamado» con una tarea concreta: obedecer a Cristo en todas las cosas. Servirle a Él no es una empresa a tiempo parcial; hemos de servirle con la eternidad en mente.

Algunos ponen sus corazones en cumplir un sueño en lugar de hacer lo que es obvio. «Sírvele con corazón perfecto y con ánimo voluntario» (1 Crónicas 28.9).

¿Recuerda a María, la hermana de Marta y Lázaro, que quería sentarse a los pies de Jesús para aprender de Él? Un día, María estaba con Jesús y otras personas en la casa de Simón el leproso. Mientras estaban allí, ella tomó un frasco de alabastro lleno de caro aceite, lo rompió y derramó la costosa fragancia sobre la cabeza del Señor. Judas la reprendió, diciendo que el aceite se podría haber vendido por una gran suma de dinero y ser utilizado para alimentar a los pobres. Pero Jesús habló en defensa de María y les dijo a los discípulos: «Siempre tendréis pobres con vosotros, pero a mí no siempre me tendréis» (Mateo 26.11).

La respuesta de los discípulos reveló lo poco que entendían sobre la inminente muerte del Señor. Muchos se apresuran a hacer «buenas obras» con la esperanza de que el Señor verá sus esfuerzos y los recompensará, pero no viven en obediencia en las demás áreas de la vida. Nuestro servicio a otros nunca debe sustituir el hacer cosas buenas para el Señor Jesús; pongámosle a Él primero en nuestro modo de vivir.

Jesús no vaciló en elogiar a María: «Esta ha hecho lo que podía [...] De cierto os digo que dondequiera que se predique este evangelio, en todo el mundo, también se contará lo que ésta ha hecho, para memoria de ella» (Marcos 14.8–9). Qué maravilloso que la demostración de servicio de María viva hasta la eternidad por causa del evangelio. ¿Cómo? Está documentado en el Libro vivo: la Palabra de Dios.

La iglesia del Nuevo Testamento estaba formada principalmente por personas como María, que hacían lo que podían. Varios discípulos eran pescadores. No hay testimonio más eficaz para Cristo que el que otros vean a creyentes de todo tipo dedicados a Jesucristo en palabra y obra, haciendo lo que pueden en nombre de Él.

Esto es exactamente lo que Pablo hizo cuando fue advertido respecto a viajar a Roma. Él escribió a la iglesia y dijo: «Porque testigo me es Dios, a quien sirvo en mi espíritu en el evangelio de su Hijo, de que sin cesar hago mención de vosotros siempre en mis oraciones» (Romanos 1.9). La oración es un área de servicio a Dios que no recoge mucha aclamación. No eleva el nivel de aventura; sin embargo, es lo más poderoso que podemos hacer por otros y por nosotros mismos.

Los creyentes son también llamados a servirse unos a otros. «Así que, según tengamos oportunidad, hagamos bien a todos, y mayormente a los de la familia de la fe» (Gálatas 6.10). Aunque es importante acercarnos a quienes no conocen al Señor, primero debemos acercarnos a quienes le aman, alentándolos y apoyándolos mientras también ellos sirven a Cristo. Jesús elogió a quienes apoyaban a creyentes y dijo que su servicio era como si se lo hubieran hecho a Él.

«Y cualquiera que os diere un vaso de agua en mi nombre, porque sois de Cristo, de cierto os digo que no perderá su recompensa» (Marcos 9.41). Muchas personas malentienden este versículo, así que vale la pena leer con atención lo que Jesús dijo. Muchas personas piensan que el verdadero servicio se hace solamente a los perdidos, pero el versículo deja claro que Jesús estaba elogiando a quienes daban a los siervos de Él. La casa de la fe está cerca del corazón del Señor porque es su cuerpo en la tierra.

En los tres años de ministerio de Jesús, Él esperaba con ilusión estar en el hogar de sus amigos Lázaro, María y Marta. Estos hermanos amaban al Señor y le servían recibiéndolo en su hogar, proporcionando buenas comidas y dulce comunión. La Biblia dice: «Servíos por amor los unos a los otros» (Gálatas 5.13).

Algunos creen que pueden hacer la obra de Dios solamente en un campo misionero lejos de su hogar. El trabajo misionero es un alto llamamiento, pero si Dios llamara a todos los creyentes a las misiones en otros países, no habría ninguna luz del evangelio en nuestras escuelas, negocios, gobierno o iglesias. Los cristianos en el trabajo en el mundo son la única luz espiritual real en medio de una gran oscuridad espiritual. Esto pone una tremenda responsabilidad sobre todos nosotros.

Una madre joven me preguntó una vez cómo podía servir ella al Señor, y se ofendió cuando le sugerí que le sirviera en su propio hogar.

Ella tenía hijos pequeños; ese era su campo misionero. No busque maneras de servir al Señor si eso significa descuidar las responsabilidades que tiene bajo su propio techo.

Una pareja de ancianos había estado orando para que el Señor les mostrara cómo podían servirle. Físicamente, no podían aventurarse lejos de su casa. Un día una madre joven, su vecina, llamó a su puerta y les llevó pan recién hecho que ella misma había horneado. La pareja, abrumada por su regalo, la invitó a entrar. Al ver su cara pálida con ojeras bajo los ojos, se enteraron de que ella padecía una grave enfermedad, y le preguntaron si podían orar con ella. Cayó una lágrima por su mejilla, y ella dijo: «Nunca nadie ha orado por mí antes». A medida que pasaron semanas y meses, la pareja llegó a conocer a la mujer y comenzaron a cuidar de sus hijos en algunas ocasiones mientras la mujer se sometía a tratamiento médico. La pareja horneaba galletas y enseñaba a los niños historias de la Biblia después de las clases. Con el tiempo, la familia entera llegó a conocer al Señor. Este es un servicio con valor eterno; «No te avergüences de dar testimonio de nuestro Señor» (2 Timoteo 1.8).

En nuestro mundo hoy día, el servicio cristiano con frecuencia se confunde con el servicio humanitario. Lo importante que debemos recordar es que Cristo llamó a sus seguidores a proclamar su mensaje, y esto se hace de diversas maneras. Ministrar a las almas de las personas es mucho más grande que suplir solo necesidades físicas; sin embargo, con frecuencia nos ganamos la oportunidad de hablar de Cristo cuando hemos extendido una mano de ayuda a alguien en necesidad. Entonces podemos decir con Pablo: «Doy gracias a Dios, al cual sirvo [...] con limpia conciencia» (v. 3).

También están quienes, gracias a Dios, están seguros del llamado de Dios al servicio en un país extranjero. Si esto es cierto de usted, dé los pasos necesarios en esa dirección, y Dios confirmará ese llamado al abrir una puerta de oportunidad. Con mucha frecuencia he visto a personas muy seguras de que eso era lo que Dios quería que hicieran, y sin embargo, no estaban dispuestas a sacrificarse o prepararse. Tenían el espíritu de aventura, no de servicio.

Hace algunos años, un grupo de jóvenes viajó al Medio Oriente para ayudar en un hospital de una pequeña misión. Cuando llegaron al ardiente desierto, estaban disgustados con el alojamiento y las tormentas de arena que barrían la zona. Una tarde, cuando les pidieron que prepararan paquetes de medicamentos para los pacientes del día siguiente, rápidamente partieron para la ciudad para encontrar aire acondicionado y pasar un buen rato. La enfermera del hospital después les dijo a los representantes de la iglesia que los había enviado: «Por favor, ¡no nos envíen más ayuda!».

Las Escrituras nos dicen: «Servir mejor al Señor, con la menor cantidad de distracciones posibles» (1 Corintios 7.35, NTV). Servir a otros en el nombre de Jesucristo es un asunto serio. Es importante que sea sincero con usted mismo. No diga que está sirviendo a Dios si está sirviendo a sus deseos egoístas, porque Dios no le bendecirá. No sirva a otros para ser elogiado, porque Dios no le bendecirá.

Están quienes se sienten llamados a predicar. A ellos les digo: si pueden contentarse con hacer alguna otra cosa, no entren en esta área del ministerio porque la predicación debe ser su pasión. Mi llamado a predicar fue el resultado de un imperioso deseo de dedicarme al ministerio, y a medida que le busqué a Él en cada decisión que tenía que tomar, Dios me guio en cada paso del camino.

Si la predicación se enfoca tan solo como una vocación, no será suficiente para fortalecerle en las batallas que llegarán al declarar la Palabra de Dios. Habrá obstáculos, lucha y muchas dificultades. Ser victorioso sobre esos ataques viene de saber que está usted donde Dios le ha llamado. Si hay un deseo interior de proclamar el mensaje de Cristo, entonces lea la Palabra con fidelidad, entregue su deseo a Dios en oración, y observé cómo obra Él. «Por eso estoy dispuesto a soportar cualquier cosa si esta traerá salvación y gloria eterna en Cristo Jesús» (2 Timoteo 2.10, NTV).

El Señor demostró el servicio más verdadero cuando voluntariamente dejó la gloria del cielo para vivir entre hombres, y después morir por ellos. Jesús entró en la arena de los problemas humanos. Él lloró con las personas y se alegró con ellas en sus victorias; nosotros no debemos hacer menos. «El Hijo del Hombre no vino para ser servido, sino para servir, y para dar su vida en rescate por muchos» (Mateo 20.28).

Jesús, mediante su propio ejemplo, nos ha mostrado cómo servir. No importa qué títulos o puestos tengamos. La Biblia enseña claramente que deberíamos ser siervos, incluso esclavos, y se hace más hincapié en quienes ocupan posiciones de liderazgo. Seamos los primeros en servir.

Después de que Jesús había lavado los pies de sus discípulos, dijo: «Pues si yo, el Señor y el Maestro, he lavado vuestros pies, vosotros también debéis lavaros los pies los unos a los otros» (Juan 13.14).

La Biblia nos da muchas promesas maravillosas sobre el cielo, pero una de las más grandes es que serviremos al Padre y al Hijo delante del trono (Apocalipsis 22.3). Hasta ese día, que nos encuentre trabajando para Él de modo que un día oigamos estas maravillosas palabras: «Bien, buen siervo y fiel; sobre poco has sido fiel, sobre mucho te pondré; entra en el gozo de tu señor» (Mateo 25.21).

Comience donde está; haga las pequeñas cosas que salgan a su camino. Sea fiel, y Dios le dará más.

La invitación al discipulado y a servir al Señor es la más emocionante que haya llegado al pueblo de Dios. Tan solo imagine ser un colaborador de Dios en la redención del mundo.

El servicio cristiano, dondequiera que estemos, nos da el privilegio de estar íntimamente relacionados con Cristo. Y el fiel cumplimiento de las responsabilidades del verdadero discipulado invoca la aprobación y el favor de Dios mismo que tendrá beneficios eternos.

Si alguno me sirve, sígame; y *donde yo estuviere*, allí
también estará mi servidor. Si alguno me sirviere, mi
Padre le honrará. (Juan 12.26, énfasis añadido)

CAPÍTULO 30

EL EVANGELIO ETERNO

Comisionar el mensaje

TITO, FILEMÓN

*La vida **eterna**, la cual Dios [...] prometió desde antes del principio de los siglos [...] manifestó su palabra por medio de la predicación.*

—TITO 1.2–3

*Para que en lugar tuyo me sirviese en mis prisiones por el evangelio [...] para que le recibieses **para siempre**.*

—FILEMÓN 13, 15

LAS FUERZAS DEL DIABLO ESTÁN ASALTANDO AL PUEBLO DE DIOS, PERO EL EVANGELIO DEL REINO ESTÁ ASALTANDO AL REINO DE SATANÁS. ¿Cómo? Predicando a Cristo, que tiene el poder de transformar a quienes son enemigos de la cruz.

Vemos esto demostrado en la breve carta a Filemón, un convertido de Pablo y un hombre que abrió su casa a la iglesia en Colosas. Pablo escribió: «Por ti, oh hermano, han sido confortados los corazones de los santos» (Filemón 7).

Onésimo, un sirviente de Filemón, le había robado dinero y había huido a Roma, donde fue convertido bajo el ministerio de Pablo. Pablo envió a Onésimo de regreso a Filemón, pidiéndole que lo recibiera como un hombre y también como un hermano en el Señor (v. 16). Pablo apeló al cristiano más maduro para demostrar plenamente el evangelio de Jesucristo mediante el perdón y la aceptación de alguien que se había arrepentido verdaderamente.

De igual manera, cuando Pablo escribió a Tito, alentó y enseñó al joven predicador con respecto a evangelizar a los perdidos y hacerlos crecer en el Señor.

En mis primeros años de ministerio, aprendí mucho al escuchar a hombres de Dios como Donald Grey Barnhouse y Vance Havner. A su vez, he intentado transmitir a otros lo que Dios me ha enseñado, predicando el evangelio sin comprometer la verdad de Dios.

Una de las grandes emociones de mi vida fue hablar en una reunión de predicadores itinerantes de todo el mundo: una conferencia que se realizó en Ámsterdam, Holanda, en 1983 (y posteriormente en 1986 y 2000). Ver a esos siervos de Dios de muchas naciones del mundo con Biblias en sus manos me daba un sentimiento del gran llamado de Dios a aquellos que proclaman su mensaje. Muchos eran jóvenes en el ministerio; otros habían conocido la persecución; y algunos podían identificarse con Pablo, que fue encarcelado (atado con cadenas) por el evangelio. Pero Pablo proclamó: «Mas la palabra de Dios no está presa» (2 Timoteo 2.9).

Las epístolas pastorales de Pablo son muy queridas para quienes son llamados a predicar. Pablo conocía al enemigo, y advirtió fielmente a quienes predicaban a Cristo que vivieran siendo dignos de su mensaje.

Una vida santa es esencial para el ministerio eficaz. No significa una vida perfecta, porque ninguno de nosotros puede vivir una vida perfecta en la tierra. *Santo* significa «consagrado», una palabra que raras veces oímos, pero que sigue siendo muy útil. Hemos de estar consagrados al Señor, apartados para el servicio del Señor.

La Biblia dice: «Adornen la doctrina de Dios nuestro Salvador. Porque la gracia de Dios se ha manifestado para salvación a todos los hombres, enseñándonos que, renunciando a la impiedad y a los deseos mundanos, vivamos en este siglo sobria, justa y piadosamente» (Tito 2.10–12). Qué maravilloso pensamiento: «adornar» la doctrina de Dios en todo.

Pablo advirtió de quienes profesaban conocer a Dios pero cuyas vidas no respaldaban sus profesiones, y estaban «reprobados en cuanto a toda buena obra» (Tito 1.16). Los predicadores no son vendedores, porque no tienen nada que vender. Son portadores de la verdad de Dios. No hay lugar para las concesiones.

El conflicto de las edades va en escalada. Las personas preguntan: «¿Qué está pasando en el mundo?». Muchos se burlan. Las personas han abandonado a Dios, pero Dios no ha abandonado al mundo. Las Escrituras nos dicen que hemos de predicar el evangelio, «y entonces vendrá el fin» (Mateo 24.14). Todo cristiano ha de ser un testigo; todo seguidor de Cristo debería proclamar su Palabra. Por eso el Señor dijo: «Negociad entre tanto que vengo» (Lucas 19.13).

A lo largo de los siglos hemos visto a los fieles de Dios «negociando» u ocupándose. Pedro predicaba e instaba a las personas a ser salvas de «esta perversa generación» (Hechos 2.40). Cuando la iglesia primitiva fue perseguida, los creyentes se dispersaron y predicaron el evangelio (Hechos 8.4). Pablo persuadía a las personas acerca de Jesús desde las Escrituras y desde la mañana hasta la tarde (Hechos 28.23).

El evangelio es un mensaje urgente. ¿Por qué? Debido al inminente regreso de Cristo. Muchas personas han sido martirizadas por predicar este mensaje. Hoy día vemos las nubes de tormenta, y debemos seguir ocupándonos para que almas perdidas puedan escapar del juicio del infierno.

El apóstol Felipe descendió a Samaria y «anunciaba el evangelio del reino de Dios» (Hechos 8.12). ¿Qué es el evangelio del reino? El mensaje de Cristo, quien murió por nuestros pecados, fue enterrado y fue resucitado de la muerte al tercer día (1 Corintios 15.3–4), y todo lo que se enseña en las Escrituras acerca de Él y de su plan eterno para la raza humana.

Jesús ha derrotado a los tres enemigos del hombre: el pecado, Satanás y la muerte. Aunque siguen estando presentes en esta vida, Cristo los ha conquistado. Pablo escribió: «Él anuló el acta con los cargos que había contra nosotros y la eliminó clavándola en la cruz [...] desarmó a los gobernantes y a las autoridades espirituales. Los avergonzó públicamente con su victoria sobre ellos en la cruz» (Colosenses 2.14–15, NTV). Estas son las buenas nuevas.

La manifestación plena de lo que Cristo ha logrado se verá cuando llegue el fin. Hasta entonces, el evangelio eterno será predicado (Mateo 24.14). Es «eterno» debido a su naturaleza eterna; el evangelio salva en todos los lugares (Apocalipsis 14.6).

Es impactante pensar que Dios ha confiado a personas como nosotros, pecadores redimidos, la responsabilidad de llevar a cabo su propósito divino. La Biblia dice: «La palabra verdadera del evangelio, que ha llegado hasta vosotros, así como a todo el mundo, y lleva fruto» (Colosenses 1.5–6).

Ahora estamos más cerca de terminar esta misión de lo que nunca antes ha estado cualquier generación anterior. He observado cómo Dios ha abierto puertas para el evangelio en algunas de las partes más misteriosas del mundo. Ir a esos lugares supone peligro para el mensajero, pero como la Palabra de Dios no está atada, no podemos ser encadenados por temor a la venganza del mundo.

Pablo encargó al hombre de Dios «que prediques la palabra [...] Porque vendrá tiempo cuando no sufrirán la sana doctrina [...] y apartarán de la verdad el oído [...] Pero tú sé sobrio en todo, soporta las aflicciones, haz obra de evangelista, cumple tu ministerio» (2 Timoteo 4.2–5). Pablo era impulsado por este mensaje: el amor de Cristo, su compasión por las almas de los hombres, y la gloria del Salvador resucitado.

El mundo es un escenario de conflicto y necesita este mensaje. Estamos bajo mando para proclamar el amor de Dios y el juicio de Dios, aunque muchos lo rechazarán. Dios «nos ha hablado por el Hijo» (Hebreos 1.2) y ha dicho que Él capacitará a sus mensajeros.

Cuando yo llevaba el evangelio por todo el mundo, no esperaba un éxito incondicional. Estaba preparado para la oposición, resistencia y persecución, y algunas veces eso sucedió. Pero la oposición no cambia el hecho de que Dios ha capacitado su evangelio incluso en los últimos tiempos. Mi hijo Franklin ha visto de primera mano la maldad que reina en nuestro mundo actual. Él ha estado en algunos lugares de los que yo no había escuchado nunca hasta que él regresó con historias de cristianos en zonas ocultas. Sus experiencias han avivado su pasión por llevar el evangelio a todo aquel que rechaza a Cristo: enemigos de la cruz. Jesús murió voluntariamente por ellos. ¿Cómo no vamos a intentar alcanzarlos con el evangelio eterno? Pablo dijo: «¡Ay de mí si no anunciare el evangelio!» (1 Corintios 9.16).

Jeremías fue una potente voz para el mensaje de Dios. Este gran profeta recibió abusos y cárcel. Su vida estaba amenazada, y siempre estaba en peligro. La persecución comenzó a derrotarlo en su llamado, hasta el punto de la agonía. Él proclamó:

Cada día he sido escarnecido, cada cual se burla de mí. [...] Y dije: No me acordaré más de él, ni hablaré más en su nombre. (Jeremías 20.7, 9)

Yo nunca he vivido bajo tal opresión, ni tampoco la mayoría de los estadounidenses. Pero Jeremías sintió la pesada carga de las palabras de Dios y dijo:

Había en mi corazón como un fuego ardiente metido en mis huesos; traté de sufrirlo, y no pude [...] Mas Jehová está conmigo como poderoso gigante; por tanto, los que me persiguen tropezarán, y no prevalecerán. (vv. 9, 11)

Jeremías estaba cansado en el cuerpo, pero sentía más pesadez cuando intentó suprimir el poder de Dios en su interior. Gloria a Dios porque se rindió y se postró ante el Dios todopoderoso, para seguir adelante y predicar la Palabra.

¿Estamos ocupando el mundo con la luz de Cristo? Esa es nuestra obligación; esa es nuestra comisión. El Rey vendrá en un abrir y cerrar de ojos, en un milisegundo. Esto no deja ninguna oportunidad para que el cristiano entregue de nuevo su vida, para que el ladrón se arrepienta, o para que el pródigo regrese a casa. Por lo tanto, debemos prepararnos mientras hay tiempo, ¡y el tiempo es ahora!

El editor de una importante revista estadounidense escribió: «Un clímax de algún tipo parece estar acercándose en todo el mundo».[1] Esto no es una sorpresa para el pueblo de Dios. Sabemos cuál será ese clímax, de modo que no deberíamos tener espíritu de temor. Pero el mundo sí vive en un estado de terror, miedo y alarma por una sola razón: su estado de incredulidad en Aquel que ha anunciado todas las cosas que ocurrirán.

Insto a los predicadores en todo lugar a que aparten sus ojos de la cultura y los fijen en la Roca de la salvación. En lugar de predicar sobre unidad común, prediquen que nuestras comunidades clamen a Dios y se arrepientan. Si predicamos sobre las cosas comunes, prediquemos sobre el pecado, porque es la única cosa que toda la humanidad comparte.

Cuando predicamos o enseñamos las Escrituras, abrimos la puerta para que el Espíritu Santo haga su obra. Hagamos lo que hizo Jeremías y dejemos a un lado nuestro cansancio. Hemos cerrado la Palabra de Dios cuando deberíamos haber estado gritándola en gran victoria.

El evangelio tiene poder para cambiar vidas desde dentro hacia fuera.

El evangelio muestra a las personas sus heridas y les otorga amor.

Les muestra su atadura y les proporciona el martillo para abrir sus cadenas.

Les muestra su desnudez y les proporciona las vestiduras de pureza.

Les muestra su pobreza y derrama en sus vidas la riqueza del cielo.

Les muestra sus pecados y les señala al Salvador.

Nuestro mundo caótico y confuso no tiene necesidad de más educación, de más riqueza y poder, de mejor tecnología o unidad en la diversidad. Lo que el mundo necesita antes de que llegue el fin es el evangelio que le conducirá en arrepentimiento a la cruz de Jesucristo.

Llegará un día en que el pueblo de Dios será arrebatado del mundo por la mano del Señor. La falta de la luz de Cristo causará que una gran oscuridad de maldad caiga sobre la humanidad. No habrá ninguna comparación con cómo serán esos días, incluso con el estado de la presente maldad del mundo. Pero el Predicador desde la eternidad, Jesucristo, quien es el evangelio eterno, una vez más enviará su mensaje de amor a quienes estén viviendo en ese tiempo.

Vi volar por en medio del cielo a otro ángel, que tenía
el evangelio eterno para predicarlo a los moradores
de la tierra, a toda nación, tribu, lengua y pueblo.
(Apocalipsis 14.6)

CAPÍTULO 31 ————————————————————

SALVACIÓN ETERNA

Rechazar o aceptar ———

HEBREOS

[Jesús] vino a ser autor de **eterna** *salvación.*

—HEBREOS 5.9

UN JOVEN ESTABA EN PELIGRO DE PERDER SU VIDA DEBIDO A UNA ENFER-MEDAD DEL CORAZÓN. El médico le dijo que su única esperanza de super-vivencia era un trasplante de corazón, lo cual requeriría que cambiara algunos malos hábitos. El paciente se negó, diciendo que no tenía dinero para eso. Con una gran compasión, el médico le miró y dijo: «Tenemos al donante del órgano, y yo pagaré el costo. Por favor, no te niegues».

El joven agarró el brazo del médico y dijo: «¿Por qué ibas a hacer esto cuando te he causado tanta tristeza y dolor, papá?».

Y el médico-padre respondió: «Porque te amo más que a mi propia vida».

Para tener un cambio espiritual de corazón, debe aceptar lo que Jesucristo ha hecho y recibir este regalo ofrecido en amor y sacrificio para que usted pueda vivir. No hay otro camino para obtener la salvación.

El gran Médico, Jesucristo, descendió del cielo y vino a nuestro mundo enfermo para hacer una cirugía de corazón a la humanidad. El libro de Hebreos dice:

Si oyereis hoy su voz, no endurezcáis vuestros corazones.
(Hebreos 3.15)

En el libro de Santiago podemos leer: «Acercaos a Dios, y él se acercará a vosotros. Pecadores, limpiad las manos; y vosotros los de doble ánimo, purificad vuestros corazones» (Santiago 4.8).

Dios tiene en su mano omnipotente el regalo valioso, precioso y eterno, y nos dice que lo tomemos gratuitamente porque su Hijo, la fuente de salvación, pagó el precio con su sangre. La salvación es un acto de Dios, iniciado por Dios, producido por Dios y sostenido por Dios.

Muchos dicen que es estrechez de mente afirmar que hay solamente un camino a Dios. Pero cometen un terrible error al sugerir que meros seres humanos podamos encontrar otros caminos. Es el Dador de la salvación, quien ha proclamado esta verdad inmutable, como registra las Escrituras en Juan 14.6.

Hoy día, millones de personas quieren la salvación, pero según sus propios términos, a su propia manera. ¿Culpamos a los cirujanos de ser estrechos de mente cuando realizan una operación? Lo dudo. Dependemos de su precisión, capacidad y formación. Nadie ha hecho por la humanidad lo que Jesucristo ha hecho porque Él es quien salva.

La salvación es lo que Cristo ha hecho por nosotros. No es nuestro abrazo a Dios lo que nos salva; es el abrazo de Él. Pero Dios no otorgará salvación a quienes se niegan a arrepentirse de pecado. Dios no dice que seamos perfectos y entonces llegaremos al cielo; pero sí requiere: «Persiste tú en lo que has aprendido y te persuadiste, sabiendo de quién has aprendido [...] has sabido las Sagradas Escrituras, las cuales te pueden hacer sabio para la salvación» (2 Timoteo 3.14–15).

Pedro escribió de los profetas que investigaron y estudiaron cuidadosamente las Escrituras con respecto a las abundantes promesas de salvación en Cristo. Imagine la gran fe que ellos tenían en Aquel que aún no había venido a la tierra, a quien miraban con esperanza. Tenemos la bendición de que se haya cumplido tanto de la Palabra de Dios; eso nos fortalece a medida que esperamos lo que ha de llegar:

> Una herencia incorruptible, incontaminada [...] reservada en los cielos para vosotros.
>
> A quien amáis sin haberle visto, en quien creyendo, aunque ahora no lo veáis, os alegráis con gozo inefable y glorioso; obteniendo el fin de vuestra fe, que es la salvación de vuestras almas. (1 Pedro 1.4, 8–9)

Todos tenemos un origen común en Adán. Es la sangre de Adán la que corre por las venas de todo ser humano. Hay solamente una raza, la raza humana, y sufre de sangre envenenada. La sangre lleva la sentencia de muerte debido al pecado de Adán. Este potente veneno ha sido transmitido de generación a generación desde el principio del tiempo.

Una mujer me escribió hace años y me reprendió por hablar sobre la sangre de Cristo en mis sermones. «Jesús nunca habló sobre la sangre», decía ella, «¿por qué tiene que hacerlo usted?». Yo le respondí y le dije que Jesús no solo habló sobre la sangre; también derramó la suya por ella. «Jesús sufrió y murió fuera de las puertas de la ciudad para hacer santo a su pueblo mediante su propia sangre» (Hebreos 13.12, NTV).

Vemos la doctrina de la sangre en toda la Biblia. Pedro predicó sobre la sangre. Pablo escribió sobre la sangre. Los redimidos en el cielo cantarán sobre la preciosa sangre. En cierto sentido, el Nuevo Testamento es el libro de la sangre porque «sin derramamiento de sangre no hay perdón» (Hebreos 9.22, NTV). Es cierto que la Biblia está manchada de sangre. «¿Cuánto más la sangre de Cristo, el cual mediante el Espíritu eterno se ofreció a sí mismo sin mancha a Dios, limpiará vuestras conciencias [...] para que sirváis al Dios vivo?» (v. 14).

Un psiquiatra fue entrevistado y le preguntaron: «¿Por qué hay tantos suicidios?». Él respondió: «La gente hará casi cualquier cosa para librarse de su culpabilidad». Quiero proclamar que usted no tiene que tomar medidas tan extremas. Jesucristo ya ha muerto en su lugar para cubrir su culpabilidad, vergüenza y el pecado de todo tipo. Él ya sabe lo que hay en su corazón; quiere que usted lo confiese, renuncie a ello y entonces viva para Él.

La Biblia dice: «Porque todo aquel que invocare el nombre del Señor, será salvo» (Romanos 10.13). Si usted lleva sus cargas a Él, Él le limpiará, le perdonará y le dará un nuevo corazón.

Personas han abierto sus corazones delante de mí con lágrimas porque sus pecados habían sido descubiertos. Se encontraron en graves problemas, creyendo que no había ningún lugar donde acudir para obtener ayuda o consuelo. Amigo mío, Jesús le está esperando, pero usted es quien tiene que acercarse. Tiene que hacer una contribución a su salvación: debe recibirla. Cristo ha hecho la parte difícil de morir por usted, perdonarle, vivir por usted y orar por usted. Es momento de que haya un cambio en su dirección; una decisión consciente y deliberada de dejar atrás el pecado. Eso significa una alteración de la actitud, una rendición de la voluntad. El acto del arrepentimiento no se gana ningún mérito ni nos hace dignos de ser salvos. Solamente condiciona nuestros corazones para recibir la maravillosa gracia de Dios.

No es fácil doblegar nuestra voluntad retorcida y terca, pero cuando lo hagamos, será como si una vértebra mal colocada hubiera vuelto a su lugar. En lugar del estrés y la tensión de una vida que no está en armonía con Dios, la serenidad de la reconciliación hará de usted una nueva persona.

De un hogar cristiano provenía un joven que no tenía interés alguno en Cristo. Un día, su abuelo murió de modo inesperado, y el muchacho fue terriblemente sacudido. Comenzó a examinar todas las cosas que sus padres y sus abuelos le habían enseñado, y la verdad que descubrió le condujo a la salvación en Jesucristo. Las personas comenzaron a ver un enorme cambio en la conducta del muchacho, incluso en su aspecto. Alguien le preguntó: «¿Fue la muerte de tu abuelo lo que te cambió?».

«No», dijo el muchacho, «fue su vida».

Qué maravilloso testimonio de una vida en Cristo bien vivida. El abuelo puede que nunca hubiera salido de su barrio, pero vivió el evangelio delante de quienes estuvieron en su mundo.

Tenemos un Padre celestial que envió a su Hijo a un mundo rebelde e incrédulo. Jesucristo nos trajo salvación mediante su Palabra, mediante su vida, mediante su muerte y resurrección, para hacer posible para todos este regalo tan grande y eterno. Su salvación eterna nunca se desvanecerá ni perderá su poder, porque esta verdad inmutable vivirá en los corazones de todos aquellos que le dicen sí a Él.

Pero mi salvación será para siempre. (Isaías 51.6)

CAPÍTULO 32

CORONA ETERNA

Asistir a la gran coronación

SANTIAGO, 1 Y 2 PEDRO

Cuando haya resistido la prueba, recibirá la corona de vida, que Dios ha prometido a los que le aman.

—SANTIAGO 1.12

Y cuando aparezca el Príncipe de los pastores, vosotros recibiréis la corona incorruptible de gloria.

—1 PEDRO 5.4

Esfuércense por comprobar si realmente forman parte de los que Dios ha llamado y elegido [...] Entonces Dios les dará un gran recibimiento en el reino **eterno** *de nuestro Señor y Salvador Jesucristo.*

—2 PEDRO 1.10–11, NTV

«Soy historiador, no creyente», escribió H. G. Wells. «Pero debo confesar [...] que este predicador pobre de Nazaret es irrevocablemente el centro mismo de la historia».[1] En su libro de 1920 *Esquema de la historia*, pasó a decir: «¿Es extraño que hasta la fecha este galileo sea demasiado para nuestros pequeños corazones?».[2]

Wells, considerado uno de los escritores de ciencia ficción más prolíficos, creía lo suficiente para aseverar que «este galileo» capturó la historia; sin embargo, se negaba a creer que Él es el dueño de todo. ¿Quién es este galileo al que se refiere? El mismo Jesús que caminó por las tierras de la Biblia. Este «predicador pobre» ha invitado al mundo entero a su coronación. ¿Ha aceptado usted la invitación grabada desde el palacio celestial, sellada con el emblema de Él, la marca distintiva de su sangre real?

Puede que diga, con un corazón como el de Wells: «Yo creo en Jesús porque la historia registra su existencia, pero mi corazón es demasiado pequeño para creer que Él es el Rey de toda la gloria». Si es así, entonces ha declinado usted la invitación. Si no ha permitido que Jesús cambie su vida, entonces Él no es su Señor. El tamaño de su corazón no importa; la cuestión es si Él tiene todo su corazón.

Para servir al Rey de reyes en el palacio real del cielo algún día, primero tenemos que entregarnos totalmente a Él en la tierra y ser marcados como pertenencia de Él. «Mas vosotros sois linaje escogido, real sacerdocio, nación santa, pueblo adquirido por Dios» (1 Pedro 2.9). ¿Lleva usted esta marca?

En el mundo antiguo había tres tipos de personas que llevaban marcas en sus cuerpos: soldados, esclavos y devotos, aquellos que servían a una persona o una causa porque querían hacerlo. Los cristianos han sido llamados a esas tres cosas. Si se han reído de usted porque se negó a seguir a la multitud y poner en un compromiso la pureza que Dios ordena, o si ha sido injuriado por el nombre de Cristo y eso le dio gloria a Él, lleva usted las marcas de Cristo. Pablo, golpeado, encarcelado y dejado por muerto, dijo: «Yo traigo en mi cuerpo las marcas del Señor Jesús» (Gálatas 6.17). Jesús dijo: «Bienaventurados sois cuando por mi causa os vituperen y os persigan, y digan toda clase de mal contra vosotros, mintiendo [...] porque vuestro galardón es grande en los cielos» (Mateo 5.11–12). No vivimos en un mundo ideal. El tejido de la sociedad está roto; la naturaleza humana está llena de rebelión, indiferencia y odio por Cristo.

Jesús no nos llamó a llevar una corona en esta vida. Él nos llamó a llevar una cruz y vivir para Él aunque nos enfrentemos al ridículo. Sin embargo, cuando lleguemos al cielo, dejaremos nuestras cruces y nos pondremos las coronas que Él nos dé.

Todo gobernante terrenal tiene una coronación, pero nada se comparará con la coronación de Cristo en la eternidad. Todos aquellos que se hayan rendido al Rey Jesús tendrán entrada a esta gran celebración. Mi lugar está reservado y ha sido pagado por la sangre de Cristo.

Puede que pregunte: «¿Qué tuvo que hacer usted para obtenerlo?». Tuve que arrepentirme y rendirme a Él. Hice eso hace unos ochenta años, unos días antes de cumplir los dieciséis años; y nunca he lamentado mi decisión. Un día, me uniré a millones de otras personas para prestar lealtad al Rey de reyes cara a cara. Él ha prometido que «si somos muertos con él, también viviremos con él; si sufrimos, también reinaremos con él». (2 Timoteo 2.11–12).

Mientras que las coronaciones terrenales coronan a un individuo, el Rey del cielo coronará a su congregación redimida: «Sé fiel hasta la muerte, y yo te daré la corona de la vida» (Apocalipsis 2.10). ¿Cuándo sucederá esto? Cuando estemos delante del Señor para su evaluación; no para condenación de pecado, pues la tormenta del juicio ha pasado.

Al cruzar el Atlántico Norte hace años, miré por la claraboya y vi la nube más negra que había visto jamás. Seguro de que nos preparábamos para una terrible tormenta, le pregunté a un asistente al respecto. Él dijo: «Ah, ya la hemos pasado. La tormenta está a nuestras espaldas».

Cuando recibimos salvación, somos perdonados: la tormenta está a nuestras espaldas. Por lo tanto, ¿por qué entonces dice la Biblia que los creyentes comparecerán ante el tribunal de Cristo? «Porque es necesario que todos nosotros comparezcamos ante el tribunal de Cristo, para que cada uno reciba según lo que haya hecho mientras estaba en el cuerpo, sea bueno o sea malo» (2 Corintios 5.10). El Señor juzgará a los vivos y a los muertos, y recompensará a los redimidos según cómo hayamos vivido nuestras vidas en su nombre.

Él coronará a los santos y mártires del Antiguo Testamento que murieron por su Palabra y por su nombre, y coronará a la iglesia por su fidelidad a Él. Esta es una maravillosa promesa eterna para los creyentes.

Hay realmente cinco coronas mencionadas en las Escrituras. Cada corona simboliza un atributo eterno de Cristo.

Quienes se aferren a la vida eterna recibirán la corona de vida. «Bienaventurado el varón que soporta la tentación; porque cuando haya resistido la prueba, recibirá la corona de vida, que Dios ha prometido a los que le aman» (Santiago 1.12).

Los ganadores de almas recibirán la corona de gozo. Pablo escribió: «Porque ¿cuál es nuestra esperanza, o gozo, o corona de que me gloríe? ¿No lo sois vosotros, delante de nuestro Señor Jesucristo, en su venida? Vosotros sois nuestra gloria y gozo» (1 Tesalonicenses 2.19–20). Pablo se regocijaba al ver a otros coronados con la salvación.

Los fieles que viven según la Palabra de Dios recibirán la corona de gloria. «Siendo ejemplos de la grey [...] recibiréis la corona incorruptible de gloria» (1 Pedro 5.3–4).

Pablo también describió la «corona incorruptible» (1 Corintios 9.25) en el contexto de alguien que compite por un premio atlético. La corona más codiciada de su época estaba hecha de hojas de olivo silvestre. Simbolizaba la virtud y se otorgaba al ganador en los Juegos Olímpicos en Grecia. Los competidores tenían que trabajar duro, ser disciplinados y jugar según las reglas para competir por el premio.

Los olímpicos entienden los rigores de la disciplina, de llevar su cuerpo a sujeción. Sus vidas están dominadas por el ejercicio físico y la aptitud mental. Cuando compiten, deben despojarse de cualquier cosa que les obstaculice.

Por eso Santiago nos dice: «Desechando toda inmundicia y abundancia de malicia» (Santiago 1.21) porque nos pesa. No es extraño que Pablo dijera: «Todo aquel que lucha, de todo se abstiene; ellos, a la verdad, para recibir una corona corruptible, pero nosotros, una incorruptible. Así que, yo [...] golpeo mi cuerpo, y lo pongo en servidumbre» (1 Corintios 9.25–27).

Vivir la vida cristiana no es un juego, sino una competición. Hay dos equipos, solamente dos bandos: los enemigos de Cristo y los soldados de Cristo. Y cada uno de nosotros debe escoger un bando.

Moisés preguntó: «¿Quién está por Jehová? Júntese conmigo» (Éxodo 32.26). ¡Qué invitación! Cuando somos salvos y sacados del sistema del mundo, se nos explica que nos preparemos para la batalla; pero el resultado ya está decidido. Los redimidos vencen al enemigo, ganando una corona incorruptible para honor de Él.

Está también la corona de justicia para aquellos que esperan el regreso del Señor y trabajan mientras esperan. Pablo dijo al final de su vida: «Por lo demás, me está guardada la corona de justicia, la cual me dará el Señor, juez justo, en aquel día; y no sólo a mí, sino también a todos los que aman su venida» (2 Timoteo 4.8).

Por lo tanto, mientras esperamos hasta recibir estas recompensas eternas, nada nos dará mayor gozo que ver a Jesús, quien hizo posible para nosotros correr la carrera y ganar. La reina Victoria oyó una vez un sermón sobre la segunda venida de Jesucristo, y fue tan movida que le dijo al clérigo después: «Me gustaría que Él regresara durante mi vida, para así poder poner mi corona a sus pies».[3] Pero no pondremos nada perecedero a sus pies, solamente aquello que es incorruptible. Por eso estamos almacenando tesoros que tienen valor eterno.

¿Ha asistido alguna vez a una gran coronación? La mayoría de las personas no. Cuando la reina Isabel fue coronada en 1953, qué evento tan cegador debió de haber sido. Ella pasó por la puerta de la abadía de Westminster para ser testigo de la escena de su entronización, donde le presentaron una Biblia. Las palabras que se pronunciaron han sido parte de las ceremonias de coronación inglesa desde 1689: «Nuestra benévola Reina; le presentamos este *Libro*, lo más valioso que este mundo otorga. Aquí hay sabiduría; esta es la ley real; estos son los vivaces oráculos de Dios».[4]

Las Escrituras son la obra suprema del Espíritu Santo, y nos dice que cuando Jesús nació en un establo, fue coronado con regocijo. Jesús fue bautizado en el Jordán y coronado con la alabanza de Dios. Fue tentado en el desierto pero coronado con poder. Jesús fue transfigurado en el monte y coronado de gloria.

El Domingo de Ramos, Jesús fue coronado con bendiciones como el Mesías. Entonces, el Viernes Santo fue coronado con espinos. «Y pusieron sobre su cabeza una corona tejida de espinas, y una caña en su mano derecha; e hincando la rodilla delante de él, le escarnecían, diciendo: ¡Salve, Rey de los judíos!» (Mateo 27.29).

Pero nadie parecía saber que llegaría el domingo. En aquella gloriosa mañana de Pascua, Jesucristo fue coronado con vida resucitada. «Vemos [...] a Jesús, coronado de gloria y de honra» (Hebreos 2.9). Cuando Él regrese, llevará muchas coronas (Apocalipsis 19.12), y al final de los tiempos, llevará la corona de conquistador. El apóstol Juan escribió de este momento: «Miré, y he aquí una nube blanca; y sobre la nube uno sentado semejante al Hijo del Hombre, que tenía en la cabeza una corona de oro, y en la mano una hoz aguda» (Apocalipsis 14.14).

Esta, mis amigos, es la hora final; es la hora vital. La hoz representa juicio: cuando Jesús, el Juez, separará a los creyentes de los incrédulos. La caña que sus acusadores le dieron para llegar hasta el monte Calvario se convertirá en el cetro soberano que Él sostendrá cuando juzgue a la raza humana. El reino que Satanás edificó sobre la tierra estará condenado, y el reino de Cristo reinará. Ya no habrá más burla de Jesucristo, no más burla a sus santos.

Nos regocijaremos al verle coronado como Rey eterno. Que nuestra lealtad a Cristo sea coronada por la obediencia a su Palabra.

Por tanto, al Rey de los siglos, inmortal, invisible, al único y sabio Dios, sea honor y gloria por los siglos de los siglos. (1 Timoteo 1.17)

CAPÍTULO 33

LA PALABRA ETERNA

Las palabras importan

1 JUAN

*Lo que hemos oído, lo que hemos visto con nuestros ojos, lo que hemos contemplado, y palparon nuestras manos tocante al Verbo de vida [...] os anunciamos la vida **eterna**.*

—1 JUAN 1.1–2

LOS DICTADORES TEMEN LA BIBLIA, Y POR UN BUEN MOTIVO: INSPIRÓ LA CARTA MAGNA DE GRAN BRETAÑA Y LA DECLARACIÓN DE INDEPENDENCIA DE ESTADOS UNIDOS. Aunque muchas naciones no creen en la Biblia, sigue siendo el Libro más poderosos jamás escrito porque es el Libro viviente.

Están quienes argumentan este punto, pero el universo es sostenido por la Palabra de Dios porque es la definitiva Palabra del Creador.

La Palabra le dio vida a todo lo creado, y su vida trajo luz a todos. (Juan 1.4, NTV)

Dios y la Palabra de Dios son inseparables. Un hombre y su palabra puede que sean dos cosas diferentes, pero el Dios eterno y la Palabra eterna son el mismo ayer, hoy y para siempre. La Biblia es un libro de milagros porque proviene del Hacedor de milagros.

En muchos países oprimidos, las personas suplican tener Biblias; los cristianos han sido perseguidos por distribuirlas. Pero este Libro trasciende toda generación, todo tiempo, todas las culturas y todas las razas. No adoramos la Biblia; adoramos a Aquel de quien habla la Biblia porque su tema es el despliegue del gran plan de redención de Dios por medio de Jesucristo, su Hijo, desde el principio del tiempo.

John Wesley, el gran evangelista, dijo: «¡Oh, denme ese libro! A cualquier precio, denme el libro de Dios [...] aquí hay conocimiento suficiente para mí. Que sea yo [un hombre de un solo libro]».[1] Y lo fue.

Jeremías escribió del Libro: «Así habló Jehová Dios de Israel, diciendo: Escríbete en un libro todas las palabras que te he hablado» (Jeremías 30.2).

La mayoría de los libros nacen en las mentes de los autores y están documentados mediante las plumas de los escritores. Viven unos breves años, son situados en el estante y con frecuencia se olvidan. Pero la santa Biblia ha sido ridiculizada, quemada, refutada y pisoteada; sin embargo, continúa para siempre porque es la Palabra de Dios viva. «El cielo y la tierra pasarán, pero mis palabras no pasarán» (Mateo 24.35). ¡Sus palabras importan!

Las primeras palabras registradas en toda la historia están en la Biblia: «En el principio» (Génesis 1.1). Y las primeras palabras de Dios con respecto al universo: «Sea la luz» (Génesis 1.3). Su Palabra es su luz:

Lámpara es a mis pies tu palabra,
Y lumbrera a mi camino. (Salmos 119.105)

Al igual que Dios sopló vida en Adán, sopló vida en las Escrituras. Su Nombre y su Palabra son intercambiables. Él es la «Palabra hablada», la «Palabra escrita» y la «Palabra encarnada», como vemos en el Evangelio de Juan. «En el principio era el Verbo, y el Verbo era con Dios, y el Verbo era Dios. Este era en el principio con Dios» (Juan 1.1–2).

El escritor de Hebreos habla de la progresión de la Palabra de Dios que viene a la raza humana: Dios habló en diversas épocas mediante los profetas; entonces Dios nos habló mediante su Hijo, «quien sustenta todas las cosas con la palabra de su poder» (Hebreos 1.3).

Dios no ha prometido bendecir mis pensamientos, pero ha prometido bendecir su Palabra. La fe crece cuando es plantada en el terreno fértil de las Escrituras. Yo siempre consideré un día perdido si no pasaba tiempo leyendo al menos un pasaje de este Libro sagrado. En la actualidad no veo lo suficientemente bien como para poder leer, pero estoy agradecido por haber aprendido de memoria gran parte de la Palabra de Dios. La Biblia es un espejo que nos ayuda a ver nuestro pecado. Como cristianos, tenemos solamente una autoridad y una brújula, la Palabra de Dios, y ella dirigirá nuestros pensamientos y nuestros pasos si confiamos en Él.

La Palabra de Dios es la obra de Dios. Oh, que tengamos hambre de ser llenos de la Palabra de Dios, porque no hay mayor armadura, no hay mayor fortaleza y mayor seguridad que saber que Él está con nosotros y en nosotros. Mientras las personas que le rodean llenan sus mentes de malas noticias, sumérjase en las buenas nuevas acerca de Dios que se encuentran en su preciosa Palabra.

La Palabra de Dios nos da convicción. Corta, penetra, pincha, golpea, rompe, esculpe y moldea. «Porque la palabra de Dios es viva y eficaz, y más cortante que toda espada de dos filos; y penetra hasta partir el alma y el espíritu, las coyunturas y los tuétanos, y discierne los pensamientos y las intenciones del corazón» (Hebreos 4.12).

La Palabra de Dios limpia. Juan 15.3 dice: «Ya vosotros estáis limpios por la palabra que os he hablado». Cristo nos santifica y nos limpia con «el lavamiento del agua por la palabra» (Efesios 5.26).

La Palabra de Dios nos da nuevo nacimiento. Primera de Pedro 1.23 dice que hemos sido purificados, «siendo renacidos [...] por la palabra de Dios que vive y permanece para siempre».

La Palabra de Dios nos guarda de pecado. «En mi corazón he guardado tus dichos, para no pecar contra ti» (Salmos 119.11).

Dios nos capacita para vivir una vida espiritual mediante «toda palabra que sale de la boca de Dios» (Mateo 4.4).

La Palabra de Dios guía nuestras acciones. «Más bendito es todo el que escucha la palabra de Dios y la pone en práctica» (Lucas 11.28, NTV).

La Palabra de Dios nos ayuda a discernir la voluntad de Dios. Dios Espíritu nunca nos guiará de modo contrario a la Palabra de Dios. Con frecuencia oigo a personas decir: «El Señor me guio a hacer esto». Siempre soy un poco cauto, a menos que lo que el Señor supuestamente haya dicho esté en consonancia con su Palabra. Dios siempre nos guiará a hacer todo lo que sea recto porque Él nos hizo nacer por su propia voluntad y por su palabra (Santiago 1.18).

La Palabra de Dios causa regocijo en nuestro espíritu. «Dios ha dicho en su santuario: Yo me alegraré» (Salmos 108.7).

La Palabra de Dios nos da vida eterna. «¿No habéis leído lo que os fue dicho por Dios? [...] Dios no es Dios de muertos, sino de vivos» (Mateo 22.31–32).

La Palabra de Dios alimenta nuestra alma. Se nos dice que deseemos la leche pura de la Palabra; ella nos permite crecer (1 Pedro 2.2).

Guardé las palabras de su boca más que mi comida. (Job 23.12)

La Palabra de Dios vence el poder de Satanás. Jesús citó las Escrituras al diablo, y el diablo se rindió. «Entonces Jesús le dijo: Vete, Satanás, porque escrito está: Al Señor tu Dios adorarás, y a él sólo servirás» (Mateo 4.10). A veces olvidamos que Dios es Señor sobre todo, sin considerar si alguien decide pensar otra cosa. La Palabra del Señor es sobre todas las cosas.

La Palabra de Dios proporciona comunión con Él. Se cuenta la historia de una joven a quien se le regaló una novela nueva. Ella lidiaba al leerla, diciendo: «Era el texto más seco que he leído jamás». Unos meses después, conoció a un joven y se enamoró. Su nombre le resultaba familiar, y cuando volvió a agarrar la novela, descubrió que él había escrito el libro. Comenzó a leerlo otra vez y no podía dejarlo.

¿Qué marcó la diferencia? Ella se había enamorado del autor.

La Palabra de Dios nos consuela en la muerte. «Escribe: Bienaventurados de aquí en adelante los muertos que mueren en el Señor [...] descansarán de sus trabajos, porque sus obras con ellos siguen» (Apocalipsis 14.13).

La Palabra de Dios es el mensaje que predicamos. El poder del predicador no está en su carisma, su popularidad, o incluso su educación; está en declarar fielmente: «Así dice el Señor». Cuando yo cito la Escritura, sé que estoy citando la Palabra de Dios misma; por eso siempre he usado la frase: «La Biblia dice». El Espíritu de Dios toma la Palabra de Dios y hace al hijo de Dios. Mediante la Palabra escrita descubrimos la Palabra viva: Jesucristo.

Pablo le dijo a Timoteo: «Que prediques la palabra» (2 Timoteo 4.2). También dijo de sí mismo que su predicación no era con palabras de humana sabiduría, sino palabras que estaban llenas de poder del Espíritu (1 Corintios 2.4). Marcos escribió de los apóstoles que ellos predicaban en todas partes y el Señor confirmaba su palabra (Marcos 16.20). Pedro proclamó que «la palabra del Señor permanece para siempre», y que esta es la palabra que era predicada (1 Pedro 1.25).

La Palabra de Dios produce aliento. Un muchacho estaba en silencio por mucho tiempo, y su madre le preguntó en qué estaba pensando. Con su cabeza por encima de las páginas de la Biblia, él respondió: «Ah, ¡estoy viendo a Jesús resucitar a Lázaro de la muerte!». Cómo necesitamos alentar a nuestros niños a que pasen tiempo en la Palabra de Dios. La Biblia nos dice que enseñemos «con diligencia» las Escrituras a nuestros hijos, que nos sentemos y hablemos con ellos sobre ella, y que la vivamos en el hogar (Deuteronomio 6.6–9). Esto es muy importante.

La Palabra de Dios nos da la seguridad del cielo. Puedo recordar que cuando era joven tenía momentos de duda respecto a mi salvación porque comparaba mi experiencia con la de otros que tenían conversiones emocionales. Sin embargo, después de estudiar la Biblia, obtuve seguridad de mi compromiso con Cristo, «hasta alcanzar todas las riquezas de pleno entendimiento» (Colosenses 2.2), porque su Palabra es segura.

La Palabra de Dios exige la obediencia. «Pero los que obedecen la palabra de Dios demuestran verdaderamente cuánto lo aman. Así es como sabemos que vivimos en él» (1 Juan 2.5, NTV).

La Palabra de Dios produce bendición. «Bienaventurado el que lee, y los que oyen las palabras de esta profecía, y guardan las cosas en ella escritas; porque el tiempo está cerca» (Apocalipsis 1.3).

La Palabra de Dios produce esperanza para el futuro. «Entonces vi el cielo abierto; y he aquí un caballo blanco, y el que lo montaba se llamaba Fiel y Verdadero [...] su nombre es: EL VERBO DE DIOS» (Apocalipsis 19.11–13).

Lea la Palabra de Dios con reverencia, porque Él es santo.

Léala con expectativa, creyendo que Dios le hablará.

Léala con dependencia del Espíritu Santo, quien abrirá su entendimiento.

Léala con convicción, para corregirle y alentarle.

Léala en obediencia, para poder ponerla en acción.

Léala y memorícela todo lo posible, para que siempre esté con usted.

Léala en oración, para que sus palabras fortalezcan su fe.

Léala y transmítala como un testimonio de lo que Dios ha hecho por usted.

> Tu eterna palabra, oh SEÑOR,
> se mantiene firme en el cielo. (Salmos 119.89, NTV)

Amar la Palabra es amar a Dios.

Recibir la Palabra es recibir a Jesús.

Creer la Palabra es creer a Cristo.

Predicar la Palabra es proclamar el evangelio de su Palabra.

Puede que haya oído la expresión: «Él (o ella) es una Biblia andante». Es maravilloso guardar la Palabra de Dios en nuestros corazones; nos ayuda en el camino de la vida. Es importante, sin embargo, respaldarla con nuestras vidas. Es un gozo llevar en nuestras manos la bendita Escritura y saber dónde encontrar diversos pasajes. Pero un día Él vendrá pronto para llevarnos a su luz eterna, donde estaremos en la presencia misma de la Palabra eterna.

¿A quién iremos? Tú tienes palabras de vida eterna. (Juan 6.68)

CAPÍTULO 34 —————————————————————

VERDAD ETERNA

————————— *Probada y comprobada* —————

2 Y 3 JUAN

A causa de la verdad que permanece en nosotros, y
*estará **para siempre** con nosotros.*
  Y también nosotros damos testimonio, y vosotros
sabéis que nuestro testimonio es verdadero.

—2 JUAN 2, 3 JUAN 12

«LA VERDAD, TODA LA VERDAD, Y NADA MÁS QUE LA VERDAD, CON LA
AYUDA DE DIOS» ES UN JURAMENTO COMÚN. Precede a un testimonio
jurado dado por un testigo que ha hecho el compromiso de declarar la
verdad pase lo que pase. Si más adelante se descubre que el testigo ha
mentido bajo juramento, la persona puede ser acusada del delito de per-
jurio. Esto no es solamente en Estados Unidos; similares juramentos se
utilizan en tribunales en muchos países.

En años recientes hemos visto un gran alejamiento de la verdad, y a
menudo quienes se descubre que son mentirosos no reciben ningún castigo. La Biblia advierte, sin embargo, que cuando llegue el juicio, también

llegará su castigo; la ira de Dios es contra las personas que «cambiaron la verdad de Dios por la mentira» (Romanos 1.25).

Pero quiero hablarle sobre «la Verdad». Él es Jesucristo, el Hijo de Dios y el Salvador del mundo.

«Os digo la verdad» o «ciertamente» es una de las expresiones más fuertes y frecuentemente utilizadas por Jesús.

Jesús conoce las mentiras del diablo. Escuche: Satanás siempre usa parte de la verdad de Dios en sus mentiras. Este es su cebo. Oímos la parte que es verdad y, por lo tanto, llegamos a la conclusión de que el resto también es verdad: esto es una maquinación del diablo.

Jesús vino para destruir las mentiras de Satanás, y espera pacientemente a que su verdad eche raíz en los corazones de las personas antes de que regrese a dar el último golpe a las obras del diablo.

La gran búsqueda de la vida ha sido siempre encontrar la verdad. Las universidades están llenas de buscadores que quieren conocer la verdad. Pero ¿lo logran? Con frecuencia, cuando encuentran la verdad, la rechazan porque a veces la verdad duele; así que se encaminan en otra dirección para encontrar *una* verdad que les haga sentir mejor con respecto a su resistencia a *la* verdad.

Jesús no dijo que conoceríamos *una* verdad; Él habló de *la* verdad. Puede que haya cierta verdad en varias religiones y filosofías, pero Jesús es *toda* la verdad y *la* Verdad. Del mismo modo, la Biblia no contiene la verdad de Dios; la Biblia *es* la verdad de Dios. El salmista declaró: «La suma de tu palabra es verdad» (Salmos 119.160).

Si nuestras mentes y nuestros corazones no están llenos con la verdad de Dios, alguna otra cosa ocupará su lugar: cinismo, ocultismo, falsas religiones y filosofías. La lista es larga. Donde hay verdad y error, siempre hay compromiso.

Hay quienes buscan la libertad más que la verdad. Son libres para rechazar la verdad, pero la libertad que escogen no les hará libres. «Y conoceréis la verdad, y la verdad os hará libres» (Juan 8.32).

Al final de su vida, Buda dijo: «Sigo buscando la verdad». Esta afirmación podrían haberla hecho incontables científicos, filósofos y líderes religiosos a lo largo de la historia. Sin embargo, solamente Jesucristo hizo la asombrosa afirmación: «*Yo soy* [...] la verdad» (Juan 14.6, énfasis añadido).

Sir Isaac Newton escribió antes de su muerte: «No sé lo que yo pueda parecer para el mundo, pero para mí mismo parezco haber sido tan solo un pequeño muchacho jugando en la playa, y entreteniéndome de vez en cuando en encontrar una piedra más lisa o una caracola más bonita de lo normal, mientras el gran océano de verdad seguía estando sin descubrir delante de mí».[1]

Este «gran océano de verdad» es la Palabra de Dios. Entrega la condición humana pero no nos deja en las olas para que nos ahoguemos, a menos que nosotros así lo escojamos. Y muchos lo han hecho, y muchos lo harán. «También debes saber esto: que en los postreros días vendrán tiempos peligrosos. Porque habrá hombres amadores de sí mismos [...] siempre están aprendiendo, y nunca pueden llegar al conocimiento de la verdad» (2 Timoteo 3.1–7).

Aquí está una afirmación sincera: la verdad no es siempre agradable. La razón por la cual Dios juzga el pecado es que Él es verdad. Como un cirujano, Él corta todo lo que es falso y erróneo; su escalpelo corta todo lo que es deshonesto, injusto y desagradable. Isaías dijo:

¡Ay de los que a lo malo dicen bueno, y a lo bueno malo; que hacen de la luz tinieblas, y de las tinieblas luz; que ponen lo amargo por dulce, y lo dulce por amargo! (Isaías 5.20)

Por esta razón, Jesús se sumergió en la suciedad de nuestro pecado cuando vino a este mundo para poder salvarnos del pecado. Entonces Él nos bautizó (empapó) con la verdad de su amor que salva, disciplina, y nos llevará al cielo algún día. «Yo para esto he nacido, y para esto he venido al mundo, para dar testimonio a la verdad» (Juan 18.37).

Toda la humanidad debería arrodillarse a la mención de su gran nombre, dándole gracias a Dios por estas verdades maravillosas; algún día, toda la creación lo hará. «Solamente temed a Jehová y servidle de verdad con todo vuestro corazón, pues considerad cuán grandes cosas ha hecho por vosotros» (1 Samuel 12.24).

Puede que usted diga: «¿Qué importa? ¿Qué ha hecho Él por mí? Ni siquiera creo que Dios sea real».

Bueno, sí importa. Independientemente de que usted crea o no que Él es real, Él es verdad; y Él ha hecho mucho por usted, le reconozca usted a Él o no. Él ha dado a cada ser humano el aliento de vida. Él le ha dado la belleza de la naturaleza. Él le ha dado talento e inteligencia. Él le ha dado oportunidad. Él le ha sostenido. Y Él le ha ofrecido su amor.

«[Él] hace salir su sol sobre malos y buenos, y que hace llover sobre justos e injustos» (Mateo 5.45). Todas estas cosas buenas vienen de Él. Esto se conoce como la gracia de Dios. Él también nos da el derecho a rechazarlo, aunque al hacerlo retiene el derecho a juzgarnos y condenarnos a una vida separada para siempre de Él. Cuando eso suceda, conocerá usted la verdad absoluta, porque la Biblia dice que la ira de Dios vendrá sobre aquellos que «detienen con injusticia la verdad» (Romanos 1.18). Y quienes pasen la eternidad en el infierno no tendrán ninguna duda del motivo por el cual están allí: «No recibieron el amor de la verdad para ser salvos [...] a fin de que sean condenados todos los que no creyeron a la verdad, sino que se complacieron en la injusticia» (2 Tesalonicenses 2.10–12).

El tribunal de Dios estará desplegado a la luz de la verdad, tal como estaba cuando Jesús fue llevado a juicio y se le dio la oportunidad de defenderse. Pilato preguntó: «¿Qué es la verdad?» (Juan 18.38) después de que Jesús le hubiera dicho: «Todo aquel que es de la verdad, oye mi voz» (v. 37).

Ahora bien, lo contrario a la verdad es la falsedad. Éxodo 20.16 nos dice que no deberíamos mentir (dar falso testimonio). Hay un gran abismo entre la Verdad y la mentira: Jesucristo, la Verdad; y Satanás, el padre y el autor de mentiras. «[El diablo] ha sido homicida desde el principio, y no ha permanecido en la verdad, porque no hay verdad en él. Cuando habla mentira, de suyo habla; porque es mentiroso, y padre de mentira» (Juan 8.44).

Satanás asalta con sus mentiras, y creerlas conducirá a su fuego eterno. Él ya ha aparecido ante el tribunal de verdad y ha recibido su sentencia:

será «lanzado al lago de fuego y azufre [...] y serán atormentados día y noche por los siglos de los siglos» (Apocalipsis 20.10). Esta es su sentencia. Sus días están contados. Está en el corredor de la muerte esperando su destino final. La humanidad va navegando por la vida con dirección poco confiable. Satanás le dice que vaya por su camino. ¡Niéguese a escuchar!

Las personas hoy día han encontrado consuelo en confiar en el GPS para llegar donde quieren ir con seguridad y a tiempo. Pero hay estudios que indican que no es difícil generar situaciones de posiciones falsas. Se hace la pregunta: «Si un receptor de GPS informa de su posición al centro de supervisión utilizando una señal de radio, ¿cómo sabemos que el receptor está diciendo la verdad?». No podemos saberlo, hasta que lleguemos al destino.

La verdad es importante en la navegación. Un piloto se entrena durante horas para evitar cometer un error fatal: solamente uno. Y su entrenamiento nunca se detiene.

La verdad es también importante en las matemáticas. No puede haber suposiciones o especulación en las ecuaciones arquitectónicas.

La verdad es importante en la química. Si utilizamos la fórmula errónea, no obtendremos una reacción verdadera.

He conocido a personas que son mentirosas habituales; han mentido durante tanto tiempo que ya no son capaces de distinguir entre la verdad y la mentira. Las Escrituras dicen de tales personas: «Apartarán de la verdad el oído y se volverán a las fábulas» (2 Timoteo 4.4). Su sensibilidad al pecado ha sido casi sofocada, si no completamente. Pero el evangelio de verdad nos dice que mostremos el amor de Cristo y corrijamos «a los que se oponen, por si quizá Dios les conceda que se arrepientan para conocer la verdad» (2 Timoteo 2.25).

La verdad importa. Y solamente porque la verdad sea impopular no significa que no debiera proclamarse.

El propósito de Satanás es robar la semilla de verdad de su corazón enviando pensamientos distractores y engañosos. La diferencia entre un cristiano y un no cristiano es que ambos puede que tengan pensamientos buenos y malos, pero Cristo da a sus seguidores el discernimiento y la capacidad de escoger el correcto en lugar del incorrecto. El Espíritu Santo toma la palabra de verdad de Dios y ministra a nuestras necesidades más profundas. Y la persona que descubre la verdad tiene una serenidad, paz y certeza que otras no tienen. «Toda buena dádiva y todo don perfecto desciende de lo alto [...] El, de su voluntad, nos hizo nacer por la palabra de verdad» (Santiago 1.17–18).

La verdad es atemporal. No difiere de una época a otra, de unas personas a otras, de una situación geográfica a otra. La gran Verdad que prevalece se mantiene en el tiempo y la eternidad. Y le veremos a Él en toda su gloria cuando pase de la eternidad pasada a la eternidad presente. Su nombre es Fiel y Verdadero (Apocalipsis 19.11), y Él reinará desde la ciudad de verdad (Zacarías 8.3).

Y la fidelidad de Jehová es para siempre. (Salmos 117.2)

CAPÍTULO 35

LA LLAMA ETERNA

Arrebatar almas del fuego

JUDAS

*Esas ciudades fueron destruidas con fuego y sirven como advertencia del fuego **eterno** del juicio de Dios.*

—JUDAS 7, NTV

«LLAMAS ETERNAS HAN ARDIDO DURANTE SIGLOS». Eso era lo que decía el titular. De hecho, tales lugares atraen turistas y curiosos de todo el mundo.

El fuego eterno de Baba Gurgur, situado en el centro del enorme campo petrolífero de Irak, se dice que ha ardido durante miles de años. Las llamas son creadas por gas natural que se filtra por las rocas. En el Himalaya arde otra llama eterna en el templo de Jwalamukhi, en India. Sus llamas azules son alimentadas al arder el gas natural que viene de la roca del santuario del templo, donde la llama misma es adorada como una deidad. También está el monte Ardiente. Científicos creen que este es el fuego subterráneo conocido más antiguo. Situado en Nueva Gales del

Sur, Australia, este fuego en el que arde carbón se cree que ha ardido con fuerza durante seis mil años.[1]

Un fuego iniciado en 1688 en Brennender Berg en Saarland, Alemania, sigue ardiendo en la actualidad. El poeta Johann Wolfgang von Goethe fue allí de visita en 1770 y escribió que el denso vapor salía por las grietas, y que podía sentir la tierra caliente incluso a través de las gruesas suelas de sus zapatos.[2]

El legendario fuego de Mrapen está situado en Indonesia. Se dice que la llama nunca se extingue, ni siquiera en medio de la lluvia o los vientos. Registrado por primera vez en el siglo XV, este escape de gas natural proviene de la profundidad del terreno y arde hasta la fecha. Hay otros, desde luego. El monte Olimpo, cerca de Antalya, Turquía, alberga una llama que no muere ni de día ni de noche.[3]

Uno de los lugares más sobrecogedores se encuentra en medio del desierto Karakum de Turkmenistán, y se conoce como «la Puerta al infierno». Su fuego ha ardido desde la década de 1970.[4] Estas no son fantasías de la última película de Hollywood. Son lugares reales y fuegos reales que no se extinguen y no pueden ser apagados.

En todos estos casos los científicos no pueden decir cómo comenzaron los fuegos; simplemente aparecieron. Después de predicar un mensaje sobre este tema hace algunos años, recibí una carta de alguien en las Rocosas canadienses. Él decía que incluso después de que un incendio forestal se ha extinguido, es común que rescoldos del fuego sigan activos durante semanas, e incluso meses, subterráneos. «No hay manera humana de poder extinguir los fuegos subterráneos», decía él, «incluso si los bomberos conocieran las ubicaciones exactas».

El fuego es misterioso y fascinante. Puede purificar o destruir. Puede resplandecer o arder con furia. Puede danzar en una mecha o extinguir una vida.

El fuego también puede ser útil. No hay nada más atrayente que una fogata que chisporrotea en una noche fría de invierno. Pastores y vaqueros se han reunido en torno a fogatas a lo largo de la historia. Marcas hechas con fuego identifican al ganado. Jesús preparó el desayuno sobre un fuego en la playa de Galilea para sus discípulos (Juan 21.1–13). También está el fuego del refinado utilizado para purificar el oro. Cuando todas las impurezas desaparecen, el resultado es de 24 quilates: el grado más valioso.

El Señor utilizó el efecto del fuego para alentar al creyente en Cristo: «Les espera una alegría inmensa, aunque tienen que soportar muchas pruebas por un tiempo breve. Estas pruebas demostrarán que su fe es auténtica. Está siendo probada de la misma manera que el fuego prueba y purifica el oro, aunque la fe de ustedes es mucho más preciosa que el mismo oro» (1 Pedro 1.6–7, NTV).

El fuego también pone en peligro la vida y la propiedad. Las llamas hablan terror, angustia, destrucción y pérdida. Recuerdo un día cuando mi hijo era un muchacho. Cuando pasaba por la cocina, le encontré encendiendo cerillas y le dije: «Franklin, si te agarro alguna vez jugando con fuego, voy a disciplinarte».

Al día siguiente él estaba de nuevo en la cocina encendiendo cerillas. Le dije: «¿No te había dicho que si jugabas con cerillas otra vez te disciplinaría?».

Él parpadeó y dijo: «No, papá. Tú dijiste que si alguna vez me *agarrabas*». Y salió corriendo de la cocina hacia los montes, escapando del castigo por un tiempo.

La Biblia habla frecuentemente de fuego, más de quinientas veces, y advierte a los pecadores no arrepentidos del fuego del infierno. El primer fuego destruyó las ciudades de Sodoma y Gomorra. El relato completo está en el libro del Génesis, pero en uno de los últimos libros del Nuevo Testamento leemos la carta escrita por Judas, el medio hermano de Jesús. «Como Sodoma y Gomorra [...] las cuales de la misma manera que aquéllos, habiendo fornicado e ido en pos de vicios contra naturaleza, fueron puestas por ejemplo, sufriendo el castigo del fuego eterno» (Judas 7, NTV).

¿Por qué recorrió Judas todo el camino hasta el principio del tiempo al escribir a creyentes del Nuevo Testamento? Él nos dice:

Para rogarles que defiendan la fe que Dios ha confiado una vez y para siempre a su pueblo santo. Les digo esto, porque algunas personas que no tienen a Dios se han infiltrado en sus iglesias diciendo que la maravillosa gracia de Dios nos permite llevar una vida inmoral. La condena de tales personas fue escrita hace mucho tiempo. (Judas 3–4, NTV)

Este breve libro tiene una potencia de fuego que desencadenó una alarma de veinticinco versículos. El propósito de Judas era advertir de engañadores que se presentan como seguidores de Cristo pero no obedecen sus mandamientos. Este es un libro de advertencia. Dios hace una buena advertencia a su pueblo.

Ahora bien, están quienes creen que el fuego del infierno es simbólico; otros afirman que el fuego del infierno puede arder sin consumir. Leemos la notable historia de la zarza ardiente que no se consumía, y Moisés escuchó la voz de Dios en el fuego. Vemos la milagrosa historia de los tres hebreos que fueron lanzados al horno de fuego y salieron sin sufrir daño porque el Señor estaba en el fuego con ellos.

Puedo decir con certeza que si no hay fuego literal en el infierno, entonces Dios está utilizando lenguaje simbólico para indicar algo mucho peor. Al igual que no hay palabras para describir adecuadamente la grandiosa belleza del cielo, no podemos comenzar a imaginar lo horrible que es el lugar llamado infierno.

Judas escribió:

Hombres impíos, que convierten en libertinaje la gracia de nuestro Dios, y niegan a [...] nuestro Señor Jesucristo [...]

Se corrompen [...] ¡Ay de ellos!

Estrellas errantes, para las cuales está reservada eternamente la oscuridad de las tinieblas [...]

He aquí, vino el Señor [...] para hacer juicio contra todos, y dejar convictos a todos los impíos de todas sus obras impías que han hecho impíamente, y de todas las cosas duras que los pecadores impíos han hablado contra él [...]

Burladores, que andarán según sus malvados deseos. (Judas 4, 10–13, 14–15, 18)

El uso de la repetición que hace Judas es feroz. Su corazón ardía con fuerza. Como un tirador con munición, de manera implacable se dirige a los actos impíos de pecadores. En dos frases utiliza la palabra *impío* cinco veces. Pero para que no piense que Judas es despiadado, escuche su ruego.

> Pero ustedes, queridos amigos, deben edificarse unos a otros en su más santísima fe, orar en el poder del Espíritu Santo y esperar la misericordia de nuestro Señor Jesucristo, quien les dará vida eterna. De esta manera, se mantendrán seguros en el amor de Dios. Deben tener compasión de los que no están firmes en la fe. Rescaten a otros arrebatándolos de las llamas del juicio. Incluso a otros muéstrenles compasión pero háganlo con mucho cuidado, aborreciendo los pecados que contaminan la vida de ellos. (Judas 20–23, NTV)

Judas hacen hincapié en los actos impíos y entonces aplica el bálsamo del evangelio: misericordia.

Entonces, ¿qué les pide a los creyentes que hagan? Judas les advierte que defiendan la fe y estén atentos a quienes intentan cambiar la verdad por una mentira. Proclama con valentía que «no tienen al Espíritu de Dios en ellos» (Judas 19, NTV).

Les dice que recuerden tiempos pasados cuando Dios advirtió que continuar en el pecado produciría juicio; sin embargo, Él esperó con paciencia, dando a las personas la oportunidad de alejarse del mal. Judas repasa la conducta que incita el fuego eterno del juicio y la conducta que obtiene vida eterna.

Entonces habla de quienes han sido desviados por engañadores, diciéndoles que muestren misericordia porque los corazones de los engañadores todavía pueden ser alcanzados con la verdad del evangelio. Implora urgentemente a otros que arrebaten a los pecadores del fuego, que casi están comprometidos a creer la mentira. Pero les advierte que tengan cuidado, porque al hacerlo pueden ser contaminados (influidos) por el pecado, y también caer en el fuego (Judas 23).

El pecado es un fuego ardiente. Inflama la tentación, marca la conciencia, enciende el corazón con lujuria y quema el alma.

El pecado es también como un fuego en cuanto a que puede estar visiblemente activo y oculto por dentro. Vemos esto en el rey David cuando miró a Betsabé. Su deseo se fue cociendo y entonces se encendió una tormenta de fuego de adulterio, mentira, engaño y asesinato premeditado. La Biblia advierte que cuando cedemos a la tentación, somos alejados de Dios. El mal que hacemos produce muerte (Santiago 1.14–15).

El pecado siempre miente. Dios aborrece la lengua mentirosa que corrompe (Proverbios 6.17). Santiago escribió: «He aquí, ¡cuán grande bosque enciende un pequeño fuego! Y la lengua es un fuego, un mundo de maldad. La lengua está puesta entre nuestros miembros, y contamina todo el cuerpo, e inflama la rueda de la creación, y ella misma es inflamada por el infierno» (Santiago 3.5–6).

Recuerdo que hace años aparecí en el programa *Phil Donahue Show* ante una audiencia en directo. Phil me preguntó: «¿Por qué tenemos que poner pecado en el corazón de un pequeño bebé?». Yo respondí: «Phil, yo no dije eso. Dios lo dijo. La Biblia dice que todos nacen con la naturaleza de pecado» (Salmos 51.5). Donahue pareció sorprendido, y preguntó a la audiencia si estaba de acuerdo. La mayoría lo estaba.

El pecado en su estado activo, como el fuego, puede iluminar y atraer. Las polillas son atraídas a las llamas de las velas. Las moscas son seducidas por las bombillas. Las personas son atraídas al misterio del pecado antes de ser conscientes de que la llama les ha llevado hasta la escena del crimen. Hombres y mujeres son atraídos a la llama de la lujuria y, con el tiempo, son empujados a entrar por el feroz fuego. La tentación sigue ardiendo y entonces prende. El pecado es como el fuego debido al modo en que destruye.

La Biblia advierte continuamente del juicio que llegará. Pero Dios, en misericordia, envió a su Hijo a rescatarnos de las llamas del infierno. «Para esto apareció el Hijo de Dios, para deshacer las obras del diablo» (1 Juan 3.8). Y Dios cumple sus promesas. El diablo y sus demonios serán lanzados a los fuegos del infierno.

Judas acaba de tocar la sirena a plena potencia. Ha hecho sonar la alarma para los creyentes dormidos y los ha enviado a una misión de rescate, a arrebatar almas de los fuegos eternos. Dios no quiere que nadie vaya a ese horrible lugar.

Sé que hay personas que dicen: «Un Dios amoroso no enviaría personas al infierno». Pero, amigo, debido a su amor Él nos hace una advertencia por adelantado. Él extiende su misericordia por encima de toda comprensión humana. El mundo está ardiendo, y nosotros somos los bomberos de Dios. Se nos ha dado la herramienta para la misión de rescate: el agua de vida que fluye del Salvador. Es capaz de apagar los dardos de fuego del maligno y empapar el pecado que de otro modo destruiría. Dios prefiere transformar al pecador en lugar de enviarlo al castigo. Cada uno tiene que tomar esta decisión personal, porque Jesucristo es un Salvador personal.

Creyentes, tomen en serio lo que Judas ha escrito. Arrebaten a alguien que esté a un paso del fuego de la llama eterna. Puede que las personas se resientan con usted por interesarse acerca de su estado eterno, pero de todos modos haga la advertencia. Con frecuencia ellos no quieren ser advertidos porque eso requiere tomar una decisión. Las personas disfrutan de hacer lo innecesario y aborrecen hacer lo necesario. Evitar el fuego eterno es un imperativo.

Cuando Jesús estaba en Capernaúm predicando en la sinagoga, un hombre poseído por un demonio le gritó que se fuera y le dejara tranquilo. El hombre dijo: «¿Has venido para destruirnos? Yo te conozco quién eres, el Santo de Dios» (Lucas 4.34). Pero Jesús no lo dejó tranquilo. Reprendió al diablo y le ordenó que saliera del hombre. El hombre fue arrebatado del fuego.

Por lo tanto, cuando alguien dice: «No es asunto tuyo», un amigo responderá:

- Si te estás ahogando, no te dejaré solo. Tengo el salvavidas del evangelio.
- Si tienes hambre, no te dejaré solo. Tengo el Pan de vida.

- Si has ingerido veneno, no te dejaré solo. Tengo el antídoto del evangelio.
- Si estás perdido en la oscuridad, no te dejaré solo. Tengo la Luz del evangelio.
- Si estás enfermo, no te dejaré solo. Te señalaré al gran Médico.
- Si estás en el camino erróneo, no te dejaré solo. Te mostraré el Camino.
- Si estás en un mar turbulento, no te dejaré solo. Te señalaré hacia el Faro.
- Si estás en atadura, no te dejaré solo. Tengo la libertad de decirte que la Verdad puede hacer libre.

Santiago escribió: «El que haga volver al pecador del error de su camino, salvará de muerte un alma» (Santiago 5.20). Debemos utilizar cada oportunidad para enviar la potente advertencia que ardía dentro de Judas. Entonces terminó su carta con una descripción de la eternidad que resplandece no debido al fuego sino a la luz de Dios mismo.

Que toda la gloria sea para él, quien es el único Dios,
nuestro Salvador por medio de Jesucristo nuestro Señor.
¡Toda la gloria, la majestad, el poder y la autoridad le
pertenecen a él desde antes de todos los tiempos, en el
presente y por toda la eternidad! Amén. (Judas 25, NTV)

CAPÍTULO 36

EL REINADO ETERNO DEL REY

La cuna, la cruz y la corona

APOCALIPSIS

*Los reinos del mundo han venido a ser de [...] Cristo;
y él reinará* **por los siglos de los siglos.**

—APOCALIPSIS 11.15

NO ES EXTRAÑO QUE ÉL FUERA UN CARPINTERO.

Acunado en un pesebre hecho de madera, Él trajo el gozo de la Navidad al mundo en su nacimiento.

Él es Jesús.

Clavado a una vieja cruz y levantado para morir por el pecado, Él trajo la gloria de la Pascua al mundo mediante su resurrección.

Él es el Salvador.

Al venir otra vez como el Retoño de justicia, Él traerá un reino eterno y reinará en poder.

He aquí, Él es el Retoño.

¿Por qué el Retoño? En la época del nacimiento de Jesús, la línea real de David, de la cual provino Él, se había secado en Israel. Pero Él seguiría siendo Rey, porque Retoño es un título para el Mesías y habla de fruto. El profeta Isaías dijo:

Saldrá una vara del tronco de Isaí, y un vástago retoñará de sus raíces. (Isaías 11.1)

Cuando Jesús descendió de su trono eterno, vino como un siervo, la Vid del viñador, que trae vida. El Hijo del cielo tenía sangre de realeza en sus venas, aunque nació en un establo. Pero cuando regrese, «el Señor Dios le dará el trono de David su padre; y reinará [...] para siempre, y su reino no tendrá fin» (Lucas 1.32–33).

Por eso el profeta Zacarías profetizó que el Mesías vendría de la línea real de David y dijo: «Este es el hombre llamado el Retoño» (Zacarías 6.12, NTV). No es extraño que el Retoño dijera entonces: «Yo [...] vuestro Rey» (Isaías 43.15).

Es difícil entender que un rey serviría, pero este no es un Rey común. Este es Jesús, cuyo Padre proclamó «Pronto traeré a mi siervo llamado el Retoño (Zacarías 3.8, NTV).

Él será coronado gloriosamente. Se sentará en su trono de justicia y «echará ramas desde donde está» (Zacarías 6.12, NTV) para servir.

¿Cómo servirá Él? Cosechará su abundancia: almas para llenar el cielo.

No es extraño que la Biblia tenga mucho que decir sobre raíces, semillas, ramas y viñas, y árboles. No puedo evitar preguntarme lo que pasaba por la mente de Jesús mientras trabajaba en la carpintería, rodeado de diversas maderas sacadas de los bosques. Ciertamente sabemos que Él habló de árboles para ilustrar la verdad mientras caminaba por los valles y las colinas con sus discípulos. Casi todos los escritores bíblicos escribieron sobre los árboles. Quizá por eso Ezequiel describió el reino venidero de esta manera:

A ambas orillas del río crecerá toda clase de árboles frutales. Sus hojas nunca se marchitarán ni caerán y sus ramas siempre tendrán fruto [...] se riegan con el agua del río que fluye del templo. Los frutos servirán para comer, y las hojas se usarán para sanar. (Ezequiel 47.12, NTV)

Esta es ciertamente una imagen del Rey que vendrá: de la rama de Isaí, de la simiente de David, cuyo nombre es Renuevo. No es extraño que Jesús se llamara a sí mismo la Vid verdadera: «*Yo soy* la vid, vosotros los pámpanos» (Juan 15.5, énfasis añadido), pues la vida eterna fluye desde la vid hasta las ramas. Este es el árbol genealógico del cielo.

No es extraño que Jesús encontrara fortaleza cuando se arrodilló entre los olivos en el huerto de Getsemaní, en la base del monte de los Olivos. En este monte, que mira hacia Jerusalén, Jesús enseñó a sus discípulos a orar. Es aquí donde lloró por la ciudad. Es aquí donde plantará sus pies cuando vuelva en gloria.

Entonces su reino echará raíces; al igual que la copa de un árbol, mediante sus ramas, cubre una amplia zona. El Retoño protege y está sobre los suyos, y «será su gloria como la del olivo» (Oseas 14.6).

Hace años prediqué un sermón titulado «La cuna, la cruz y la corona». Pero no hay mayor sermón que el que se encuentra en Isaías cuando él profetizó la tremenda vida del Señor Jesucristo.

El bebé se llamaría Emanuel, Dios con nosotros (Isaías 7.14). Jesús nació entre su creación, y no es difícil imaginar a los animales inclinándose en reverencia cuando dieron la bienvenida al mundo al Niño que sería Rey.

Isaías escribió:

Subirá cual renuevo [...] y como raíz de tierra seca [...] Mas él herido fue por nuestras rebeliones. (Isaías 53.2–5)

Y murió con una corona de espinos hiriendo su frente. Pero Job escribió:

Porque si el árbol fuere cortado, aún queda de él esperanza;
Retoñará aún, y sus renuevos no faltarán. (Job 14.7)

El mundo pensaba que había conquistado al Rey de los judíos cuando le crucificó, pero Pedro escribió que aunque Jesús llevó nuestros pecados en su propio cuerpo «en la cruz» (1 Pedro 2.24), la simiente volvería a vivir, y Él lo hizo. No es extraño que el Retoño regresará a reinar (Isaías 9.7).

Esto es eternidad; está llegando. Apocalipsis es un libro que emociona el corazón. Es un libro de acción porque su mensaje llama a la humanidad con repetición: ¡He aquí! Y ¡ven!

¿Por qué? ¡Hay algo magnífico para contemplar que aún ha de venir!

Se le dijo al apóstol Juan: «He aquí que el León de la tribu de Judá, la raíz de David, ha vencido para abrir el libro y desatar sus siete sellos» (Apocalipsis 5.5). Entonces se nos dice que el cielo descenderá y que sigamos adelante hasta que el Señor venga. Las naciones se reunirán y le adorarán. No es extraño que el Espíritu diga ven; el que tenga sed, venga y beba, y el Señor proclama: «He aquí, yo hago nuevas todas las cosas» (Apocalipsis 21.5).

¡He aquí! «Han llegado las bodas del Cordero» (Apocalipsis 19.7).

«Venid, y congregaos a la gran cena de Dios» (v. 17).

¿Dónde quiere el Rey que vayamos? A casa.

Esta pequeña palabra *venid* está llena de promesa eterna. Supongo que por eso siempre me ha atraído la canción que ponía fin a la mayoría de nuestras cruzadas evangelísticas:

A tu llamada vengo a ti:
Cordero de Dios, heme aquí.[1]

Jesús nos da sus palabras:

Yo soy el Alfa y la Omega, principio y fin [...] el que es y que era y que ha de venir, el Todopoderoso. (Apocalipsis 1.8, énfasis añadido)

Yo Jesús he enviado mi ángel para daros testimonio de estas cosas [...] *Yo soy* la raíz y el linaje de David, la estrella resplandeciente de la mañana. (Apocalipsis 22.16, énfasis añadido)

El que da testimonio de estas cosas dice: Ciertamente vengo en breve. (v. 20)

Él envía una poderosa promesa: «Al que venciere [...] escribiré [...] mi nombre nuevo» (Apocalipsis 3.12).

La Biblia dice: «Él es Señor de señores y Rey de reyes; y los que están con él son llamados y elegidos y fieles» (Apocalipsis 17.14). Los elegidos son quienes le han recibido a Él como su Salvador personal. Cuando estemos con Él por la eternidad, heredaremos una nueva dirección, el cielo, y esa es la única dirección que necesitaremos. También heredaremos nuestros nombres nuevos. Y comeremos del fruto de la Vid del árbol que posee vida eterna en Cristo Jesús nuestro Señor.

No es extraño que Él viniera, para que nosotros pudiéramos ir.

La gran revelación para mí es saber que cuando el Señor me llame a casa, *donde yo estoy*, entonces, es donde Él estará, esperando en el lugar que ha preparado desde el principio. Este es el reinado eterno del gran Yo Soy.

¡No es extraño que Él sea Rey!

Y el que vivo [...] mas he aquí que vivo por los siglos de los siglos. (Apocalipsis 1.18)

Notas

Prólogo

1. CBS News, «How We See Heaven and Hell», *Sunday Morning*, 26 octubre 2014, www.cbsnews.com/news/how-we-see-heaven-and-hell/2/.
2. Billy Graham, *La razón de mi esperanza: Salvación* (Nashville: Grupo Nelson, 2013).

Introducción

1. Dana Blanton, «10/28/05 Fox Poll: More Believe in Heaven Than Hell», FoxNews.com, 28 octubre 2005, http://www.foxnews.com/story/2005/10/28/102805-fox-poll-more-believe-in-heaven-than-hell.html.
2. Blood, Sweat & Tears, interpretación vocal de «And When I Die», por Laura Nyro, Columbia 4-45008, 1969, 45 rpm.

Capítulo 1: Árbol de vida eterna

1. Joseph Addison, *Cato: A Tragedy in Five Acts* (1823; reimpr. Project Gutenberg e-book, 2010), acto V, escena 1, http://www.gutenberg.org/files/31592/31592-h/31592-h.htm.
2. Hannah Arendt, «The Concept of History: Ancient and Modern», *The Portable Hannah Arendt,* ed. Peter Baehr (Nueva York: Penguin, 2000), p. 278.
3. William Shakespeare, *Antonio y Cleopatra* (1606; reimpr. Biblioteca Virtual Antorcha), acto V, escena 2, http://www.antorcha.net/biblioteca_virtual/literatura/antonio/5.html.
4. Walter A. Maier, «The Resurrection Reality», sermón predicado el Domingo de Resurrección de 1937, http://media.lhm.org/lutheranhour/mp3s/historic_resurrectionreality_1937_wam.mp3.

Capítulo 3: Un solo sacrificio eterno

1. Charlotte Elliott, «Tal como soy» (música de William B. Bradbury; traducción de Thomas Westrup), 1835; dominio público, http://www. himnosevangelicos.com/pdf/talcomosoy.pdf.

Capítulo 5: Poder eterno

1. «Pocket Testament League in Formosa», *Moody Church News* 36 (1951): p. 8.

Capítulo 7: Rey eterno, trono eterno, reino eterno

1. Citado en una carta del 21 de agosto de 1998, por William W. Quinn, Teniente General, Ejército de Estados Unidos (jubilado); www. arlingtoncemetery.net/wwquinn.htm.

Capítulo 10: Gozo eterno

1. Virgil P. Brock y Blanche K. Brock, «Beyond the Sunset», © 1936 por The Rodeheaver Co. © renovado 1964 por The Rodeheaver Co., dueño; citado en la página web Hymnal Accompanist: www.hymnalaccompanist.com/oldhymns/CH865.html.

Capítulo 12: Eternidad puesta en el corazón

1. El texto completo de mis comentarios puede encontrarse en los archivos de la Biblioteca Richard Nixon, «Funeral Services of Mrs. Nixon», Richard Nixon Library and Birthplace Foundation, https://archive.is/JfDpy.
2. Burt Meyers, «The Silent Partner», *Time*, 29 febrero 1960, p. 25.
3. El comentario de Tricia Nixon Cox fue hecho en una entrevista hace mucho tiempo para *The Guardian*. La declaración de Julie Nixon-Eisenhower aparecía en su biografía, *Pat Nixon: The Untold Story* (Nueva York: Simon & Schuster, 1986; ahora disponible en una edición Kindle de Renaissance Literary & Talent).

Capítulo 14: Amor eterno

1. Blaise Pascal, citado en Joshua Mendes, «Booze for Bolsheviks, A Billion Hours of Driving, the Odds on God, and Other Matters. It's Not Fair», *Fortune*, 7 enero 1985, http://archive.fortune.com/magazines/fortune/fortune_archive/1985/01/07/65458/index.htm.

2. Sigmund Freud, *Civilization and Its Discontents*, trad. y ed. James Strachey, edición estándar (Nueva York: W. W. Norton & Company, 1930), XXI, p. 101.
3. Víctor Hugo, *Los miserables* (Buenos Aires: Tecnibook, 2015), I.5.4 (p. 35).

Capítulo 15: Paz eterna
1. Manie P. Ferguson, «Blessed Quietness» (música por W. S. Marshall), c. 1897, http://library.timelesstruths.org/search/?query=music&q=jesus+speaks+peace+to+me.

Capítulo 18: Oración eterna contestada
1. Donald Grey Barnhouse, en Charlie «Tremendous» Jones y Bob Kelly, *The Tremendous Power of Prayer* (West Monroe, LA: Howard, 2000), p. 66.

Capítulo 19: Recompensas eternas
1. Bob Kelly, *C. T. Studd: Cricketeer and Pioneer* (1933; reimpr. Fort Washington, PA: Christian Literature Crusade, 1982), p. 118.
2. Howard Culbertson, «No Reserves. No Retreats. No Regrets», Christian Missions (Southern Nazarene University), http://home.snu.edu/~hculbert/regret.htm.

Capítulo 25: La cruz eterna
1. Citado en Michael Battle, *Practicing Reconciliation in a Violent World* (Nueva York: Morehouse, 2005), p. 2.

Capítulo 26: La iglesia eterna
1. James Strong, *Nueva concordancia Strong exhaustiva de la Biblia* (Nashville: Grupo, 2002), s.v. 1577 «ekklesía».

Capítulo 30: El evangelio eterno
1. David Lawrence, *U. S. News and World Report*, citado en John Wesley White, «The Great Physician's Rx for Mankind», Rapture Ready, www.raptureready.com/terry/james32.html.

Capítulo 32: Corona eterna
1. Este es un dicho con frecuencia citado y que se ha atribuido generalmente a H. G. Wells. Posiblemente fue escrito ya avanzada su vida.

2. H. G. Wells, *The Outline of History: Being a Plain History of Life and Mankind* (1920; repr. Amazon Digital Services, 2014), edición de Kindle, libro 4, cap. 30, línea 581 [*Esquema de la historia: Historia sencilla de la vida y de la humanidad* (Madrid: Atenea, 1925)].
3. G. P. Eckman, «Queen Victoria's Heart», en *One Thousand Evangelistic Illustrations*, ed. espec., Aquilla Webb (Nueva York: George H. Doran, 1921), p. 278.
4. *The Coronation Service According to the Use of the Church of England*, ed. John Fuller Russell (Londres: Basil Montagu Pickering, 1875), p. 19.

Capítulo 33: La Palabra eterna
1. John Wesley, *Sermons on Several Occasions*, prefacio, en *John Wesley*, Albert C. Outler, ed. (Nueva York: Oxford UP, 1980), p. 89.

Capítulo 34: Verdad eterna
1. Sir Isaac Newton, citado en G. W. Curtis, «Education and Local Patriotism», *Readings on American State Government*, Paul Samuel Reinsh, ed. (Boston: Ginn and Company, 1911), p. 330.

Capítulo 35: La llama eterna
1. Patrick Weidinger, «10 Natural Eternal Flames You've Never Heard Of», ListVerse, 15 agosto 2013, http://listverse.com/2013/08/15/10-natural-eternal-flames-youve-never-heard-of/.
2. Ibíd.
3. Ibíd.
4. Catie Leary, «9 Naturally Occurring Eternal Flames», PhotoBlog, 12 septiembre 2014, www.mnn.com/earth-matters/wilderness-resources/blogs/9-naturally-occurring-eternal-flames.

Capítulo 36: El reinado eterno del Rey
1. Charlotte Elliott, «Tal como soy» (música de William B. Bradbury; traducción de Thomas Westrup), 1835; dominio público, http://www.himnosevangelicos.com/pdf/talcomosoy.pdf.

Acerca del autor

Billy Graham, predicador, evangelista y autor de renombre mundial, ha llevado el mensaje del evangelio a más personas cara a cara que nadie en la historia, y ha ministrado en cada continente del mundo, en más de 185 países. Millones de personas han leído sus clásicos inspiracionales, incluidos *Los ángeles, Paz con Dios, El Espíritu Santo, Esperanza para el corazón afligido, Cómo nacer de nuevo, La jornada, Casi en casa* y *La razón de mi esperanza: Salvación.*